本书获河北省社科基金项目（HB21TY010）、河北省省级科技计划项目（20557624D、19456005D）、河北省高等学校人文社会科学研究项目（SD171050）、河北经贸大学出版基金的资助

游客环保行为影响机理及引导政策研究

姚丽芬 ◎ 著

中国社会科学出版社

图书在版编目（CIP）数据

游客环保行为影响机理及引导政策研究/姚丽芬著.—北京：中国社会科学出版社，2022.7
ISBN 978-7-5227-0411-1

Ⅰ.①游… Ⅱ.①姚… Ⅲ.①游客—环境保护—研究 Ⅳ.①F590.63②X24

中国版本图书馆 CIP 数据核字（2022）第 107586 号

出 版 人	赵剑英
责任编辑	戴玉龙
责任校对	杨新安
责任印制	王 超
出　版	中国社会科学出版社
社　址	北京鼓楼西大街甲 158 号
邮　编	100720
网　址	http://www.csspw.cn
发行部	010-84083685
门市部	010-84029450
经　销	新华书店及其他书店
印　刷	北京明恒达印务有限公司
装　订	廊坊市广阳区广增装订厂
版　次	2022 年 7 月第 1 版
印　次	2022 年 7 月第 1 次印刷
开　本	710×1000　1/16
印　张	19.75
插　页	2
字　数	291 千字
定　价	98.00 元

凡购买中国社会科学出版社图书，如有质量问题请与本社营销中心联系调换
电话：010-84083683
版权所有　侵权必究

前　言

　　优良的生态环境是区域可持续发展的背景和基础。由生态环境恶化引发的区域可持续发展受到威胁，已经引起全球的关注。我国政府也提出了保护环境、绿色发展的基本国策。旅游业作为国家经济转型和产业形象的支柱产业，党的十八大以后也取得了突飞猛进的发展。随着旅游业的快速发展，旅游环境问题日益凸显，旅游目的地的可持续发展受到严重威胁。正确认识游客行为尤其是其环保行为的影响机制，是环境行为管理的必要前提。如何通过有效机制引导提升人们的环保行为，转变人们的生活方式，进而实现绿色发展，是目前亟待解决的现实问题。

　　本书针对中国游客环保行为的现状，在前人研究的基础上，界定游客环保行为的定义；通过扎根理论划分了游客环保行为的结构维度，找到游客环保行为的关键影响因子，构建游客环保行为的影响机理理论模型；设计游客环保行为及其影响因素的调查问卷，并展开问卷调查；依据调查数据，运用相关软件统计分析游客环保行为现状及特征差异，实证分析影响游客环保行为内在因素和外在因素的作用机理；基于小世界网络，构建基于关系的游客环保行为选择模型，对游客劝导环保行为选择进行仿真分析；梳理并分析国内现有游客环保行为的相关政策措施，结合实证分析结果，提出有针对性地促进我国游客环保理念提升和行为内化的政策建议。本书主要得出以下结论。

　　一是游客环保行为概念界定和维度验证。在文献研究基础上，本书将游客环保行为界定为，游客在景区游览的过程中自愿做出的有利于环境可持续发展的积极行为。依据质性分析结果，将游客环保行为划分为游客遵守环保行为、游客消费环保行为、游客劝导环保行为、游客呼吁环保行为等四种行为。实证分析的结果也证实了该维度划分的合理性。

二是游客环保行为影响机理质化研究。基于扎根理论—质性研究方法，对代表性游客样本进行深度访谈，逐级对样本访谈资料进行开放式编码、主轴编码和选择性编码等，梳理游客环保行为的影响因素，剖析其作用机制；在此基础上，构建了包含游客特征、游客态度、社会因素、情感因素、习惯因素以及促进性条件等六大类主范畴的游客环保行为驱动机理理论模型，提出了作为前因变量通过游客环保行为意愿作用于游客环保行为，习惯因素和促进性条件作为情景变量对游客环保行为意愿—行为之间的关系起到调节效应，游客特征直接影响环保行为的3类关系结构。

三是游客环保行为影响机理理论实证检验。基于调研样本数据，运用 SPSS、AMOS 等软件，采用相关分析、因子分析、回归分析和结构方程模型等，综合检验游客环保行为影响机理理论模型。实证结果显示，游客态度因素、社会因素、情感因素部分通过游客环保行为意愿间接作用于游客环保行为，但是不同的游客环保行为存在差异；习惯因素中的节俭观念和舒适需求、促进性条件中的景区环境质量、景区便利条件、惩罚性政策、鼓励性政策和信息干预对游客环保行为意愿—游客环保行为存在显著调节效应，但对不同的环保行为，其调节强度和方向差异明显。分析了不同信息传播渠道在个人传记特征上的影响效应，发现信息传播渠道在个人传记特征上呈现不同的效果。基于实证分析结果，对构建的游客环保行为影响机理理论模型进行了修正。

四是游客环保行为的仿真分析。以游客劝导环保行为为例，运用加权小世界理论构建基于关系的游客环保行为选择模型，借助 Matlab 对模型进行仿真分析，研究情境因素干预下游客环保行为选择的规律。研究表明：无论是"随机联结密度"网络还是"高密度"网络，以差距优先策略来确定劝导环保行为实施的接受方，能够为网络带来更高的行为选择增长率，且短期内网络均衡性最好；随着"环保行为差"优势的逐渐消亡，密度优先模式下网络均衡性最优。无论是外界情境因素综合作用还是单独作用，劝导环保行为选择的频率均会明显上升。在"低密度"网络中，尽管以差距优先和密度优先确定接收方时，网络中节点的能力增长率差距甚微,但密度优先下的网络均衡性明显优于差距优先模式;相比于"高密度"网络,"低密度"网络受到外界情境因素的干预影响时,能够产生更多的行为增量。

五是促进游客环保行为的政策建议研究。通过对国内游客环保行为引导政策的梳理,结合量化分析结果,构建了游客环保行为引导政策体系,提出了游客环保行为引导策略建议。

本书是在本人博士论文基础上修改而成。本书结论可为旅游研究、管理和生产经营,以及生态保护、资源开发、区域发展等领域相关人员提供参考。由于水平有限,书中研究不足和欠缺之处在所难免,敬请各位专家学者批评指正!

本书的出版得到河北省社科基金项目(HB21TY010)、河北省省级科技计划项目(20557624D、19456005D)、河北省高等学校人文社会科学研究项目(SD171050)、河北经贸大学出版基金的资助,以及中国社会科学出版社的支持。

目 录

第一章 绪论 1
　第一节 研究背景 1
　第二节 研究目的与意义 5
　第三节 相关概念界定 6
　第四节 研究内容 9
　第五节 研究方法与技术路线 10

第二章 国内外文献综述 13
　第一节 游客环保行为内在机理研究 13
　第二节 游客环保行为影响因素研究 19
　第三节 研究现状述评 32

第三章 游客环保行为影响机理质性分析 33
　第一节 基于扎根理论的游客环保行为影响因素筛选 33
　第二节 游客环保行为影响机理理论模型构建与假设 58
　第三节 本章小结 78

第四章 游客环保行为研究量表的开发与数据收集 79
　第一节 游客环保行为研究量表的设计与开发 79
　第二节 调研与样本概况 99
　第三节 量表的检验 102
　第四节 本章小结 115

第五章 游客环保行为作用机制实证分析 116
　第一节 游客环保行为描述性统计分析与差异特征研究 116

第二节　游客环保行为及其影响因素的相关分析 …………… 146
　　第三节　直接效应分析及假设检验 …………………………… 151
　　第四节　中介效应分析及假设检验 …………………………… 162
　　第五节　习惯因素调节效应的检验 …………………………… 174
　　第六节　促进性条件调节效应的检验 ………………………… 183
　　第七节　不同信息传播渠道效果的量化分析 ………………… 205
　　第八节　游客环保行为影响机理综合模型的修正 …………… 215
　　第九节　本章小结 ……………………………………………… 218

第六章　情景因素干预下的游客环保行为演化仿真 ……………… 219
　　第一节　基于关系的游客环保行为选择 ……………………… 220
　　第二节　基于情景因素的游客劝导环保行为的
　　　　　　仿真模型构建 ………………………………………… 221
　　第三节　基于关系的情景因素干预下的仿真结果分析 ……… 224
　　第四节　本章小结 ……………………………………………… 248

第七章　促进我国游客环保行为的政策建议 ……………………… 249
　　第一节　国内游客环境行为引导政策梳理 …………………… 249
　　第二节　促进游客环保行为的相关政策建议 ………………… 251
　　第三节　本章小结 ……………………………………………… 260

第八章　研究结论与展望 …………………………………………… 261
　　第一节　研究结论 ……………………………………………… 261
　　第二节　主要创新点 …………………………………………… 264
　　第三节　研究局限与展望 ……………………………………… 265

参考文献 ……………………………………………………………… 267

附录1 ………………………………………………………………… 290

附录2 ………………………………………………………………… 298

附录3 ………………………………………………………………… 306

第一章 绪论

第一节 研究背景

一 现代服务业受到重视，国内旅游业快速发展

随着中国社会经济结构转型和产业升级步伐的加快，包括旅游业在内的现代服务业的发展日益受到社会各界的关注。党和国家领导人尤其高度重视旅游业的发展，习近平总书记曾对旅游业的产业定位、综合功能、发展理念、发展远景、发展宗旨、发展路径、发展模式、发展成果等做出重要指示，据此，国家陆续公布并实施了多项促进旅游业加速发展的政策法规，要把旅游业建设成为满足人民群众美好生活需要的幸福产业。受此提振，旅游业发展速度进一步加快，产业格局日趋完善，市场规模和品质逐步提升。2018年中国旅游业综合产出9.94万亿元，国民经济综合贡献达11.04%；旅游拉动近8000万人直接和间接就业，社会就业综合贡献达10.29%。

随着生活水平的提高、思想观念意识的改变，旅行渐成人们生活的常态，休闲度假成为社会主流，旅游成为人们的基本生活内容和幸福生活的刚需（姚丽芬等，2010）。2018年中国人均GDP约9780美元，国内旅游55.39亿人次，出境旅游近1.5亿人次，人均出游近4.1次（见图1-1），巨大的旅游消费市场正在加速形成。因为我国带薪假期尚未落实到位，每逢节假日，爆发式增长的游客就会涌向各大景区，尤其是热点景区。这种"井喷式"现象，不仅造成交通拥堵、旅游服务设施紧张、资源环境破坏、旅游安全事故增加，而且对景区资源和生态环境保护造成巨大压力。

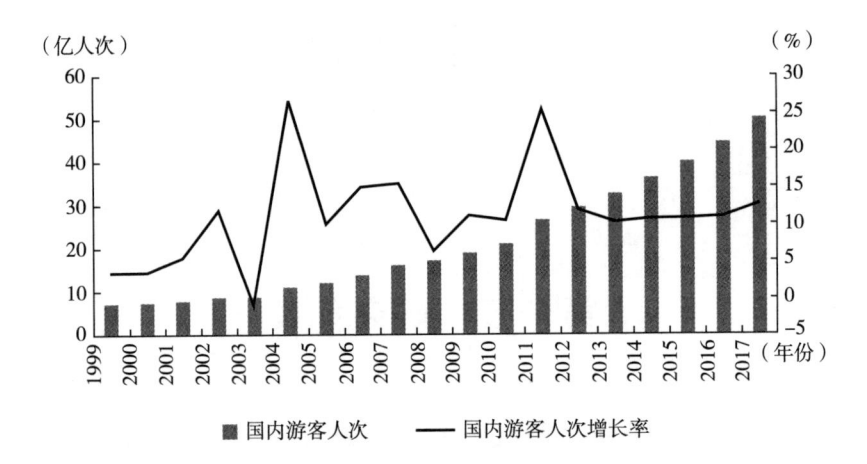

图 1-1　1999—2018 年国内游客人次及其增长率

资料来源：文化和旅游部：《2018 年旅游市场基本情况》，https://www.mct.gov.cn/whzx/whyw/201902/t20190212_837270.htm，2019 年 2 月 12 日。

二　旅游地环境问题凸显，成为社会关注焦点

一直以来，旅游业被认为是低资源和低能源消耗的绿色产业（姚丽芬等，2016），但是从严格意义上来说，旅游业并不是无污染、零能耗产业。因此，旅游业的快速发展，在产生经济效益、促进就业等一系列良好效益的同时，也不可避免地给环境带来了一定的压力，甚至对局部的环境产生显著的影响，由此产生的旅游环境问题也日益显现。在个别地点或区域，还对生态环境产生了不可逆转的干扰影响，如果不及时有效地加以防范和纠正，将有可能造成旅游环境持续恶化，进而严重威胁旅游业的可持续发展。同时，社会旅游需求量的快速增加，也使旅游产业的供需矛盾日益突出。游客数量骤增将会给旅游目的地（景区）生态环境造成巨大压力，甚至还会带来一系列的环境问题，如水资源紧张、土壤固化、植被破坏等。此外，游客在游览过程中也有可能给旅游

目的地（景区）生态环境产生影响甚至造成污染，例如垃圾、大气及土壤等污染，并由此导致旅游地的生态平衡受到干扰甚至遭到破坏，从而造成森林覆盖率下降和生物多样性减少（万基财等，2014）。根据文化和旅游部公布的数据，我国部分景区的生态环境已经遭受到不同程度破坏，甚至呈现出森林覆盖率降低、生物多样性减少、垃圾公害泛滥等问题。如果这种状况不加以控制，最终有可能导致资源消耗过度、环境污染加重、自然灾害频发等一系列环境问题，甚至将会给旅游地生态系统和自然生态环境带来了不可修复的破坏。

由生态环境恶化引发的区域可持续发展受到威胁，已经引起全球的关注。我国政府也提出了节约资源和保护环境的基本国策，生态文明建设的方针大计。可持续旅游发展理念得到了国际组织与各国政府支持和推崇，成为学术研究关注的热点和焦点（范钧等，2014）。因此，探索实现旅游地的可持续发展已经成为当前国内旅游业所面临的现实问题。

三 部分游客行为不够友好，导致旅游地环境污染

影响旅游景区环境可持续发展的因素有很多，除了无法抗拒的自然因素外，也有景区开发利用方式、景区游客接待量、游客行为等人为因素。其中，游客作为旅游活动的主体，以及旅游地管理过程中的核心利益相关者，其所表现出的乱丢垃圾、攀爬摘折花木、踩踏植被、乱写乱画、打扰野生动植物栖息地、收集动植物标本等环境不友好行为，带来旅游生态系统的破坏，是导致旅游地环境问题的重要因素（万基财等，2014；范钧等，2014）。例如海南三亚海滩中秋夜，每年游客除了赏月，都留下了大量的垃圾，2012 年 50 吨，2013 年 20 余吨，2014 年 45 吨垃圾。2017 年 6 月 9 日，贵州潜龙洞景区内，一名游客将一根长 30 厘米的钟乳石踢断。2018 年 8 月份，在甘肃张掖国家地质公园内，有 4 名游客无视景区提示，自行翻越护栏，并随意踩踏、恶意破坏地质公园内的核心景点丹霞地貌。

这些游客的环境不友好行为不仅对旅游景观、旅游设施造成直接影响，还严重破坏了旅游地的生态系统和生态环境，甚至导致部分濒危物种面临灭绝的危险。反过来说，游客的环境友好行为或环保行为则是积

极践行"绿水青山就是金山银山"理念，提升旅游地环境质量，促进旅游地自然资源和历史文化遗存的保护，促进旅游地资源的永续利用的切实行动。因此，探寻游客环保行为及其影响因素，有针对性地引导游客环保行为，已经成为学界及旅游管理者关注的重点。

四　游客环保行为成因复杂，引导机理有待探索

正确认识人类环境行为尤其是环保行为的影响机制，是环境行为管理的必要前提。游客作为行为主体，其所表现的环保行为是促进旅游地环境保护，实现旅游业可持续发展的一项重要推手，对旅游地环境维护和持续利用具有更为重要的意义。但是，在游客环境行为研究领域，多数研究集中于旅游环境影响的结果和治理上，忽略了对游客环境行为本身的研究及其影响机理的探索。由于游客行为是一种系统、综合、复杂的活动，所以其研究工作亦属系统工程的范畴。但是，该领域的现有研究多集中在价值观、环境知识、意愿、态度、主观规范、地方依恋等方面，忽视了环境敏感度、环境责任感、榜样效应、自我概念对游客环保行为的影响研究，尤其是未能关注节俭观念和舒适需求对游客环保行为的影响。现有文献中，环境敏感度、环境责任感等环境态度因素对游客环保行为的影响，榜样效应、自我概念等社会学习因素对游客环保行为的影响，节俭观念对游客环保行为的影响，国内外研究涉及不多。因此，对游客环保行为影响因素和影响机理的研究还有待加强。

五　调控手段略显不足，政策引导亟须改进

针对游客环保意识令人担忧的现状，政府也采取了公益广告、户外条幅、景区标示标牌等环保行为的宣传措施，在一定程度上影响了游客的知识、态度、意识和观念等。尽管如此，有关的宣传措施却未能实质性、显著性地转化为真实的环保行为模式。同时，有关部门出台了《旅游法》、黑名单制度等法律法规，主要以惩罚为主，也确实起到了一定的作用，但是其可操作性差、处罚力度小，缺乏鼓励性政策。

总之，我国目前对于游客环保行为的宣传和引导还缺少系统化的长效激励机制和创新性的制度设计，游客的环保行为并没有得到有效、常态化的引导。因此，如何将环保理念和关注环保的态度内化为游客的自

觉行动是本书研究的重点。本书旨在深入挖掘游客环保行为的主要影响因素，探究游客环保行为的影响机理，为政府制定针对性地促进游客环保行为的引导政策提供理论和数据决策参考。

第二节 研究目的与意义

一 研究目的

本书的主要目的为深入探讨游客环保行为的类型及其行为特征，系统梳理其内在和外在影响因素，以及影响因素之间的作用机理。通过文献分析、深度访谈、专家咨询，筛选游客环保行为影响因素的指标体系，构建影响因素综合理论模型；采用景区现场拦截和网上在线填写的方式，获取游客样本数据；通过多元统计分析、因子分析和结构方程模型等方法，实证分析游客环保行为的表现特征和影响因素的作用机理，检验和修正游客环保行为影响因素综合理论模型。验证外部环保政策、宣传教育途径与游客环保行为涌现的内在复杂的作用关系，探求有效的干预机制，提出引导游客环保行为的政策建议。

二 研究意义

1. 理论意义

基于文献综述和专家咨询，采用扎根理论，通过代表性游客样本的深度访谈，构建游客环保行为影响因素的综合理论模型，不仅充实游客环保行为实证研究的内涵，弥补国内研究中理论缺乏的不足，同时，也为研究游客行为和绿色旅游提供了新的研究视角。

游客行为虽然属于微观主体选择行为，但是，其引导政策却属于公共政策的范畴。因此，本书将有助于拓展游客行为和环境政策研究领域，丰富其研究内容，以吸引更多学者进入环境行为、环境政策领域的研究。

基于扎根理论和文献综述，构建游客环保行为影响因素综合理论模型，基于多元统计分析、因子分析和结构方程模型的实证分析，定性与定量相结合研究游客环保行为，既促进了旅游学、社会心理学、行为经济学、制度经济学等多学科的交叉，也拓展了绿色旅游、旅游可持续发展、环保行为的研究领域。

2. 实践意义

就国家而言，在人人都有可能成为旅游者的背景之下，旅游可持续发展受到严重挑战，而本书的结论和政策建议具有很强的实践性，对制定和优化环保政策具有重要参考价值，也为游客环保行为的内化提供可行路径。

就旅游企业而言，游客作为旅游消费者，其环保态度和环保行为也会倒逼旅游产品提供者。对游客环保行为的研究结论更有助于旅游企业精准识别游客环保行为的障碍因素，进而采取有针对性、有效措施促进游客环保行为。

就旅游目的地而言，本书结论将有助于旅游地拓宽游客环保行为管理视野、提升游客环保行为管理的层次和效能、破解旅游地在旅游开发过程中因游客行为而造成的生态和环境问题，具有重要的实践指导价值。

就游客而言，自身环保观念的增强，会主动并影响周围人一起维护和营造良好的旅游环境，对促进自然环境的优化和生态文明社会建设，改善和提升生活品质，提升旅游满意度和幸福指数，有很强的实际意义。

总体而言，本书最终将有助于促进我国游客环保态度和环保习惯的养成，促进游客环保行为的内化，促进环保氛围形成，促进资源节约型、环境友好型社会发展，具有较广泛的应用前景。

第三节 相关概念界定

一 旅游与游客

旅游是当今社会一种常见的社会活动之一。学术界对旅游的定义和内涵存在较大的分歧和争议，有关旅游的定义大致可以分为"综合现象说"和"属性说"两种（管婧婧等，2018）。国外学者比较倾向于综合现象说，最典型的代表就是 WTO 定义：出于非移民及和平的目的，或者出于能够导致实现经济、社会、文化及精神等方面的个人发展及促进人与人之间的了解与合作等目的而进行的旅行活动。而国内学者则更倾向于属性说（张涛云，2008），很多学者从主体、时间、空间三个属性来认识旅游，主要以张凌云教授为代表。张教授认为："旅游是人们一种短暂的生活方式和生存状态，是人们对于惯常的生活和工作环境，或熟悉的人地关系和人际关系的异化体验"。简单来说，就是一个人出于某种动机，离开自己惯常的生活环境，到非惯常环境作短暂停留之后，又重新回到惯常的生活环境。因此，异地性是旅游非常重要的特征之一，也就是非惯常环境。此外，旅游还有另一个很重要的特征是心理愉悦性，旅游者在旅游过程中，通过自然审美、活动参与和文化交流等获得心理愉悦。

结合旅游的定义和特征，考虑到短途游客当天往返的现实情况，将游客定义为：为了获得愉快感受，离开常住地，到异地进行游览、消遣等活动的人。

二 游客环保行为

现有文献中，环保行为有很多称谓，除了国际上常用的负责任环境行为、具有环境意义的行为、可持续行为、亲环境行为等，国内还有环境友好行为、生态行为、低碳行为等。对环保行为的内涵界定专家们也是各抒己见。Hines 和 Hungerford（1986）认为基于个体责任感和价值观的，目的在于能够避免或者解决环境问题的有意识行为就是负责任的环境行为。Sivek 和 Hungerford（1990）认为个体或组织提倡对自然资源的可持续地或有节制地使用的行为为亲环境行为。Stern（2000）从影响和意向两方面来界定具有环境意义的行为，影响导向强调行为对环境的影响，意向导向强调环保动机。Monroe（2003）界定环保行为是支持可持续发展的人类活动。徐峰和申荷永（2005）则认为任何支持自然环境可持续性活动的人类对自然界的友好行为，都可被称之为"环保行为"。范钧等（2014）将旅游者环境责任行为定义为在度假区特定情境下旅游者做出的有利于度假区环境可持续发展的行为。李文明等（2019）将游客亲环境行为定义为游客在旅游地对广义的环境及环境要素所做出的亲同（善）行为。

旅游活动中的游客行为或多或少都会对环境产生影响（张凌云，2008）。借鉴上述文献对环保行为的定义，本书将游客环保行为（Tourists Environmental Behavior，TEB）定义为：游客在景区游览的过程中自愿做出的，有利于景区环境可持续发展的积极行为。

有关环保行为的分类也有很多。Stern（2000）将环境行为分为私人领域的环境行为、组织里的环境行为、公共领域的非激进行为、激进的环境行为四个维度。Abrahamse（2007）依据付出成本大小把环保行为分成高成本和低成本两种环保行为；低成本环保行为可以是对环保政策的支持，也可以是某种具体行为；高成本环保行为指个体需付出努力，花费时间和金钱等的环保行为。Vaske和Korbin（2001）认为环境责任行为分为一般行为与特殊行为；Dono等（2010）认为环境责任行为分为消费行为、支付意愿及环境公民，Stern等（1999）提出具有环境意义的行为包括消费行为、支付意愿和环境公民权。Ramkissoon等（2012）将环保行为分为遵守型环保行为与主动型环保行为。Smith-Sebasto和D'Costa（1995）分为金融行为、民事行为、教育行为、法律行为、身体力行行为和劝导行为等6个维度。Kaiser and Wilson（2004）建议生态行为应包括节约能源、流动和交通、避免浪费、消费主义、循环利用、替代性以及与保护相关的社会行为。

旅游环保行为的分类，学者们也是莫衷一是。也有的学者用的单一维度。由于游客环保行为涉及面广，维度太少不能涵盖游客环保行为的全部内涵，有的学者将其分为两个维度，万基财等（2014）将环保行为倾向分为遵守型环保行为倾向与主动型环保行为倾向，张茜等（2018）将游客亲环境行为分为一般环境行为和具体环境行为。有的学者将其分为三个维度，张玉玲等（2014）将旅游者保护旅游地环境行为分为日常环保行为、景区生态关注、高级环保行为等。而邱宏亮和周国忠（2017）将旅游者环境责任行为分为遵守型环保行为、消费型环保行为、节约型环保行为及促进型环保行为四个维度。有很多学者同意Smith-Sebasto 和 D'Costa（1995）的研究，将旅游环保行为分为教育、民事、金融、法律、自身和劝导。Kiatkawsin（2017）提出旅游情境下旅游者亲环境意愿包括责任归因、新生态范式、后果意识、生物价值观、利他价值观、利己价值观、亲环境个人规范、效价、手段、期望10个维度，但是还没有得到进一步验证（李志飞、李天骄，2018）。在量表的开发上，大多借鉴国外的量表，邱宏亮和周国忠则用扎根理论将旅游者环境责任行为分为遵守型环保行为、消费型环保行为、节约型环保行为及促进型环保行为四个维度（黄涛等，2018）。

第四节 研究内容

第一章绪论。介绍了本书的研究背景、研究目的和意义，界定了游客环保行为的概念；提出了本书的研究思路、研究方法和技术路线。

第二章文献综述。梳理了游客环保行为的影响机理理论；系统分析国内外关于环保行为影响因素和游客环保行为引导政策的实证研究，并进行归纳、分析和评价，为游客环保行为及其影响因素理论模型的构建提供理论基础。

第三章游客环保行为影响因素理论模型与研究假设提出。运用扎根理论对代表性游客进行开放式深度访谈；结合文献综述、专家意见，筛选影响游客环保行为的关键因子，构建游客环保行为影响因素的综合理论模型，分析影响因素之间的关系，提出研究假设。

第四章游客环保行为研究量表的开发和相关数据的收集。按照量表设计和开发的流程，对各个变量进行操作化定义；设计量表和问卷；预调研，并对预调研数据进行量表检验；修订后形成正式量表。设计正式调研的实施方案，收集样本数据；分析正式调研的样本特征；为确保正式量表的可靠性和有效性，对正式量表进行了正态性检验、信度和效度检验，为实证分析提供数据基础。

第五章游客环保行为作用机制的实证检验。对游客环保行为及其各个影响因素进行描述统计分析，利用单因素方差检验、独立样本T检验和均值比较，验证游客环保行为在游客特征上的差异；对游客环保行为及其影响因素之间的相关性进行了分析；采用结构方程模型实证研究游客态度因素、社会因素、情感因素对游客环保行为的影响；利用分层回归法实证检验习惯因素和促进性条件对游客环保行为意愿-行为的调节作用；对不同信息传播渠道在人口学变量上的特征差异进行量化分析和对比研究；根据实证分析结果，检验游客环保行为模型的理论假设，并进行模型的修正，完善游客环保行为影响因素综合理论模型。

第六章情景因素干预下的游客环保行为演化仿真。以游客劝导环保行为为例，运用加权小世界理论构建基于关系的游客环保行为选择模型，借助Matlab对模型进行仿真分析，研究情境因素干预下游客环保行为选择的规律。

第七章游客环保行为的引导政策建议。在实证分析的基础上，梳理国内游客环保行为相关政策，分析现有政策存在的问题；从游客环保行为内化、态度强化、氛围营造、情感培养、习惯养成、情景促进六个方面出发，构建了游客环保行为引导政策体系，提出促进我国游客环保行为的相关政策措施。

第八章研究结论与未来研究展望。对主要结论和创新点进行了总结概括，分析了研究局限，提出了未来深入研究的方向。

第五节 研究方法与技术路线

一 研究方法

本书综合运用心理学、行为学、旅游学、经济学、公共政策理论，以及扎根理论、问卷调查法、多元统计分析方法、结构方程模型等方法进行研究，在研究过程中注重研究方法选用的科学性。

（1）文献研究法。概念界定、理论基础、概念模型和相关实证研究部分，采用文献研究法，对游客环保行为进行概念界定和分类，对相关理论和模型进行了梳理，对游客环保行为影响因素的实证研究进行了归纳总结。

（2）质性研究方法—扎根理论。采用深度访谈法，结合专家意见和文献综述，筛选游客环保行为的关键影响因子，厘清影响因子之间的复杂关系，并构建游客环保行为影响因素的综合理论模型。

（3）问卷调查。在扎根理论基础上，结合文献研究和专家意见，确定游客环保行为影响因素的研究量表和调查问卷，通过预调研审视和修正问卷，用修正好的正式问卷和量表进行样本调查，对正式量表进行了信度效度分析，为进一步量化分析提供数据支撑。

（4）实证分析。利用 SPSS22.0 和 AMOS17.0 为数据分析工具，对游客环保行为及其影响因素进行了描述性统计分析；对游客环保行为和信息传播渠道在游客特征上的差异采用多元统计分析、单因素方差和均值分析；对游客态度因素、社会因素、情感因素对游客环保行为的影响机理，采用结构方程模型进行检验和修正；对习惯因素和促进性条件对游客环保行为的影响采用多层次回归分析法进行实证检验。

（5）仿真分析。以游客劝导环保行为为例，运用加权小世界理论构建基于关系的游客环保行为选择模型，借助 Matlab 对模型进行仿真分析，研究情境因素干预下游客环保行为选择的规律。

二　技术路线

围绕本书的目标和主要研究内容，具体技术路线如图 1-2 所示。

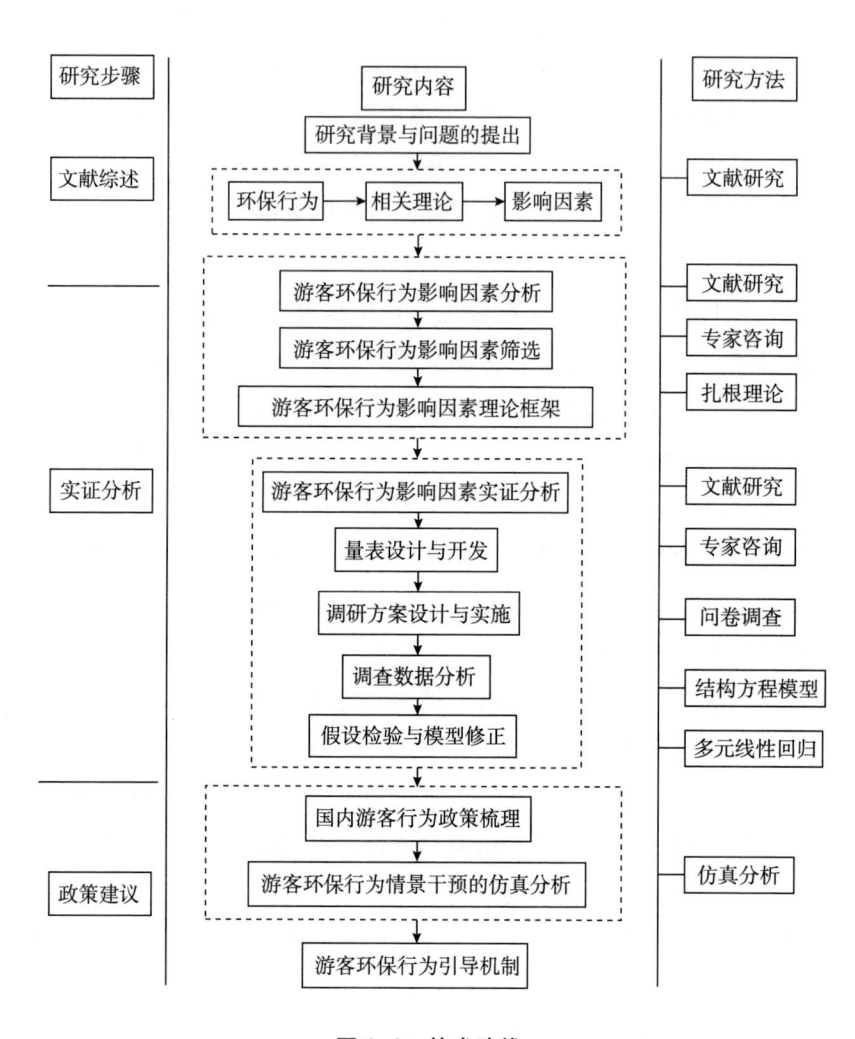

```
研究步骤              研究内容                   研究方法

                 研究背景与问题的提出

文献综述        环保行为 → 相关理论 → 影响因素    文献研究

              游客环保行为影响因素分析          文献研究
              游客环保行为影响因素筛选          专家咨询
              游客环保行为影响因素理论框架       扎根理论

实证分析        游客环保行为影响因素实证分析      文献研究
                   量表设计与开发             专家咨询
                   调研方案设计与实施          问卷调查
                     调查数据分析            结构方程模型
                   假设检验与模型修正          多元线性回归

政策建议          国内游客行为政策梳理          仿真分析
              游客环保行为情景干预的仿真分析

                  游客环保行为引导机制
```

图 1-2　技术路线

第二章 国内外文献综述

随着环境问题及可持续发展日益受到重视，各国学者对游客环保行为的关注度持续增强。为把握对游客环保行为的研究脉络，将首先回顾游客环保行为的内在机理，影响游客环保行为的各种因素，最后进行简要分析和评述。

第一节 游客环保行为内在机理研究

游客环保行为既属于消费行为，也是环境行为在旅游领域的具体表现，因此，对其研究从最初基于"完全理性经济人"假设，转变为"有限理性经济人"的假设，研究范围不断扩展，逐渐形成了旅游学、地理学、经济学、心理学、行为学、公共政策等多学科交叉的态势（Kim，2011）。结合游客环保行为自身的特性，选取具有代表性的消费行为理论进行分析，管窥游客环保行为影响机理。

理性行为理论（Ajzen，1988）是研究认知行为最基础、最具影响力的理论之一（岳婷，2014）。理性行为理论的假设是"理性人"，用于解释和预测个体行为。理性行为理论认为个体行为是个体对行为的态度和他人期望表现的信念（主观规范）共同作用的结果（见图2-1）。因此，人们的一切行为都是在综合了自身的价值判断、别人可能会产生的看法和社会规范后，经过理性思考最终作出的决定。但是，理性行为理论有限制性，其不能预测行为主体用意志控制之外的行为。如果个体行为需要技能、资源，或者个体没有自由，则被认为很难用理性行为预测，或者理论的预测能力就会很低。在旅行中，游客不可能是完全理性人，会受到自身意志力和旅游的情景等因素的影响，因此，单纯用理性行为理论来解释游客环保行为是不准确的，这也是很少有学者单纯用理性行为理论来解释游客环保行为的原因之一。

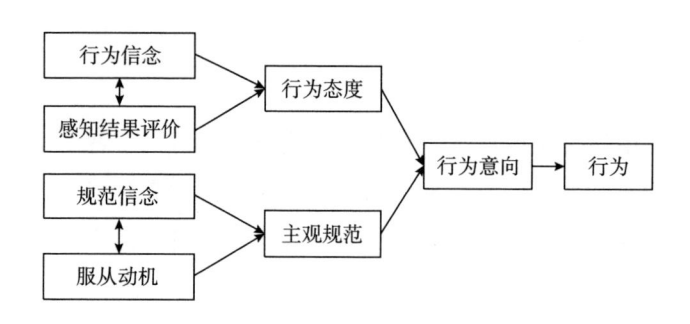

图 2-1　理性行为理论框架

计划行为理论是 Ajzen（1985）在理性行为理论的基础上，增加了新的预测变量—感知行为控制后建立的新理论（见图 2-2）（Ajzen，1991）。计划行为理论认为人的行为是经过深思熟虑计划后的结果，个体行为态度、主观规范、行为控制认知决定该个体的特定行为意向，即个体的行为决策除受自身心理特征影响外，还受周围环境及其他个体行为的影响。计划行为理论对一般行为的决策过程有很好的解释力和预测力，受到社会行为研究者的青睐，成为诸多研究的理论基础，同样，也被很多学者用于旅游环保行为的研究。该理论也成为社会科学领域关于人类行为的研究中，最具影响力、应用最广的经典理论模型。但计划行为理论仍存在一定的局限性。主要表现在缺少对个体态度的深入剖析，缺少对客观情景因素以及社会学习因素（例如社会规范、榜样效应、自我概念、群体一致性等）更进一步的解释。

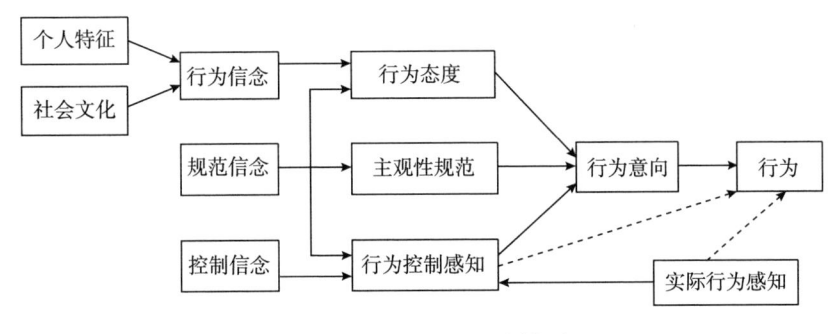

图 2-2 计划行为理论模型

ABC 理论是学者 Guagnano 等（1995）通过研究居民垃圾回收行为得出，他认为行为（Behavior，B）不仅受到行为主体对所要实施行为的态度（Attitude，A）的影响，还受到外部条件（Condition，C）的影响，是二者相互作用的结果（图 2-3）。外部条件对行为主体的成本意识、行为后果意识和行为产生直接影响，行为后果意识通过责任归因变量作用于行为，成本意识不仅可以通过责任归因作用于行为，还可以通过行为后果意识间接作用于责任归因变量，从而作用于行为。ABC 理论的贡献是提出环境行为是个体行为态度和外部条件共同作用的结果，强调了外部条件对态度与行为关系影响的重要性，为研究游客的环境行为提供了一个新的视角。但 ABC 理论同样存在缺陷，除了缺少对个体态度的深入分析，还缺少关于行为发生过程的分析，例如态度对行为的影响过程。

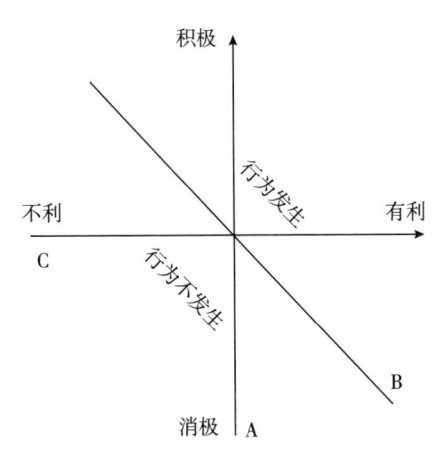

图 2-3 ABC 理论模型

价值—信念—规范理论（Value-Belief-Norm，VBN）是由 Stern 等（1999，2000）提出的，是规范激发理论、新环境范式理论和心理学的价值理论的结合（见图 2-4）。VBN 理论揭示了人类对环境问题的普遍关注和信念，认为地球的负荷能力有限，人类社会发展应以生态系统平衡为前提等。VBN 理论首次明确了环境价值观的类型和作用，为环境行为的相关研究提供了新思路，同时，该理论更是为心理变量作用于行为过程的相关研究提供了理论基础。VBN 理论将个人价值观分为利己价值观、利他价值观和生态价值观，深入分析并明确了价值观、信念等心理变量的关系对行为的影响。在不同价值观作用下，形成的新生态范式引发行为主体对环境问题的思考，并引发相应的行为后果意识及环境责任归因的信念，进而产生环境责任感，形成积极的环境行为。有少数学者用 VBN 理论来解释游客环保行为（Kiatkawsin，2017），但 VBN 理论在解释游客环保行为方面仍存在不足之处，其无法解释社会因素、习惯因素、情景因素等对游客环保行为的影响。

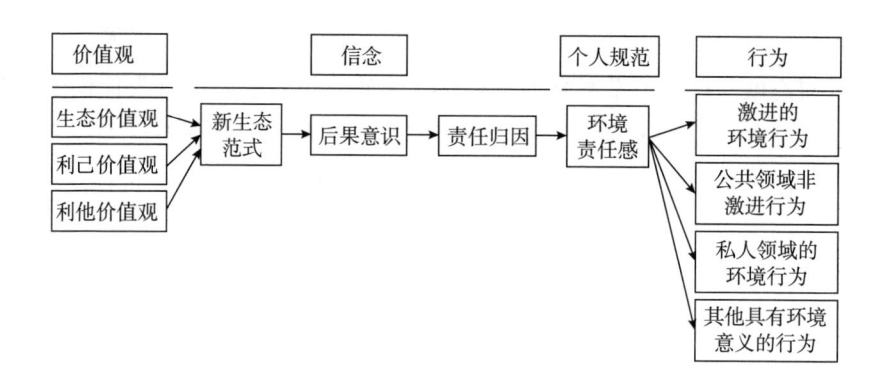

图 2-4　价值—信念—规范理论模型

环境素养模型是 Hungerford 和 Tomera（1986）基于美国学者 Roth（1968）提出的环境素养理论提出的（见图 2-5）。该模型认为个体环境素养的高低是个体采取负责任环境行为意图的重要影响因素，环境素养由八个变量构成，具体又分为知识类变量、态度类变量以及个性变量三种；其中，知识类变量包括环境问题知识、生态学知识和环境行为策略知识，态度变量包括态度、价值观、信念和环境敏感度，个性变量则是指控制观。该模型能很好地解释环境行为，其中环境敏感度、环境行动策略知识和采取环境行动策略的技能对决定环境行为最具影响力。

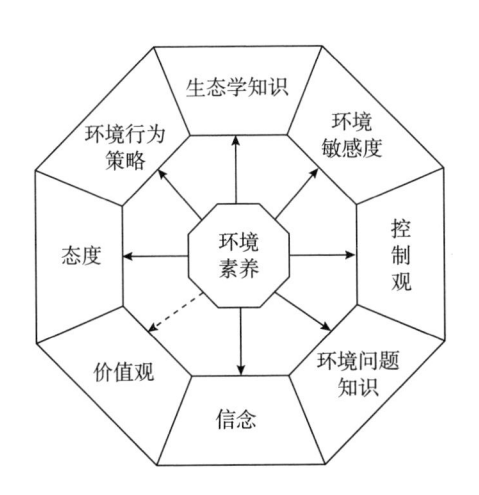

图 2-5 环境素养模型

Hines、Hungerford 和 Tomera（1987）提出了一个负责任的环境行为模式（见图 2-6），该模型认为负责任的环境行为产生主要决定于是否有采取行动的意向。行为意向的产生首先需认清环境问题的所在，因而相关的环境问题知识是行动的首要条件，一定的行动技能和行动策略知识可以使个人具备采取行动的能力，在具备了采取行动的能力后，需要个人有采取行动的期望，个人的期望受到环境态度、内外控制信念和责任感等因素的影响。很多学者用负责任环境行为理论来解释游客环保行为（Han, 2018）。

Triandis 和 Harry（1979）构建了人际行为模型（见图 2-7），认为意愿、习惯和外部因素共同对行为产生影响，该理论不仅注重"人"是"社会人"，其行为会受到社会因素的影响，还重视行为中更为复杂的部分，例如习惯与规律。社会因素包括三个前因变量，社会规范、角色效应和自我概念定位。社会规范是指约束社会人行为的约定俗成的规范，角色效应是指特定群体所拥有的特定地位、作用对其行为的影响，自我概念则为个体对自我的认知。该理论模型除了强调外部因素对行为的作用外，还提出了习惯因素的影响，认为习惯越强，人们对特定行为的思考越少，越容易实施该特定行为。该模型虽对行为研究做出了一定贡献，但相关的实证检验较少。目前，人际行为理论被用于远程医疗的使用行为（Gagnon，2003）、网络社区使用行为（张鼐等，2014）、互联网使用行为（Moody，2013）、盗版软件使用行为（Robinson，2010）等，很少有学者用人际行为理论研究游客环境行为。

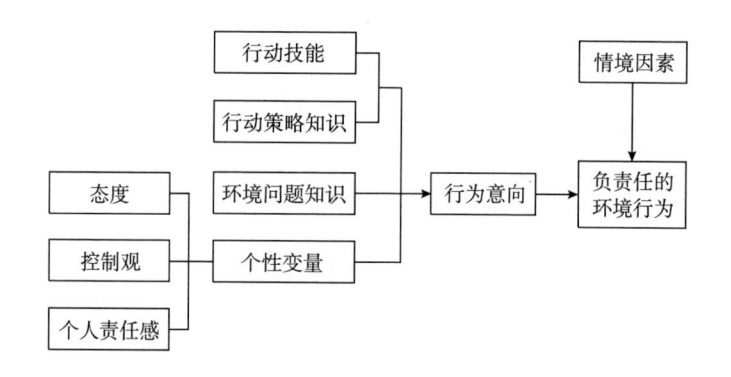

图 2-6　负责任环境行为模式

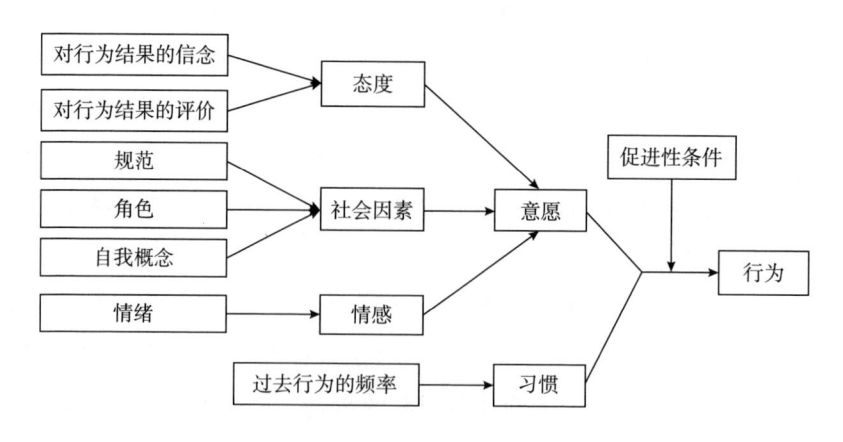

图 2-7　人际行为理论模型

综上所述，对环保行为相关理论的回顾与总结是对游客环保行为进行研究的前提。游客环保行为的研究必须借鉴计划行为理论、价值—信念—规范理论、ABC 理论及负责任环境行为模型，并结合旅游业的特点进行分析。

第二节　游客环保行为影响因素研究

个体行为是个体根据自身知识、态度、认知和价值判断等心理认知因素，考虑外部环境、设施、制度、管理等外部因素，经过复杂内心活动后做出的行动选择。

一　心理因素

社会心理学对于环境行为的诸多研究认为态度、价值观、主观规范和责任感等心理变量是影响个体环境行为的重要因素。国外已有研究对于影响游客环保行为的心理类变量，较多关注意愿、价值观、态度、主观规范和责任感等因素。但这些心理变量对游客环保行为的影响，学者们还没有达成共识，争议较大。

（一）意愿

根据计划行为理论，行为意愿是影响现实行为最主要的决定因素，是直接影响行为的前因变量，而其他主观心理因素则是通过行为意愿间接影响行为。有很多学者基于计划行为理论，研究证实了意愿和行为之间关系的显著性，以及意愿作为其他心理变量与行为之间的中介变量的存在现实（Lee，2011）。

我国学者通过对旅游环保行为的调查研究，证实了环保行为意愿不仅直接正向影响实际环保行为，还是其他心理变量与实际环保行为之间的中介变量。张健华（2008）实证研究发现游客违章行为意向是主观规范、环境态度、行为控制感知与游客违章行为之间的中介变量。黄雪丽（2012）也发现低碳旅游意愿是知觉行为控制和主观规范与低碳旅游生活行为的中介变量。余晓婷（2015）研究发现台湾游客的环境行为意向是其环境知识、环境态度、亲近自然旅游动机、环境行为意向、景区环境质量和景区环境政策与环境责任行为之间的中介变量。吴霜霜（2016）以计划行为理论为基础，纳入个人规范变量，研究表明：航空旅行者的碳减排行为主要受行为意向直接决定，且行为态度、主观规范、个人规范、感知行为控制通过影响行为意向而对行为产生间接影响。综上可知，在游客环保行为的研究中，应重视行为意愿在个体心理因素作用于行为的中介作用。

（二）态度

根据计划行为理论、ABC 理论、负责任的环境行为理论等相关理论，态度变量被认为是影响行为的主要因素之一。态度是人类生活中最常见的心理现象，也是社会心理学的经典研究领域。态度作为一种心理现象，是一个人内心状态和多方面信息的外在表现，既是指人们的内在体验，又包括人们的行为倾向，态度能够塑造主体的认知和行为。态度形成的信息基础是认知，其中认知变量包括个体对环境知识的认识、掌握和感知。特定的态度体现出特定的行为倾向，但行为倾向并不一定能产生相应行为。环境态度是指人们对环境问题和相关活动所持有的，并且比较有组织的一种观念、情感及行为倾向，按 Hungerford 和 Tomera（1986）的划分，态度变量包括价值观、信念以及问题敏感度等因素，Kaiser 等（1999）将环境态度分为环境知识、环境价值观和环境行为倾向三个维度。在国内环保行为的研究文献中，学者祁秋寅（2009）将环境态度进一步细分为环境情感、环境责任、环境知识和环境道德，孙岩（2007）认为态度类变量包括环境敏感度、环境信念、环境价值观等。环境态度对环保行为的影响，学者的研究结论并不一致，具体有以下方面：

1. 游客的环境态度对其环保行为具有显著的正向影响。祁秋寅等（2009）以九寨沟为例，发现环境态度对环境行为倾向具有显著正向影响。石晓宁（2013）发现行为态度会显著正向影响旅游者低碳旅游行为意向。赵黎明等（2015）通过对三亚市过夜游客的调查，发现低碳旅游态度对游客一般低碳旅游行为有显著正向影响。Kil 等（2014）通过对佛罗里达国家风景小路徒步旅行者的调查发现游客的环境态度和动机显著影响其环境负责行为。黄炜、孟霏和徐月明（2016）实证显示游客的环境态度对其环境行为存在显著的内在影响。黄静波、范香花和黄卉洁（2017）以湖南莽山国家级自然保护区旅游者为调查对象，实证结果显示环境知识在环境友好行为形成过程中发挥着重要作用，环境态度是环境友好行为重要的直接预测指标。

2. 游客的环境态度不仅对环境行为产生影响，且通过意愿的中介作用对环境行为产生影响。余晓婷（2015）研究发现，环境态度是影响台湾游客环境责任行为的重要驱动因素，环境态度和环境行为意向发挥着关键的中介作用。夏凌云等（2016）以哈尔滨市湿地公园的游客为对象，研究发现，游客对湿地环境的态度是湿地环境知识和游客环境行为倾向之间的中介变量。黄涛等学者（2018）实证研究发现，环境态度通过环境行为意向间接驱动环境责任行为。冯智恩（2018）实证研究证实游客环境态度不仅直接影响环境责任行为，也通过社会责任意识间接影响环境责任行为。

3. 态度不仅对环境意愿和环境行为产生影响，还是其他因素与环境行为（意愿）之间的中介变量。邱宏亮（2016）研究证实，行为态度不仅直接影响行为意愿，且作为中介变量间接影响旅游者文明旅游行为意愿。邱宏亮（2017）研究结果表明，主观规范、感知行为控制、道德规范及地方依恋均通过行为态度间接影响出境游客文明旅游行为意向，行为态度是驱动出境游客文明旅游行为意向的最重要因素。陈蔚（2017）发现，社区参与对环境态度有显著的正向影响，环境态度在社区参与和环境行为间起到部分中介作用。

4. 环境态度与游客环保行为无显著关系。王凯等（2016）实证研究发现，城市依托型山岳景区游客的行为态度对其亲环境行为意向影响不显著，态度与行为不一致的原因，可能是游客虽然觉得环境保护意义重大，但又觉得在环境保护中负有主要责任的应该是政府和景区，而不是自己。

（三）环境知识

根据行为学的相关理论，知识直接影响行为，丰富的知识可以指导个体行为的产生与实施（Hoch，1989）。Schahn 和 Holzer（1990）研究证实环境知识分为抽象的环境知识和具体的环境知识，一般知识需要经过特定的情感才能转化成某种行为，具体的知识要比一般知识的作用强度大。负责任环境行为模型表明行为技能、行为知识和环境问题知识影响行为倾向，并通过行为倾向影响环境行为；相关知识的缺乏是具有积极环保态度的人实施环保行为的实质性障碍。Sia 等（1986）则把环境知识分为环境问题知识、生态学知识和环境行为策略知识三类，且实证研究发现知识对行为有显著的影响，特定环境行为的相关知识是特定行为的重要预测变量。Kaiser（1999）认为环境态度中的环境知识、环境价值影响环境行为倾向，进而影响环境行为。

  游客环保行为作为环保行为的一种，也应受到环境知识的积极影响。余晓婷（2015）研究了台湾游客环境责任行为实施的影响因素，结果发现环境知识是影响游客环境责任行为的重要驱动因素。赵黎明等（2015）通过对三亚市过夜游客的调查，发现低碳旅游知识对游客积极低碳旅游行为有显著正向影响。夏凌云等（2016）以哈尔滨市湿地公园的游客为对象，研究发现湿地环境知识能积极影响游客对湿地环境的态度，进而积极影响游客环境行为倾向。黄静波、范香花、黄卉洁（2017）从认知角度，以湖南莽山国家级自然保护区旅游者为调查对象，实证研究发现环境知识在环境友好行为形成过程中发挥着重要作用，对环境友好行为的总效应最大；环境知识是感知价值、感知消费效力及环境态度的重要前因变量。

  （四）环境价值观

  价值观是指对人们生活起到指导作用的目标或标准，是支配人的行为、态度、观点、信念、理想的一种内心尺度，且个人价值观不是孤立的，与其生活背景密切相关（Homer，1988）。环境价值观是指个人对环境及相关问题所感觉到的价值，是直接针对环境保护和环境义务的赞成或支持性行为（McMillan，2004）。

  有学者对环境价值观进行了研究，并进行了维度的划分。Stern 等（1993）将环境价值观分为社会利他型、生态圈型和自我中心型三种类型，社会利他型价值观的个体更注重社会的整体利益，自我中心型价值观的个体更注重自身和与自身密切相关人群的利益，生态圈型价值观的个体则更注重自然环境内在的价值和权利。Thompson 和 Barton（1994）将环境价值观分为生态中心、自我中心和同中心三种。Grendstad 和 Wollebaek（1998）将环境价值观分为人类中心和生态中心两种价值观。

环境价值观被认为是影响人们亲环境行为的一种价值观，这一点在游客环保行为领域也得到了验证（Kim，2006）。Xu 和 Fox（2014）研究表明利他价值观和生态价值观显著影响国家公园游客的环境态度和持续旅游发展意愿。Zhang 等学者（2014）对九寨沟游客的调查发现其价值观会积极影响他们的亲环境行为。赵黎明等（2015）通过对三亚市过夜游客的调查，发现环保价值观对游客一般低碳旅游行为有显著正向影响。黄涛等学者（2018）实证研究发现生态价值观、利他价值观通过环境态度间接影响游客环境责任行为。另外，也有一些学者研究发现价值观对环境行为影响不显著（Vringer，2007）。

（五）环境责任感

关于环境责任感对环境行为的影响，几乎都认为环境责任感与环境行为有强相关性，个体环境责任感越强，其环境行为就越容易实施，且责任感是通过意愿间接影响其环境行为的（Smith，1990）。Stern 等（2000）实证研究认为责任感是影响个体环境行为最基础的前因变量，甚至认为责任感影响任何一种环境行为。而环境责任感正向影响环境行为的具体路径有三种观点：一是环境责任感对于环境行为有直接影响作用，Stern 等（1997）研究确认了环境责任感会正向影响居民的积极环境行为；二是环境责任感需要通过中介变量间接作用于环境行为；三是环境责任感对环境行为的影响路径同时存在直接和间接两种路径关系（Dolnicar，2008）。

但是，在对旅游环保行为的研究上出现了分歧，有些学者发现，环境责任感对游客环保行为影响不大。Dolnicar 和 Leisch（2008）调查显示，绝大多数的游客同意个体具有环境责任感，但是旅途中的环境友好行为则大打折扣。原因可能是游客旅行的目的大多是为了放松和享受，更关注自我的愉悦感受，会忽视对环境造成的影响（Wearing，2011）。也有的学者认为，旅游是付费的，旅行过程中会尽情享受景区的设施、资源和服务等，环境责任的感知则较少（Deflorian，1999）。

（六）行为控制感知

计划行为理论认为，行为控制感知是指个体对于促进或阻碍行为效果的相关因素的认知。感知到的行为控制反映了个体感知到的执行某种特定行为的难易程度和自己在实施此行为时可以自主掌控的程度，这一变量的加入使得计划行为理论对行为形成的解释能力大大增强，被用于各个领域的行为研究，获得了越来越多的实证支持（于伟，2010），使得计划行为理论成为研究行为与意愿的一个广为推崇的经典理论。

针对旅游环保行为的研究，有以下几种观点：（1）感知行为控制直接影响游客环保行为。石晓宁（2013）通过回归分析发现知觉行为控制会显著正向影响旅游者低碳旅游行为意向。（2）感知行为控制通过意愿间接影响游客环保行为。Klockner 和 Blobaum（2010）研究表明意愿会影响生态交通方式选择行为，同时感知行为控制是通过意愿来影响行为。黄雪丽（2012）研究发现知觉行为控制和主观规范低碳旅游生活行为意愿有正向影响，且通过低碳旅游生活行为意愿正向影响低碳旅游生活行为。吴霜霜（2016）研究结果表明航空旅行者碳减排行为主要受行为意向直接决定，感知行为控制通过影响行为意向而对行为产生间接影响，感知行为控制对碳减排行为也存在着直接影响，但这种直接作用较为不稳定。黄涛等学者（2018）实证研究发现知觉行为控制通过环境行为意向间接驱动环境责任行为。（3）感知行为控制通过态度间接影响游客环保行为意愿。邱宏亮（2016）研究结果表明感知行为控制对行为意愿均存在部分中介作用，且通过行为态度来实现。邱宏亮（2017）以出境游客为研究样本，研究结果表明，感知行为控制通过行为态度间接影响出境游客文明旅游行为意向。（4）感知行为控制对游客环保行为没有影响。王凯等（2016）研究发现知觉行为控制对游客的行为意向影响不显著。

（七）主观规范

计划行为理论认为，个体感知到的社会压力和重要参考群体会实质性地影响个体选择特定的行为（Ajzen，1988）。许多学者将主观规范引入到游客环保行为的研究中，并证实了主观规范作为角色效应和参考人群效应的内部化，能促进游客环保行为的实施（Lind，2015）。石晓宁（2013）实证发现，主观规范会显著正向影响旅游者低碳旅游行为意向。王凯等（2016）研究发现，主观规范是影响游客行为意向的主要因素。张玲（2015）研究表明，居民的低碳旅游行为意向形成受到主观规范的影响。此外，也有学者证实，主观规范不仅会直接影响游客环保行为，同时，也会通过意愿间接影响环保行为。黄雪丽（2012）研究发现，主观规范对低碳旅游生活行为意愿有正向影响，且通过低碳旅游生活行为意愿正向影响低碳旅游生活行为。吴霜霜（2016）研究结果表明，航空旅行者碳减排行为主要受行为意向直接决定，主观规范通过影响行为意向而对行为产生间接影响。邱宏亮（2016）基于TPB视角探讨了主观规范对旅游者文明旅游行为意愿的具体影响。研究结果表明，主观规范通过道德规范或行为态度间接影响旅游者文明旅游行为意愿。邱宏亮（2017）以出境游客为研究样本，研究结果表明，主观规范通过行为态度间接影响出境游客文明旅游行为意向，主观规范不仅直接影响行为态度，且通过道德规范间接影响行为态度。黄涛等学者（2018）实证研究发现，主观规范通过环境行为意向间接驱动环境责任行为。

（八）地方依恋

地方依恋（Place Attachment，PA）作为衡量人与地方之间的情感关系用于不同的领域（Steg，2009）。关于地方依恋的维度研究，学者们有不同的见解。例如，有学者认为，地方依恋应分为地方依赖（Place Dependence）和地方认同（Dlace Identity）两个维度（Roggenbuck，1989）；有的学者认为，应分为地方依赖、地方认同和生活方式三个维度（Bricker 和 Kerstetter，2000），地方依赖、地方认同和社会联结三个维度（Kyle G，Graefe A，Manning R.，2005），人、心理过程和地方三个维度（Scannell L，Gifford R.，2010）；也有的学者认为，应分为熟悉感、归属感、认同感、依赖感与根深蒂固感五个维度观点（骆泽顺、林璧属，2014）。

针对地方依恋与游客环保行为的关系，有以下几种不同的见解。（1）地方依恋及其不同维度均对游客环保行为有显著的正向影响，陈奕霏（2017）研究发现，古镇游客对景区的地方情感是促使其环境责任行为发生的重要推动因素。（2）地方依恋不同维度对游客环保行为的影响存在差异。万基财等（2014）以世界自然遗产地九寨沟为对象，结果表明地方依恋的不同维度对不同类型的环保行为倾向的影响存在显著差异。吴俏（2017）研究显示地方依恋显著影响高环境责任行为，旅游者地方依恋对低环境责任行为影响并不显著。（3）地方依恋作为其他因子与游客环保行为的中介变量。张安民和李永文（2016）研究发现游憩涉入显著增强了游客的亲环境行为，游憩涉入会显著正向影响游客的地方依附，地方依附在游憩涉入与游客亲环境行为之间起部分中介作用。纪红叶（2016）研究发现地方依恋是游客感知价值与其环境负责行为的中间变量。黄涛和刘晶岚（2017）研究结果显示地方依恋可作为游客满意度与环境友好行为意愿的中介变量。范钧、邱宏亮和吴雪飞（2014）研究发现地方依赖直接影响地方认同和旅游者环境责任行为，且通过地方认同间接影响旅游者环境责任行为。

（九）舒适需求

学者们发现人们对舒适的追求会影响他们的环境行为。Wheeler（2006）认为绝大多数游客（包括生态旅游者）关注享乐多于可持续问题。Barr等学者（2011）发现在不同于家庭环境的旅游环境中，人们追求放松和舒适的要求影响人们是否会选择可持续消费方式的行为态度。李燕琴（2009）认为旅游者追求的是能使身心愉悦的游憩体验，而非责任性的学习。黄雪丽等（2013）也认为人们的悠逸诉求会负向影响其低碳旅游生活行为。

此外，学者们还发现游客的旅游体验（Liu，2014）、旅游满意度（陈虎等，2017）、旅游忠诚度等因素也会影响其环保行为。

二 情景因素

个体行为在很多时候是非自主行为，受到外部条件、制度、政策等外部因素制约。这些外部因素往往对主体环境行为产生潜移默化的影响，这些结构性策略往往会潜移默化地影响个体环境行为，最终转变为个体内化的行为（窦璐，2016）。本书从便利程度、环境质量、引导政策三个方面回顾其对环境行为的影响研究。

1. 便利程度

对环境行为研究中，Swami（2011）发现废弃物管理行为受到废弃物处理设施便利程度的显著影响；谢守红等（2013）研究发现，城市居民的低碳消费行为与情境因素中购买便捷性显著相关。由于旅游是游客在非惯常生活环境中的活动，其环保行为会受到景区便利程度的影响，很多学者也证实便利程度对环境行为的影响作用。Barr（2004，2005）研究显示，废弃物再循环使用行为与再循环设施的便利性密切相关。黄雪丽等（2013）将设施便利和标示清晰作为旅游情境中的设施便利性因素进行研究，实证结果发现，设施便利显著影响游客的低碳旅游生活行为。赵黎明等（2015）将旅游地的外部情境因素界定为环境基础设施的便利性和绿色产品或服务的可得性作为，实证研究发现，旅游地的外部情境因素显著影响游客积极低碳旅游行为。

2. 景区环境质量

环境心理学理论认为，外部环境条件属于外部环境刺激因素，其质量好坏会刺激个体心理及行为的实施。游客在旅行过程中，旅游景区生态环境质量高低影响游客环境行为的实施，低水平环境条件会引发游客不友好环境行为，高水平环境质量则会约束游客不友好环境行为。很多学者也证实了这一点。王琪延和侯鹏（2010）研究发现，环境状况会直接影响北京市居民的环境行为，高水平的环境状况会激发人们实施环境行为。余晓婷（2015）证实了景区环境质量是影响台湾游客环境责任行为实施的重要驱动因素之一。

3. 引导政策

政策是权威部门认可并颁布实施的，具有强烈的引导性和强制性的特征，是引导、规范人们行为的典型制度性手段。环境政策作为环境管理工作的重要构成部分，对人们的环境行为起到一定约束和规范作用，这一点得到很多专家学者的认可。目前，关于环境行为的政策研究主要围绕命令型政策干预和环境教育这两方面。

（1）政策干预。很多学者证实了环境政策对游客环保行为的影响，Kalantari 等（2007）研究发现，环境立法对德黑兰城市居民环境责任行为的组织和实施有正向影响；Imran 等（2014）以巴基斯坦喀喇昆仑山国家公园为例，研究表明政策管理体制是影响游客环境责任行为实施的直接因素。黄涛等（2018）实证研究发现，景区政策对知觉行为控制转化为环境行为意向具有正向调控作用。余晓婷（2015）研究了台湾游客环境责任行为实施的影响因素，结果发现景区环境政策是影响游客环境责任行为的重要驱动因素之一，环境态度和环境行为意向发挥着关键的中介作用。根据操作性条件反射原理，对行为给予强化（奖励），行为得以保持；对行为给予惩罚，行为得以减少或终止。在此基础上，很多国家采取鼓励和惩罚政策来促进人们环保行为的实施。但是很少有学者对鼓励性政策展开针对性研究。总体而言，有关环境政策对游客环境行为调控作用的实证性研究还不太多，而且也没有对惩罚性和鼓励性政策进行分类对比研究。

（2）环境教育。很多学者研究环境教育对环境行为的影响，并得到证实（Ellen，1994）。Zsóka 等（2013）研究证实了环境教育与大学生环境行为之间存在强相关关系。Ballantyne 等（2011）证实了游客野生动物旅游经验有可能积极影响游客的感知、欣赏和行动。李文明（2012）采用实验对比法测量和评价生态旅游环境教育干预的成效。实验结果表明环境教育干预有很好的环境教育效果。张玉玲、张捷和赵文慧（2014）通过对青城山—都江堰与九寨沟居民的调研，将环境干预分为保护旅游地环境后果认知、灾害后果认知、旅游环境影响认知三个维度，实证研究发现保护旅游地环境后果认知和灾害后果认知显著影响居民实施保护旅游地环境行为，而旅游环境影响认知则不产生影响。余晓婷等（2015）研究表明环境知识会影响游客环境责任行为。夏凌云等（2016）研究表明生态教育能积极影响游客对湿地环境的态度和游客景观感知，并作为中介积极影响游客环境行为倾向。张宏、黄震方和琚胜利（2017）以昆山市的周庄、锦溪、千灯3个水乡古镇为案例地，研究水乡古镇旅游者低碳旅游行为影响因素，研究发现低碳旅游动机、低碳旅游环境、低碳环境教育均对旅游者低碳旅游行为产生正向影响，低碳旅游认知、低碳旅游参与意愿均对旅游者低碳旅游行为产生极显著正向影响。但很少有学者对信息干预的途径进行分类研究。

三 结构因素

社会心理学研究中，结构因素一直被认为是重要的特征因素，要研究人们的环境行为，就必须了解结构变量与环境行为之间的关系。本书从游客个人传记特征和游客出游特征两大类分别进行分析。

在个人传记特征因素中，学者们主要研究了游客年龄、性别、受教育程度、职业类型与收入水平等统计特征变量对游客环保行为的影响（Kim，2013）。游客出游特征因素中，学者们主要研究了游客类型、景区游览次数、旅游方式、旅游动机等对游客环保行为的影响。而且结构因素和环境行为之间的关系是不确定的（Arcury，1990）。

（一）性别

关于性别与环境行为的关系，学者们意见不一。一种意见认为男性比女性更加注重环保（Steel，1996）。第二种意见正好相反，认为女性更关心注重环保（Wester，2011）。第三种意见认为，性别在不同环保行为上存在差异，很多学者认为私人领域的亲环境行为女性参与的较多，但男性参与公共领域的亲环境行为较多（Erdogan，2012）。还有的学者指出，性别与环境行为无关（高静等，2009）。有意思的是Kovács等（2014）实证研究后发现，美国女性比男性更倾向于环保，而性别差异在匈牙利不显著。Steg和Vlek（2009）认为，环境行为测量题项是造成结论冲突的重要原因之一。李秋成（2015）则认为，男性和女性针对不同情境下的可能具有完全不同的行为倾向。

（二）年龄

年龄与环保行为之间的关系，学者们各持己见。很多学者认为，年龄对环保行为有正向影响，年轻人的环保意识要低于中老年人（Casaló，2018）。在旅游领域这一论点也得到验证，年龄大的旅游者相对于年轻的旅游者更关注环境影响，在旅游过程中更倾向于实施维护景区生态环境的行为。也有的学者认为，年龄对环保行为是负向影响，低年龄的游客更环保（Klineberg，1998），年长者对环保行动的态度更为保守，而年轻群体则更愿意改变自己的行为模式、参与环保行动。也有学者认为，环境行为呈 U 形，即相对于中年人来说，青年人和老年人更倾向于做出环境保护的行为，赵宗金等（2013）研究表明，青少年和中老年在具体环境行为上的得分要显著高于其他年龄段的人群。还有的学者认为年龄对游客环保行为无影响。

（三）受教育程度

有学者研究发现，受教育程度对环境行为有正向影响，即受教育程度越高，环境行为倾向越高（Meyer，2015）。Isaac 等（2005）调查了巴西南部海岸废弃物的产生与旅游者的关系，结果表明收入与教育水平低的旅游者产生的垃圾较多。原因可能是高收入群体受教育程度普遍较高，具备更丰富的环境知识，更关注生态环境问题，具有更强的环保意识和行动意愿。有的学者正好相反，认为，受教育程度与环境行为有负向影响，夏凌云等（2016）研究发现，教育程度越高的游客群体环境行为倾向越弱。也有学者认为，二者之间无显著影响（Curtis，1984）。

（四）游客类型

游客类型是从情感的角度研究居住地对游客环保行为的影响，理论上讲，距离旅游地越近，对旅游地的情感越强，越有利于实施环保行为。但是研究结果却不尽然。目前有两种不同的观点。一种认为，居住地对游客环保行为为负向影响，夏凌云等（2016）研究发现，游客居住地对游客环境行为倾向具有负向影响，居住地离哈尔滨市各湿地公园越远，游客的积极环境行为倾向越弱。另外一种观点认为，居住地与游客环保行为无影响，罗芬、陈朝和李文明（2008）实证研究发现，除游客所在居住地与游客环境行为倾向无显著差异。

（五）旅游次数

旅游次数同样也是从情感的角度研究人们对景区的环保行为影响，游览次数越多，说明游客对旅游地的需求越强烈，越有利于实施环保行为，有学者研究证实旅游次数与游客环保行为之间存在正相关关系。黄家玲等（2011）研究发现，旅游次数与旅游者的生态行为存在一定程度的正相关关系。林明水等（2014）以长乐国际机场为例，调查大陆赴台游客环境意识和旅游行为特征。研究发现，大陆赴台游客的旅游行为与旅游次数之间呈显著的正相关，旅游次数越多，游客环境意识和环境行为越强烈。但也有学者认为二者无显著性关系。赵宗金等（2013）研究发现游览次数在环境负责任行为上不存在显著性差异，贾衍菊和林德荣（2015）也得出了同样的结论。还有的学者发现，游览次数对不同的环境行为影响是有差异的，李秋成（2015）对西溪湿地游览次数不同的旅游者在实施环境维护行为意愿上具有显著的差别，游览次数越多的游客，其环境维护行为越明显；而在实施环境促进行为的意愿上则没有显著的差别。

（六）旅游动机

旅游动机常被视作游客行为研究的起点（刘心怡，2011），个体价值观对其具有直接的调节和控制作用，决定着动机的性质、方向和强度。Pearce等（1998）列举了10种重要的旅游动机。游客环境行为作为旅游者行为重要组成部分，受到以亲近自然为目的内在机动因素的影响，而亲近自然旅游动机的产生主要取决于积极稳定的环境价值观或态度，相关研究对此予以论述与验证：Luo等（2007）基于可持续旅游的背景，提出了游客的环境责任行为受到环境态度、亲近自然旅游动机、环境行为意愿单向线性影响的理论框架，验证了环境态度与亲近自然旅游动机存在正相关关系；Eagles等（1993）认为，持有积极环境态度的游客会更加抱有欣赏及体验自然的欲望以及实施环境友好行为的倾向；Hartig等（2001）认为，以欣赏自然而不是消耗自然为出游目的户外游憩者会更加注意自身环境行为的组织和实施，表明选择在大自然中自我恢复是一种积极的出游动机，拥有这种特质的个体实施生态行为的可能性较大。Kil等（2014）实证研究结果表明，动机显著影响游客环境负责的行为。但是也有学者研究发现，动机对游客环境行为无显著影响。

第三节 研究现状述评

本章对游客环保行为的内在机理进行了理论回顾，整体来看，国内外学者在环保行为领域开展的研究较为丰富，但是对游客环保行为的系统研究远远不够。主要表现在：

一是理性行为理论、计划行为理论、ABC理论、负责任环境行为模型和人际行为理论等相关行为理论均为个体一般行为的解释理论，不同理论对影响因素的界定并不一致，不能完全有效解释游客环保行为这一个具体的行为。因此，有必要在上述理论的基础上，重新构建游客环保行为的综合理论模型。

二是现有对游客环保行为影响机理的研究，大多为基于文献综述和结构方程模型的量化研究，探索性的质性研究和仿真演化还有待丰富。

三是游客作为社会人，其行为必然会受到群体压力、社会角色、榜样、观念等因素的影响。但是对游客环境行为的研究还没有涉及，群体一致性、自我概念、榜样效应等是否对游客环保行为产生影响还有待进一步证实。

四是现有研究对游客环境行为的引导政策研究，主要围绕环境政策干预和环境教育两方面开展。对环境政策的研究仅考虑政策因素对游客环保行为的影响研究，忽视了惩罚性政策和鼓励性政策对游客环保行的分类实证研究；对环境教育的研究仅验证了宣传教育对游客环保行为的有效性，忽视了不同途径的宣传教育效果对游客的差异化研究。

第三章 游客环保行为影响机理质性分析

游客环保行为属于个体环境行为。根据国内外学者关于环境行为、游客行为研究的文献综述可以看出，游客环境行为会受到个体心理因素、外部情境因素和个体特征因素的影响。为更好的结合旅游实际，筛选出游客环保行为的关键影响因素，设计出更合理的调查问卷，构建出更科学的理论模型，本研究在文献研究基础上，运用扎根理论的思想和方法，针对游客环保行为进行深度访谈和质性研究，探究游客实施环保行为的影响因素，构建我国游客环保行为影响因素的概念模型，预测变量之间的路径关系，提出相应的研究假设，为实证研究的开展提供理论框架。

第一节 基于扎根理论的游客环保行为影响因素筛选

一 质性研究设计

质性研究是以研究者本人为研究工具，整体性地探究社会现象，在自然情境下，注重人与人之间的意义理解、交互影响、生活经历和现场情景，通过与研究对象的实际互动充分收集资料，对收集资料进行分析，采用归纳法形成理论的一种探索性研究活动，主要是用文字描述来分析形象并形成理论假设（贾旭东等，2010；谢彦君等，2017）。质性研究主要有三个环节，分别是资料收集与分析、资料编码过程和理论生成与检验，其中，资料编码过程又包括开放性编码、主轴编码、选择性编码三个阶段。

质性研究是自下而上地提出问题、比较分析、归纳分类、建立联系和构建理论的研究过程，避免了实证范式下经验或预设模式的"程式化"限制。

质性研究是目前学界公认的、较为权威和规范的定性研究方法，已经被广泛应用在管理学（王璐、高鹏，2010）、心理学（何吴明等，2019）、教育学（薛晶心，2011）、社会学（王旭瑞，2015）和旅游学（姚丽芬等，2017）等诸多领域，且取得了很好的效果。为深入描述和阐述游客环保行为的影响机理，本书先用扎根理论进行探索性的质性研究，然后再进行量化实证检验。

二 样本选择与资料收集

质性研究是在自然情境下采用多种方法，例如深度访谈、现象观察、实物分析等。收集资料，本书采用代表性游客深度访谈的收集方式。为获得更加切合实际的资料，样本游客按照理论抽样原则，选择学历大专以上，对环境知识有一定理解和认识的旅游爱好者和相关从业者（吴鹏，2017）。依据理论饱和准则，共选取38位涉及多种行业和部门的代表性样本来进行深度访谈。样本游客基本信息如表3-1所示。

表3-1　　　　　　　　　样本游客基本信息

受访者属性		人数	百分比	受访者属性		人数	百分比
性别	男	20	52.632	年龄	20—30岁	6	15.789
	女	18	47.368		31—40岁	13	34.211
职业	学生	1	2.632		41—50岁	9	23.684
	公务员	10	26.316		50岁以上	10	26.316
	事业单位	7	18.421	受访者居住地	河北	13	34.211
	企业人员	4	10.526		北京	5	13.158
	涉旅企业人员	8	21.053		天津	2	5.263
	研究人员	8	21.053		上海	3	7.895
受教育程度	专科	5	13.158		江苏	6	15.789
	本科	20	52.632		内蒙古	2	5.263
	硕士	9	23.684		云南	2	5.263
	博士	4	10.526		四川	2	5.263
受教育程度	面对面访谈	19	50		浙江	3	7.895
	在线访谈	19	50				

基于扎根理论，采用开放式问卷收集资料，对样本游客进行深入式访谈，或QQ或微信交流，获取访谈文字和录音记录。访谈以直接、互动和保密为原则，采用互动式的对话方式，使受访者从围绕访谈主题自身实际情况和实际感受出发逐步深入。访谈之前，向样本游客阐释游客环保行为的内涵，以保证受访者的正确认知和理解。为提高效率，事先设定访谈大纲（见表3-2）。为使样本更加真实有效，每位样本的访谈时间设定为45—60分钟。最后整理收集访谈录音和文字记录形成约4万字的文字资料。

表3-2　　　　　　　　　　访谈提示问题

主题	主要内容
对环境问题的态度	是否关注环境问题？
	如何看待环境问题？
	怎么解决环境问题？
游客环保行为及其主要影响因素	游客如何做到环保？
	在旅游过程中您会主动去做这些吗？为什么？
	在旅游过程中您周围的人也会做到环保吗？为什么？
	影响游客实施环保行为的主要因素是什么？
	政府应该采取哪些措施去引导游客实施环保行为？

三　游客环保行为的质性分析

扎根理论是基于对访谈资料前后内容以及资料之间的持续分析对比，发现并提炼出研究目标相关的概念和范畴，归纳概括后，构建出相应的研究理论。扎根理论质性分析分三个步骤（见图3-1），开放式编码、主轴编码和选择性编码，具体操作为：系统分析和归纳原始资料，形成概念和范畴，经持续比较后，建立概念和范畴之间的联系，最终形成理论框架。

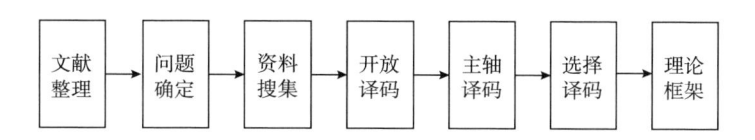

文献整理 → 问题确定 → 资料搜集 → 开放译码 → 主轴译码 → 选择译码 → 理论框架

图3-1　扎根理论的研究流程

（一）开放式编码

开放式编码是收集资料概念化的诠释过程。为深度挖掘游客环保行为的影响因素，尽可能多地获取游客访谈信息；通过仔细分析样本游客原话，梳理其中的概念及属性，不断提取编码要素，形成初始概念；优化、分析和筛选初始概念，形成概念丛，抽象并命名概念丛，实现范畴化。通过概念化和范畴化过程（见表3-3），最终得到33个初始概念和26个范畴（吴鹏，2018）。

表3-3　　　　　　　　游客环保行为的概念化过程

访谈文本中的代表性语句	概念化
①不乱扔垃圾，能够随手扔到垃圾箱，垃圾分类	遵守环保行为
②我觉得在旅行中不随地吐痰、乱扔垃圾、乱涂乱画，不胡乱摘花踏草等行为都算是环保行为	
③不随手扔垃圾，将自己制造的垃圾捡走	
④矿泉水瓶的话，会看到垃圾箱再扔	
⑤不要在那个景区的石刻或者树木上乱写乱画，不要随便采摘花草这类的	
⑥不会攀爬古迹古树，不会乱扔垃圾	
⑦不乱扔垃圾，不乱涂乱画，不给动物园里的动物喂垃圾食品	
⑧不随意丢垃圾，不践踏草坪，不随意践踏花草	
①我觉得，我们出去旅游之前就应该随身携带一些垃圾袋什么的，路上制造出来的垃圾要往垃圾袋里装，也提醒其他人要注意环保	消费环保行为
②适度消费，如适量购买食品和旅游纪念品	
③食物吃多少买多少	
④拿着环保袋去旅行吧	
⑤比如，在旅游时，我们可以随身携带一个垃圾袋，自己的垃圾或者别人乱扔的垃圾临时收在垃圾袋中，然后放入景点的垃圾桶中	
⑥在旅行中，尽量做到"光盘"，饮料尽量喝完，饭菜尽量不要剩下，对物资的最大程度使用也是缓解资源浪费的好行为，同时也避免剩余餐饮对环境造成污染	
⑦食用当地的食物，消费当地的产品	

续表

访谈文本中的代表性语句	概念化
①有一些环保的小额捐款什么的我也会参与	呼吁环保行为
②只要学校有环保的宣传活动，我都参加，例如到景区捡垃圾等	
③我经常会向学生灌输环保的理念	
④我是环保协会的成员，宣传环保是我的职责和义务	
⑤我是搞研究的，在一些会议或者发表的文章里经常会呼吁要注重环保，注重可持续发展	
①告诉家里的其他成员不要破坏景区的环境，比如说，看到自己的小朋友随地乱扔垃圾，就会告诉他这是不对的，然后自己把垃圾扔进垃圾桶	劝导环保行为
②同行的有不环保的行为，我会提醒他教育他	
③比如说，别人在乱扔垃圾的时候，我会提醒他	
④在路上的时候，有时候我看到别的行人乱丢垃圾也会用眼神或者是语言去阻止	
⑤看见别人随地吐痰、乱扔垃圾、乱涂乱画、胡乱摘花踏草要及时制止	
⑥制止其他游客破坏环境的行为，如果他不听劝阻，态度又嚣张，我会报警或跟景区管理员检举他	
⑦旁边的人要是乱扔垃圾或者什么的，我会很讨厌，要是我身边的人，我一定会提醒他不要那样做	

表 3-4　　游客环保行为影响因素的概念化过程

访谈文本中的代表性语句	概念化
①常常关注环保问题，所以会进行这方面的学习，通过电视上的科教频道、相关书籍以及上网查询	环境敏感度
②看电视的时候，经常会看到一些关于环境保护的公益广告，遇到了就会看	
③我经常关注新闻媒体上有关环境问题的通讯报道	
④环保当然重要啦，从小方面说，为了自己旅途中身心愉悦；从大方面说，为了地球的环境，为了人类自身的生存	
⑤环保对于每一个人来说，都是非常重要的，因为环境好坏决定着我们的生活质量，生活状态	
⑥现在环境污染很严重，尤其是雾霾天气，对人的身体健康有严重损害。水污染、土壤污染都很严重，生物多样性也受到威胁	

续表

访谈文本中的代表性语句	概念化
①平时会注意环保方面的宣传教育，尤其是对垃圾分类这方面的会特别留意。可以从中了解到，如果不重视这方面会带来怎样的危害，学习并且实施，让自己的生活更健康	利己价值观
②每一个人在旅游过程中就是在一个特殊群体空间中生存，别人的每一个活动都会对我产生影响。如果别人破坏环保，我会很反感，然后可能去遏制他的这种行为	
③我觉得环境如果不怎么好的话，会影响我旅游的心情	
④大家知道环保对我们生活的重要性，知道环保与我们的利益息息相关。那么人们为了自己的利益，就会做环保，践行环保行为	
⑤环保也是为了自己，大家都做到环保，对整体环境会有好的影响。从小方面说，为了自己身心愉悦；从大方面说，为了地球环境，人类自身的生存	
⑥旅游过程中当然需要环保，只有环保，旅游景区才能更美观，旅游才有意义，出去旅游不就是为了见见美丽的地方，如果环境不好，心情应该也会受到影响	
①我可以做到自己环保，也可以教育影响我的孩子，甚至影响我的亲朋好友	利他价值观
②现在旅游环境都搞得很好。环保当然重要啦。环保好的话，会对人的身体健康有好处	
③加强教育宣传力度，比如全球变暖的影响还是很大的，他们会感受到，对我们的生存环境有威胁，所以环保意识一定会提高	
①现在环境污染很严重，尤其是雾霾天气，对人的身体健康有严重损害。水污染、土壤污染都很严重，生物多样性也受到威胁	生态价值观
②环境破坏了，人连生存都成问题，还谈什么发展	
③环保，一方面能够保护环境，另一方面能够节约资源，促进资源的可持续利用	
④环保很重要，是实现可持续发展的重要因素	
⑤人不能光看眼前，还要顾及子孙后代	
①每个人都有责任和义务保护周边的环境	环境责任感
②环保这个东西，我觉着是跟个人的责任感息息相关的，只有每个人真真切切地认识到环保这件事是自己的事儿，自己一点点不环保的行动也会影响很大，他们才会行动起来	
③把环境当作自己的家庭去爱护，责任心就会起来了，保护环境，人人有责嘛	
④保护环境从小事做起	

续表

访谈文本中的代表性语句	概念化
①尽量少用塑料袋，减少白色污染 ②如果人们知道什么是环保行为，大家都会去做的 ③积极参与垃圾分类	一般环境知识
①我觉得，我知道什么是环保行为的话，我肯定会做。因为我之前在新闻上看过华山有一个清洁工，每天要到悬崖峭壁去捡游客乱扔的垃圾袋儿、塑料瓶、饮料瓶，我觉得给安全带来隐患的话，我肯定是不会去乱扔的 ②要先告诉大家哪些做法是对的，哪些做法是错的，比如乱写乱画"到此一游"是不对的 ③不在景区、景点随手扔垃圾，不乱涂乱画等	旅游环境知识
①大部分人还是愿意保护环境的 ②如果时间允许的话，像什么在条幅上签字之类的环保倡议活动，我还是愿意积极去做的 ③想做和去做是两码事，道理我都懂，可我就是不去做 ④大多数人是懂得环保的重要性，但是有小部分人即使懂得环保，但是自己还是认为做出行动需要付出努力而放弃	行为意愿
①我有自己的行为准则，遇到好的会学习，碰见不好的会适当提醒 ②我是一个环保主义者，我会努力践行环保理念 ③我不会随手扔垃圾，否则不舒服	自我概念
①同行的游客都很有素质，在导游的带领下遵守纪律，没有出现扔垃圾、破坏花草的不文明行为，我就很受感染，对自己说，我也要做一名文明游客，文明旅游 ②如果我做的不文明，人家很文明，我会不好意思 ③家人和朋友也不会随手扔垃圾的，否则会受到大家批评	社会规范
①如果一个旅游地点已经是一个类似于"垃圾场"的地方，虽然不能乱丢垃圾，但是已经有很多垃圾被随意乱丢，估计有很多人也会从众 ②自己的言谈举止都会给周围的人带来影响，都有从众心理嘛，一个人不敢做，但有人去做了，自己也就敢做了嘛 ③在购物方面经常被周围人影响，跟风购物，尤其在旅行中，合理开支自己的预算就很难做到，看到别人在购物，自己也会想买东西，以后还是应该理性购物 ④会受到影响，因为中国人有一个从众心理，如果有人看见别人大声喧哗，他自己会出现一种法不责众的心态，也会做一些不文明行为，当然，如果看到别人表现得都是一些很文明的行为，对自己来说也有一种约束力 ⑤如果我看到其他游客都很注重环保，我会不自觉地也跟着做	群体一致性

续表

访谈文本中的代表性语句	概念化
①在景区内如果大家都把垃圾扔在垃圾桶里，景区都很干净，那其他的游客应该也不会破坏这样干净整洁的环境	景区环境质量
②如果大家都在这个大环境下，我觉得他们都会去做的，比如说一个地方特别干净，你会觉得不忍心去破坏它的这份干净；有时候比如说你去一家很干净的餐厅就不会随便乱扔，这个东西我觉得我在旅游的时候还是经常能感受得出来	
③日常的维护很重要，如果平时地面干干净净的，大部分人都不好意思破坏环境	
④如果垃圾遍地，我可能也会随手扔	
①垃圾桶太少。游客想要自觉地扔垃圾，那垃圾总不能手拿着吧，感觉这也是制约游客环保的一大问题	便利程度
②有的人虽然意识到这是环保行为，也不一定去做，比如当你吃完东西，有了垃圾后，本应该去扔到垃圾桶，可是垃圾桶离得远，有人环保意识不强，就会图省事，随手扔掉	
③当自己所见之处没有垃圾箱的时候，人们的惰性就会让他们随手一扔	
④垃圾桶要多放，不好找可能就会随手扔啦	
①出门在外，方便舒适最重要，谁愿意提着垃圾满大街找垃圾桶	舒适需求
②有些人素质比较低，这些人只会按照自己觉得舒服的方式去旅行，根本不会去考虑环保这些	
③年龄小只顾舒服，不顾后果	
①随身携带一个小布袋，塑料瓶可以回收的，还能卖钱呢，蚊子再小也是肉啊	节俭观念
②有上岁数的人，会把矿泉水饮料瓶子拿回去卖钱	
③老妈怕花钱，在景区不坐缆车和电瓶车，宁肯自己走	
①孩子小的时候，我会教她一些环保的知识，出于好奇心，她愿意去主动学习，从小就有环保意识；我觉得很有用，前几天，她扔圆规的时候，用布包了起来，就是怕环卫工人收拾的时候弄伤手，这让我知道了我的教育是有效的	宣传效果
②学校定期会举办一些类似活动，对于大多数学生而言是有效果的	
③环保教育更应该强调环保和自身生活的息息相关，看重人们的主动学习，去激发人们环保意识	
④最近还是看了那个宣传片，也是听朋友说宣传片的摄影不错，看了也是感触良多，有一定效果的，能让我们看了就不敢再做，自制不行就他制，最好是能引起人心底的危机感	

第三章 游客环保行为影响机理质性分析 / 41

续表

访谈文本中的代表性语句	概念化
①习总书记说过，不要总吃方便面，当地特色也要尝尝	榜样效应
②采取大众化的明星进行宣传，毕竟影响力较大	
③加强旅游地宣传，用名人效应来刺激人们的环保意识，让人们从内心开始重视环保问题，内化于心，外化于行，真正去践行环保	
④加强宣传意识，寻找绿色活动发起人和带头人，多拍一些公益绿色短片，政府在宣传方面需要做的还很多	
①有了黑名单，好多坏行为会少很多	惩罚性政策
②加大政府对环境破坏行为惩罚的力度	
③加大处罚力度，违反成本高就会长记性	
④政府首先要明确环保的重要性，严格坚持绿色发展的指导思想，加大对破坏环境的行为的惩处力度，加大环保思想的宣传教育力度	
⑤去约束游客的非环保行为，比如效仿韩国、日本，在街道上乱扔垃圾会像闯红灯一样被拍照、罚款、扣分等这些措施，用严格的手段来约束不环保行为	
①政府可以发布一些鼓励景区加强环保的政策	鼓励性政策
②还有可以奖励、鼓励大家	
③还有，不行的话就利诱呗	
④与个人的利益联结在一起，体现对个人生活环境的影响	
①最令人难忘的景区是黄山，很开心的旅程，那么好的地方不能被破坏了	地方依恋
②我印象最深的地方是桂林的漓江，之所以印象深刻是因为前者风景如画，让人身临其境，难以忘怀	
③游客的个人情感因素，例如对景区的个人喜好和爱护	
④我比较喜欢乌镇的古香古色的气氛，乌镇早些年给我的感觉就很宁静，有小桥流水人家的感觉，所以印象比较深刻，比周庄好很多	
①老妈岁数大了，腿脚不灵便，景区大了可以乘缆车电瓶车	性别
②跟性别没多大关系，跟人的素质有关系	
③我妈对我影响特别大，从小就教育我不能随手扔垃圾	
①年龄小只顾舒服，不顾后果	年龄
②有上岁数的人，会把矿泉水饮料瓶子拿回去卖钱	
③我妈对我影响特别大，从小就教育我不能随手扔垃圾	
④教育宣传应该更注重中老年，这部分人群环保意识相对而言有些差	

续表

访谈文本中的代表性语句	概念化
①我觉得我的行为是能够影响周围人的，尤其我的职业是教师，我觉得我有义务言传身教，如果学生们有不环保的行为，我也会及时提醒，他们也都会听	职业
②在旅游过程中，应该说是任何情况都是需要环保的。因为这是一个最基本的行为，可能是我当过兵吧，我认为一定要环保	
③我是老师，为人师表，得给学生、孩子做榜样	
①好像跟收入多少没多大关系吧	收入
②我每年都会选择去旅游两次，这跟我现在的生活水平是相契合的吧	
③收入少的人可能会把一些垃圾比如瓶子、包装纸等留着，拿回去卖钱	
④让有钱的人多出点力，捐点钱搞环保	
①我觉得就是个人素质吧，这个看受教育程度和修养什么之类的	受教育程度
②接受的教育越多素质就越高，很多观念都是深入内心的	
③会受到教育程度的影响	
④游客的文化程度越高，越会表现出好的行为	
①我家就在旁边住，天天来，走着就行	游客类型
②一般就全家一起去了，就当出国旅游，就集中一个月、两个月一直在外边，忙的时候就没时间了	
③离得近，就在家旁边，走着就行	
①在城市，公交车方便又便宜，能坐公交车就不打车	游览方式
②全家出游的时候多，自驾车方便点	
③有时候跟团出游，省事省心	
④我算是一个旅游爱好者吧，每年我都要出去五次以上，有时跟全家人一起出去，偶尔兴致上来了也会做一下背包客	
①我家就在旁边住，天天来，走着就行	游览次数
②我每年都去一趟杭州	
③海南冬天暖和，我们每年冬天都会来	
①景区空气好，没事爬爬山，锻炼锻炼身体	旅游动机
②出去玩的时候尽量坐公交吧，既是一种低碳出行的方式，也能够看看当地的风景	
③带孩子出去，多走走多看看	
④我去旅游的话就是想放松心情换一个环境	

(二) 主轴编码

主轴编码是在开放式编码的基础上，建立概念范畴之间的联系。主轴编码每次仅深度分析一个范畴，围绕这个范畴探索其相关关系，探索概念层次上的潜在关系。通过主轴编码，最终梳理出六大范畴（见表3-5）。

表3-5　　　　　　　　　　主轴编码过程及结果

主范畴	对应子范畴	范畴关系的内涵
游客环保行为	遵守环保行为	游客在旅游时自觉遵守旅游地（景区）相关规章制度的行为
	消费环保行为	游客在旅游过程中自觉降低资源消耗，崇尚勤俭节约，不奢侈浪费的行为
	劝导环保行为	游客在游览过程中，按照景区相关规定，协助相关部门维护旅游环境，主动劝导他人的行为
	呼吁环保行为	游客主动参与景区环境保护的宣传活动，且公开表达支持环保言论的行为
环保行为意愿	行为意愿	游客实施环保行为愿意付出的努力及花费的时间直接影响游客环保行为的发生与否
态度因素	环境敏感度	游客环境敏感度是影响游客环保行为的态度因素
	利己价值观	游客利己价值观是影响游客环保行为的态度因素
	利他价值观	游客利他价值观是影响游客环保行为的态度因素
	生态价值观	游客生态价值观是影响游客环保行为的态度因素
	环境责任感	游客环境责任感是影响游客环保行为的态度因素
	一般环境知识	游客一般环境知识是影响游客环保行为的态度因素
	旅游环境知识	游客旅游环境知识是影响游客环保行为的态度因素
社会因素	自我概念	游客行为自我约束是影响游客环保行为的社会因素
	社会规范	游客群体压力是影响游客环保行为社会的社会因素
	群体一致性	游客群体一致性是影响游客环保行为的社会因素
	社会风气	游客环境氛围是影响游客环保行为的社会因素
	榜样效应	游客榜样效应是影响游客环保行为的社会因素
习惯因素	舒适需求	舒适需求影响游客环保行为，属于习惯因素
	节俭观念	节俭观念影响游客环保行为，属于习惯因素

续表

主范畴	对应子范畴	范畴关系的内涵
促进性条件	景区环境质量	景区环境质量是影响游客环保行为的情景因素
	便利程度	便利程度是影响游客环保行为的情景因素
	宣传效果	宣传效果是影响游客环保行为的情景因素
	惩罚性政策	惩罚性政策是影响游客环保行为的情景因素
	鼓励性政策	鼓励性政策是影响游客环保行为的情景因素
情感因素	地方依恋	地方依恋是影响游客环保行为的情感因素
游客特征因素	人口学变量	性别、年龄、职业、收入、受教育程度
	出游特征	游客类型、游览方式、游览次数、游览动机

（三）选择性编码

选择性编码在主轴编码基础上，从范畴中挖掘出核心范畴，建立核心范畴与其他范畴之间的联结关系（白长虹等，2019）。本书确定了核心范畴为"游客环保行为影响机理及引导机制"，其他范畴为主轴编码确定的六大范畴，游客特征因素、态度因素、社会因素、情感因素、促进性条件以及习惯因素。经系统分析，核心范畴与其他范畴之间的联结关系为：态度因素、社会因素、情感因素通过行为意愿这一中介变量作用于游客环保行为；习惯因素、促进性条件为情景因素，是游客环保行为的驱动强化因素；游客特征因素直接作用于游客环保行为。

（四）饱和度检验

扎根理论采用理论饱和度来检验是否停止采样。根据饱和度检验标准，如果再没有新的概念、范畴及关系出现，说明核心范畴达到理论饱和，可以停止抽样。本书将38份访谈文本资料进行分析整理，随机抽取其中28份用于质性分析，10份用于理论饱和度检验。对10份预留的访谈资料进行编码分析和理论饱和度检验，结果没有发现新的范畴和联结关系。因此，可以确定关于游客环保行为的质性分析在理论上达到饱和。

表 3-6　　　　　　　　　　选择性编码结果

核心范畴	典型关系结构	关系结构的内涵
游客环保行为影响机理	行为意愿——游客环保行为	行为意愿是游客实施环保行为的内驱因素，行为意愿直接影响游客是否实施环保行为
	态度因素——游客环保行为	游客的价值观、环境敏感度、环境责任感、环境知识等态度因素是游客实施环保行为的内驱因素，态度因素直接影响游客是否实施环保行为
	社会因素——游客环保行为	游客的社会规范、自我概念、群体一致性、榜样效应等社会因素是游客实施环保行为的内驱因素，社会因素直接影响游客是否实施环保行为
	情感因素——游客环保行为	游客对旅游地的情感因素是游客实施环保行为的内驱因素，情感因素直接影响游客是否实施环保行为
	态度因素——行为意愿——游客环保行为	游客的价值观、环境敏感度、环境责任感、环境知识等态度因素影响其行为意愿，又通过行为意愿影响其是否实施环保行为
	社会因素——行为意愿——游客环保行为	游客的社会规范、自我概念、群体一致性、榜样效应等社会因素会影响游客环保行为意愿，进而影响游客实施环保行为
	情感因素——行为意愿——游客环保行为	游客的情感因素影响游客行为意愿，进而影响环保行为的实施
	促进性条件因素——行为意愿——游客环保行为	景区环境质量、便利程度、宣传教育效果、政策措施等促进性条件是游客实施环保行为的外部制约情景因素，促进性条件作为调节变量，影响行为意愿，作用于环保行为关系的强度和方向
	习惯因素——行为意愿——游客环保行为	习惯因素是影响游客实施环保行为的内部情景条件，影响行为意愿作用于环保行为关系的强度和方向
	游客特征因素——游客环保行为	游客特征因素（性别、年龄、职业、收入、受教育程度、游客类型、游览方式、游览次数、游览动机）等直接影响游客环保行为的实施

四 研究变量界定

对于文献综述而言，通过扎根理论分析不仅印证了以往学者关于价值观、环保知识、环境责任感、社会规范、舒适需求、地方依恋等因素与游客环保行为的关系的结论，而且发现环境敏感度、群体一致性、自我概念、榜样效应以及节俭观念等对游客环境行为产生影响；不仅印证了环境政策、信息干预、景区环境质量、便利条件影响游客环境行为的结论，而且发现环境政策中惩罚性政策和鼓励性政策对游客环保行为影响的差异性，以及不同信息干预途径对游客环保行为影响的差异性；不仅印证了结构因素与游客环保行为的关系结论，还发现了游客出游方式也会影响其环保行为；由此也印证了某个单一的理论不能完全有效的解释游客环保行为。因此，结合文献综述和扎根理论，在梳理、选取游客环保行为的相关影响因素的基础上，构建游客环保行为的综合理论模型。

确定影响游客行为的因素是开展行为研究的基础，也是引导游客改进行为的依据。本书借鉴人际行为理论，不仅考虑意愿，也考虑习惯和促进性条件对个体行为的影响，同时，也考虑意愿作为态度、社会学习因素和情感与个体行为的中介变量。借鉴社会学习理论，重点考虑外部因素中社会学习因素对游客环保行为的影响。借鉴理性行为理论、计划行为理论、环境素养模型，将态度因素扩展为价值观、环保知识、环境责任感和环境敏感度；社会学习因素包括社会规范、自我概念和榜样效应和群体一致性。习惯因素包括节俭观念和舒适需求因素；情感因素为地方依恋，这是游客对旅游地情感的表现，属于旅游情景因素；促进性条件选择景区环境质量、便利条件、惩罚性政策、鼓励性政策和信息干预，其中景区环境质量和便利条件也是旅游情景。本书的因变量则选取了游客环保行为意愿和游客环保行为。对变量的详细描述如下。

（一）游客环保行为（Tourists' Environmental Behavior，TEB）

根据前文所述，游客环保行为是游客在景区游览的过程中，自愿做出的有利于景区环境可持续发展的积极行为。通过文献综述，可以发现，鲜少有学者用扎根理论的方法对游客环保行为进行分类，邱宏亮和周国忠用扎根理论将旅游者环境责任行为分为遵守型环保行为、消费型环保行为、节约型环保行为及促进型环保行为四个维度，在有关游客环保行为的选择的研究中，可以发现：

游客在旅游过程中的行为会受到相关规章制度的制约，游客会去遵守这些规定，而不去随意丢弃垃圾，攀折花草、攀爬树木或捕捉、喂食小动物，不在树木、岩石或建筑物上涂写刻画等。以上是主要游客在旅游时自觉遵守旅游地（景区）相关规章制度的行为，因此，将其归结为游客遵守环保行为。

游客在旅游过程中会自觉降低资源消耗，崇尚勤俭节约，不奢侈浪费，例如尽量消费当地的食物，只购买够用的旅游纪念品，且要求包装简单等这些都属于消费行为，因此，将其归结为游客消费环保行为。

游客在旅游过程中，不仅严格要求自己环保，还会主动劝导影响他人，协助相关部门维护旅游环境，例如劝导他人不要乱扔垃圾、不要攀爬树木或喂食小动物等，检举旅游中发现破坏自然环境等行为，将其归结为劝导环保行为。

在访谈中也发现，游客会主动参与景区环保宣传、做环保志愿者，很多游客表示可以小额捐款等，这些行为学者争议较大，很多学者把劝导环保行为和呼吁环保行为二者结合成一个维度，界定为高级环保行为或者促进型环保行为，而邱宏亮和周国忠认为这部分测量指标不适合中国本土化情境，将其舍弃掉。本书则认为游客主动参与环保宣传、捐助和志愿者活动的这些行为，属于更高等级的环保行为，将其归结为呼吁环保行为。

表 3-7　　　　　　　　　游客环保行为维度

分类	定义	参考文献
遵守环保行为	游客遵守环保行为指游客在旅游时自觉遵守旅游地（景区）相关规章制度的行为	Smith-Sebasto、D'Costa（1995）；Ramkissoon 等（2012）；Alessa 等（2003）；Ballantyne 等（2011）；Chen（2011）；Halpenny（2010）；Kim 等（2011）；Kim、Han（2010）；Lee（2007）；万基财等（2014）；张玉玲等（2014）；邱宏亮、周国忠（2017）

续表

分类	定义	参考文献
消费环保行为	游客消费环保行为是指游客在旅游过程中自觉降低资源消耗，崇尚勤俭节约，不奢侈浪费的行为	Dono 等（2010）；Stern 等（1999）；邱宏亮和周国忠（2017）
劝导环保行为	游客劝导环保行为是指游客在游览过程中，按照景区相关规定，协助相关部门维护旅游环境，主动劝导他人的行为	Alessa 等（2003）；Ballantyne 等（2011）；Chen（2011）；Halpenny（2010）；Kim 等（2011）；Kim 和 Han（2010）；Lee（2007）
呼吁环保行为	游客呼吁环保行为是指游客主动参与景区环境保护的宣传活动，且公开表达支持环保言论的行为	Vaske、Korbin（2001）；Dono 等（2010）；Stern 等（1999）；万基财等（2014）；张玉玲等（2014）；邱宏亮和周国忠（2017）

综上，借鉴环境行为和旅游环保行为的分类，结合游客行为的特点，本书将游客环保行为分为四个维度，分别为游客遵守环保行为（Tourist Obeying Environmental Behavior，TOEB）、游客消费环保行为（Tourist Consumption Environmental Behavior，TCEB）、游客劝导环保行为（Tourist Persuasion Environmental Behavior，TPEB）、游客呼吁环保行为（Tourist Appeal Environmental Behavior，TAEB）等四种行为。游客遵守环保行为指游客在旅游时自觉遵守旅游地（景区）相关规章制度的行为；游客消费环保行为是指，游客在旅游过程中自觉降低资源消耗，崇尚勤俭节约，不奢侈浪费的行为，例如，只购买够用的旅游纪念品和食品，且要求简单包装等行为；游客劝导环保行为是指，游客在游览过程中，按照景区相关规定，协助相关部门维护旅游环境，主动劝导他人的行为，例如，劝导他人不乱丢垃圾、不攀爬树木或喂食小动物等，检举旅游中发现自然环境破坏事件等行为；游客呼吁环保行为是指，游客主动参与景区环境保护的宣传活动，且公开表达支持环保言论的行为。

(二) 游客环保行为意愿 (Tourists environmental behavior intention, TEBI)

行为意愿 (Behavior Intention) 被认为是行为显现前的决定因素，是个体行为发生主观概率 (Lee, 2007), 反映一个人愿意付出多少努力、花费多少时间去执行这一行为。行为意愿与实际行为之间显著性关系，以及意愿作为个体心理因素与实际行为之间的中介得到了众多学者的证实。黄雪丽 (2012) 发现，低碳旅游意愿不仅直接影响低碳旅游生活行为，而且还是知觉行为控制和主观规范与低碳旅游生活行为的中介变量。余晓婷 (2015) 研究发现，台湾游客的环境行为意向是其环境知识、环境态度、亲近自然旅游动机、环境行为意向、景区环境质量和景区环境政策与环境责任行为之间的中介变量。吴霜霜 (2016) 研究表明，航空旅行者的碳减排行为主要受行为意向直接决定，且行为态度、主观规范、个人规范、感知行为控制通过影响行为意向而对行为产生间接影响。因此，本书将意愿作为影响游客环保行为的前因变量以及游客态度因素、心理因素、情感因素与实际环保行为之间关系的中介变量来研究。游客环保行为意愿是游客在旅游过程中为了实施环保行为所愿意付出的努力及花费的时间。

(三) 态度因素 (Attitude Factors, AF)

借鉴理性行为理论、计划行为理论和环境素养模型，结合专家咨询和游客访谈，本书将影响我国游客环保行为的态度因素扩展为环境价值观、环境知识、环境责任感、环境敏感度4个变量。

1. 环境价值观 (Environment Values, EV)

在心理学、行为学及环境科学领域，价值观被认为是影响行为的至关重要的前因变量，游客环保行为也必然会受到自身价值观的影响，这得到了很多学者的支持。Xu 和 Fox (2014) 研究表明，利他价值观和生态价值观显著影响国家公园游客的环境态度和持续旅游发展意愿。Zhang 等学者 (2014) 调查发现，九寨沟游客的价值观会积极影响他们的亲环境行为。赵黎明等 (2015) 调查发现，三亚市过夜游客的环保价值观对其一般低碳旅游行为有显著正向影响。黄涛等学者 (2018)

实证研究发现，生态价值观、利他价值观通过环境态度间接影响游客环境责任行为。借鉴环境行为相关研究中价值观的三维度分类方法，将价值观分为利己型价值观（Egoistic Values，GV）、利他型价值观（Altruistic Values，AV）和生态型价值观（Ecological Values，EV）。利己型价值观的个体以自己的利益为重，利他型价值观的个体更关心他人的利益，生态型价值观的个体则关心生态圈的利益，即更关注环保。

2. 环境知识（Environmental Knowledge of，EK）

行为学认为知识正向影响行为，环境知识可以显著促进个体实施环境行为。负责任环境行为模型表明行为技能、行为知识和环境问题知识影响行为倾向，并通过行为倾向影响环境行为；相关知识的缺乏是具有积极环保态度的人实施环保行为的实质性障碍。扎根理论结果也发现，游客所具备的环境知识是游客环保行为实施的内驱因素，不仅直接影响游客环保行为的实施，还通过意愿间接影响其环保行为的实施。Schahn和Holzer（1990）研究证实环境知识分为抽象的环境知识和具体的环境知识，一般知识需要经过特定的情感才能转化成某种行为，具体的知识要比一般知识的作用强度大。余晓婷（2015）研究了台湾游客环境责任行为实施的影响因素，结果发现，环境知识是影响游客环境责任行为的重要驱动因素。赵黎明等（2015）通过对三亚市过夜游客的调查，发现，低碳旅游知识对游客积极低碳旅游行为有显著正向影响。夏凌云等（2016）以哈尔滨市湿地公园的游客为对象，研究发现，湿地环境知识能积极影响游客对湿地环境的态度，进而积极影响游客环境行为倾向。黄静波、范香花、黄卉洁（2017）从实证研究发现，环境知识在环境友好行为形成过程中发挥着重要作用，对环境友好行为的总效应最大。本书将环境知识作为影响游客实施环保行为的重要因素来进行研究，借鉴Schahn和Holzer（1990）的做法，将环境知识分为一般环境知识和旅游环境知识，一般环境知识（General Environmental Knowledge，GEK）是基本的环境知识，而旅游环境知识（Tourism Environmental Knowledge，TEK）指的是为游客实施环保行为所需要掌握和了解的旅游环保相关的知识。

3. 环境责任感（Environmental Responsibility，ER）

环境责任感被认为是影响个体环境行为最基础的前因变量，具有环境责任感的个体通常会表现出更多的环境行为。因此，本书将环境责任感作为游客环保行为和游客环保行为意愿的前因变量，并将环境责任感定义为游客为防止景区环境恶化或维护景区可持续发展所愿意采取环保行为的责任感和道德感（Mihalic，2016）。

4. 环境敏感度（Environmental Sensitivity，ES）

学者们研究结果一致认为，个体对问题感知程度会影响其动机和行为实施，个体对环境问题的感知是产生环境行为的前提。扎根理论结果显示环境敏感度是游客环保行为实施的前因变量，游客的环境敏感度越高，其实施环保行为的频率越高。因此，本书也将环境敏感度作为影响游客环保意愿和环保行为的前因变量，参考 VBN 理论界定环境敏感度为游客对于环境问题的敏感程度和关心程度。

（四）社会因素（Social Factors，SF）

根据人际行为理论模型，个体会模仿或遵照社会群体的行为，社会因素也是影响行为的主要因素。依据相关文献综述及质性分析结论，选择社会规范、群体一致性、榜样效应、自我概念等 4 个变量作为影响游客环保行为的社会因素进行探讨。

1. 社会规范（Environmental Social Norms，ESN）

计划行为理论认为人们在行为决策时会感受到来自于家庭、亲友、同事等一些重要群体的压力。社会规范会显著促进行为的产生，且这种影响通常是无意识的，学者们一致认为社会规范会正向影响行为，并且在旅游领域得到了证实，赵黎明等（2015）研究证实了社会规范对低碳旅游行为具有显著影响，即人们在旅游过程中的低碳行为容易受到社会压力，亲朋好友的影响。Klockner 和 Blobaum（2010）研究发现，社会规范会通过意愿来影响行为。游客访谈也证明游客实施环保行为会受到社会规范的影响，因此，将社会规范作为影响游客环保行为实施的内驱因素，将其定义为：整个社会和各团体及其成员应有的行为准则、规章制度、风俗习惯、道德法规和价值标准。

2. 群体一致性（Group Consistency，GC）

关于群体一致性，很多学者认为是中国文化最核心的特质之一，表现为对大多数人的从众行为或者参照多数人倾向的认同。金盛华等（2009）研究发现，群体一致性是中国价值取向中 8 个重要因素之一，群体认同取向表现为对从众行为和多数人参照倾向的认同。徐曦（2013）将面子意识、群体一致性、中庸内敛和勤俭节约作为儒家文化的代表，研究他们对消费者决策的影响。李东进等（2009）也指出，虽然面子观念和群体一致在不同文化中都存在，但在中国文化中表现得极为明显，并且具有区别于其他文化的特点。王建明（2013）同样指出，尽管中国文化背景有很多独特的特质，如高权力距离、高风险规避、中庸和谐、关系导向、家庭导向等，但面子观念和群体一致是两个最核心的特质。

很多学者研究发现，群体一致性对消费行为有显著影响。于伟（2010）的研究证实，群体一致能够影响中国公众的环保意识，从而促进绿色消费行为的产生。胡华（2014）认为群体一致性是人们旅游不文明行为的原因之一。

根据对游客的访谈发现，在旅游过程中，多数人会有大家干什么我也随着干的群体一致性。综合以上分析，群体一致性作为国人价值取向的重要构成要素，本书将其作为影响游客环保行为意愿的重要社会因素。借鉴 Solomon Asch 的研究，将群体一致性定义为个体为保持和群体大多数人一致，会怀疑、改变自己的观点、判断和行为的心理倾向。

3. 榜样效应（Model Effect，ME）

根据社会学习理论，人们的行为会受到所喜欢的明星、政府要人、行业领袖等的影响，进而产生模仿行为，榜样效应多被用于教育、消费行为领域的研究，并得到证实。韩璐（2009）研究证实了榜样力量对消费者购买移动增值业务的行为的影响。王晓辉和刘楠楠（2013）研究发现，榜样效应会正向影响人们的低碳消费行为。黄蕊等（2018）实证发现，榜样效应是居民亲环境行为的重要影响因素。结合访谈结果，游客同样赞同榜样对其环保行为的影响。因此，本书把榜样效应作为影响游客环保行为的一个社会学习因素，指旅游者的行为会受到榜样因素的影响。

4. 自我概念（Self Concept，SC）

根据人际行为理论模型，自我概念作为社会因素之一，是影响行为的主要因素，是个体对自我的认知。Gagnon 等（2003）证实了自我概念对医生使用远程医疗行为的显著影响，Robinson（2010）则证实了自我概念对盗版软件使用行为的影响，Moody（2013）则证实了自我概念对工作时间使用互联网用于非工作事务的行为的影响，且意愿作为其与行为之间的中介。吴波（2014）证实了自我概念对绿色消费行为的影响。游客访谈也发现，游客的自我认知会影响其环保行为的实施，基于此，本书将自我概念作为影响游客环保行为的社会因素的前因变量，借鉴 Triandis（1979）的定义，将其界定为游客对自我的认知。

（五）情感因素（Emotional Factors）—地方依恋（Place Attachment，PA）

根据人际行为理论模型，情感因素会影响行为的发生，很多学者证实了情感对网络社区、网络使用行为、盗版软件使用、远程医疗的使用等行为的影响。在旅游环保领域，很多人将地方依恋作为情感因素，研究其对环保行为的影响，并得到国内外学者的证实。本书将地方依恋（Place Attachment，PA）作为影响游客环保行为的情感因素。将地方依恋定义为旅游者与景区之间联结的情感纽带，分为地方依赖和地方认同两个维度。地方依赖（Place Dependence，PD））指旅游者对景区环境独特性的认识和对景区的功能性依恋；地方认同（Place Identity，PI）是指旅游者借助一系列想法、信念、偏好、感觉、价值、目标及行为倾向等来表达个人对景区的自我认同。对二者之间的关系，有的学者认为地方依赖通过地方认同的中介作用来影响人的环境行为。当旅游地满足游客特定需要时，游客会对旅游地产生依赖感。依赖感会使游客持续或者频繁光顾旅游地，进而使得游客产生对旅游地的地方认同，最后上升为地方依恋。

（六）习惯因素（Habitual Factors，HF）

根据人际行为理论，习惯对行为产生影响，其中习惯越强，人们对特定行为的思考越少，越易实施该特定行为。本研究将习惯的内涵扩大，把中国人特有的节俭悖论，即节俭观念和舒适需求共同作为习惯的变量，来进行分析和研究。

节俭思想源远流长，是中华优秀传统文化的重要内容。节俭一直被中国老百姓和当权者所称颂和奉行，并视之为修身养性、治国安家之法宝，是中华民族的传统美德之一，是中国古代各种德性（仁、义、礼、智、信）的基础，是中国传统价值观的基本框架构成之一，同时也是中国人特有的在生活消费方面的价值观（顾久贤，2016）。传统文化崇尚节俭，以节制个人欲望为美德。孔孟主张"克己复礼"，孔子强调为政要节用，为人要节俭，"俭"是他提出的"温、良、恭、俭、让"五大德行之一。孟子主张"食之以时，用之以礼，财不可胜用也。""恭者不侮人，俭者不夺人。"朱熹提出"存天理，灭人欲"。节俭即节约、节省，不奢侈，"宁俭勿奢，惠而不费""俭则寡欲，侈则多欲"（王雪萍，2010），反对奢侈浪费。所以，几千年来，中国人民一直崇尚勤俭持家的消费观念，反对任何形式的挥霍浪费和超前消费。可以看出，古代中国的节俭观念是人们为了达到节俭的目的，不惜控制自己的欲望，会尽量减少消费，甚至压低自己的生活水准，形成了不管有钱没钱，都要省钱的普遍观念。

改革开放以来，随着生活水平的提高，人们开始追求舒适享乐，享受在追求舒适享受的同时，仍然隐含着节俭的影子。所以，出现了很多中国人跑到国外去买打折的奢侈品的奇怪现象。2014年中国出境游客1.09亿人次，奢侈品消费总额1150亿美元，占据全球奢侈品消费总额的30%，自此，中国成为全球最大的奢侈品消费国。而这种享乐型的消费当中，却到处能找到节俭的影子。除了质量好、品牌忠诚、有面子之外，中国人到海外购买奢侈品还有一个很重要的因素是比在国内买便宜，能节省很多钱。中国"0团费"和"低价团"屡禁不止的原因，也是因为人们对低价和"0价格"的追求。

有学者认为这是一种悖论，也有的学者是"两栖消费"，认为这是中国民众特有的特征，即节俭主义和享乐主义并存策略。节俭主义的策略是抑制欲望，把需求降低到最低或较低的水平，享乐主义的策略是紧跟消费的潮流、时尚、舒适，追逐品质和快乐，他们有如两栖动物，在水域和陆地分别按不同的规则来生存。这种节俭和享乐悖论共同作用下的心理，对人们日常生活、消费等行为产生了重大影响，成为中国人特有的一种现象，引起国内外学者的关注（张萃平，2018）。旅游本身就是一种追求舒适、享受、享乐、快乐、幸福的活动过程，因此，在旅游过程中，节俭观念和舒适享受并存于游客身上，应关注节俭悖论对游客环保行为的影响。

1. 节俭观念（Frugality Idea，FI）

很多学者研究发现，节俭观念会对人们的行为产生影响。通过对游客访谈也发现，一些游客在景区游览的过程中，为了达到省钱的目的，尽量不坐车，不扔甚至捡拾饮料瓶。因此，本书将节俭观念作为习惯因素，研究其对环保行为的影响。将其定义为：在现代社会中国人的生活观念，具体体现在物尽其用、量入为出、物有所值。

2. 舒适需求（Comfort Requirements，CR）

个体在旅游过程中的习惯更多地会体现在对舒适的追求，Wheeller（2006）认为绝大多数游客（包括生态旅游者）关注享乐多于可持续问题。Barr等学者（2011）发现在不同于家庭环境的旅游环境中，人们追求放松和舒适的要求影响人们是否会选择可持续消费方式的行为态度。李燕琴（2009）认为，旅游者追求的是能使身心愉悦的游憩体验，而非责任性的学习。黄雪丽等（2013）也认为，人们的安逸诉求会负向影响其低碳旅游生活行为。在对游客的深度访谈中也发现，很多游客为了舒适会放弃实施环保行为，因此，本书将舒适需求作为习惯因素，研究其对环保行为的影响。将其定义为：旅游者在行为决策中对生活舒适的看重程度。

（七）促进性条件（Facilitating Conditions，FC）

人际行为理论认为外在环境因素是行为实施的促进性条件，ABC理论也认为个体环境行为的影响因素，除了态度因素外还有外部情景因素。许多学者研究并证实了情境因素对个体环境行为具有显著影响。其中外部情境中，干预政策又被分为结构性政策干预和信息干预两种。根据相关文献和深度访谈结果，本书将便利程度、景区环境质量、环保政策干预、信息干预作为游客环保行为的促进性条件进行研究。

1. 便利程度（Convenience Degree，CD）

在环境行为研究中，很多学者证实了个体环境行为与便捷性有关。由于旅游是游客在非惯常生活环境中的活动，其环保行为会受到景区便利程度的影响，很多学者也证实便利程度对环境行为的影响作用。因此，本书将便利程度作为游客环保行为的促进性条件之一进行研究，借鉴黄雪丽（2012）和赵黎明等（2015）的研究，将便利程度界定为游客对景区设施便利和标识清晰的感知程度。

2. 景区环境质量（The Scenic Area' Environmental Quality，EQ）

环境心理学认为外部环境条件的好坏会刺激个体心理和行为。旅游景区生态环境质量属于外部环境刺激因素，会影响游客环境行为的实施，低水平环境条件会引发游客不友好的环境行为，高水平环境质量则会对游客不友好环境行为产生约束作用。很多学者也证实了这一点。因此，本书将景区环境质量纳入到游客环保行为的影响因素模型中来，借鉴余晓婷（2015）、王琪延和侯鹏（2010）的研究，将景区环境质量界定为游客对旅游地环境质量状况的感知程度。

3. 环境政策干预（Policy and Regulation，PR）

根据操作性条件反射原理，对行为给予强化（奖励），行为得以保持；对行为给予惩罚，行为得以减少或终止。在此基础上，很多国家采取鼓励和惩罚政策来促进人们环保行为的实施。景区环境政策作为旅游地部门环境管理工作的重要构成将对游客环境行为起到一定约束和规范作用。很多学者也证实了环境政策对环境行为的影响（王凤等，2010；王建明等，2015）。但是，具体到环境政策对游客环境行为的实证研究国内还不太多，而且也没有对惩罚性和鼓励性政策进行分类对比研究。本书将环境政策作为影响游客环保行为的促进性条件，是指国家及有关政府部门为了实现旅游地或景区的环境保护，而制定的用以引导旅游者环保行为的手段或方法，将其分为鼓励性政策（通过奖励金钱或换门票等类似鼓励性手段，鼓励游客环保行为的方法，Encouraging Policy，EP）和惩罚性政策（通过罚款、批评等类似惩罚性手段，遏制游客实施非环保行为的方法，Punitive Policy，PP）两种，分别测度其对游客环保行为的影响力度。

4. 信息干预（Information Intervention，II）

信息干预不同于政策干预直接改变外部环境，是通过改变个体的认知、动机、知识和规范，来改变其行为的间接方式。相对而言，信息干预比政策干预成本低，大部分学者都认为信息干预能更有效地鼓励个体采取环境行为（芈凌云等，2016）。随着技术不断进步和社会发展，微信、微博等新媒体的出现，使得宣传教育的途径也在不断地扩展（姚丽芬等，2015），政府相关部门对推动游客环保行为非常重视，也利用各种途径进行游客环保行为的宣传教育。因此，本书将宣传教育效果（Propaganda and Education Effect，PE）纳入信息干预的范畴，研究其对游客环保行为的促进作用。对于信息干预的界定，本书借鉴芈凌云（2011）的研究，信息干预是指通过网络、电视、广播、报纸、杂志、导游等传播媒介，对游客进行环保知识的宣传和教育，以提高游客对环保的认知（芈凌云，2011）。

（八）游客特征因素

游客环保行为是个体在特定旅游环境中的行为。因此，游客传记特征和游客出游特征都会对其行为产生影响。相关文献研究也证实了个人传记特征和出游特征与游客环保行为之间的显著关系。本书将影响游客环保行为的游客特征因素分为两种类型，即游客个人传记特征和游客出游特征。

借鉴已有研究，个人传记特征因素本书选择游客年龄（Age）、性别（Gender）、受教育程度（Level of Education）、职业类型（Occupation）、年收入（Annual Income）5个变量；出游特征因素中选取了游客类型（Tourist Types）、景区游览次数（Number of Visit）、旅游方式（Tourism Way）、旅游动机（Tourist Motives）4个变量。

第二节 游客环保行为影响机理理论模型构建与假设

一 游客环保行为影响机理综合理论模型构建

在环境行为研究中，计划行为理论、负责任的环境行为模型、ABC理论、VBN等理论的应用领域较为广泛，但各有侧重。计划行为理论更重视态度的作用，VBN理论模型则重点关注心理变量的作用层次和过程，ABC理论模型和负责任的环境行为模型重视情境因素的作用，人际行为理论模型重视习惯和情感的作用。因此，以上这些理论模型均适用于本研究，但游客环保行为还有其特殊性。对游客而言，情感因素、习惯因素、情景因素的作用可能会比态度因素要更大，所以需要对上述理论模型进行重新整合和拓展。

本书以人际行为理论为基础，借鉴理性行为理论、计划行为理论模型、VBN理论模型、ABC理论模型、负责任环境行为模型和环境素养模型，同时参考文献综述，结合游客深度访谈和专家咨询，构建出游客环保行为影响因素综合理论模型，如图3-2所示。

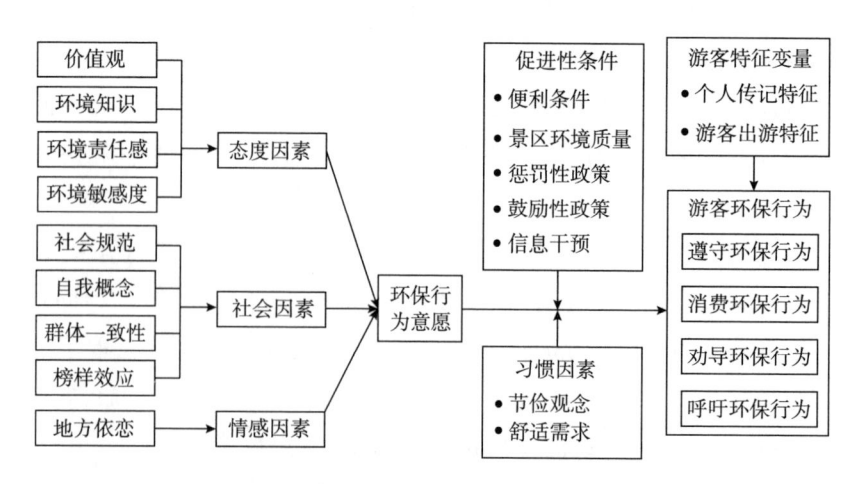

图3-2 游客环保行为影响机理理论模型

二 游客环保行为综合理论模型影响机理阐释

根据扎根理论，核心范畴"游客环保行为影响机理"，主范畴包括游客态度、社会因素、情感因素、习惯因素、促进性条件和游客特征因素等，每个主范畴对游客环保行为的影响机理不同，具体阐释如下。

（一）游客特征因素显著影响游客环保行为

根据负责任环境行为模型，个体结构因素是环境行为产生的内因，直接影响环保行为的产生，这一点在环境行为和游客环保行为领域，得到很多专家的证明。同时，在深度访谈中，游客也认为年龄、性别、职业、收入，以及游客类型、旅游方式、旅游次数等，都是游客环保行为的影响因素。因此，本书将结构因素纳入游客环保行为的理论模型，认为游客特征因素会直接影响游客环保行为的产生。

（二）态度因素、社会因素和情感因素通过环保行为意愿间接作用于游客环保行为

态度变量是影响行为的主要因素之一，这一论断得到计划行为理论、负责任环境行为、ABC理论、人际行为理论模型的支持。深度访谈的结论也证实了游客的态度因素（环境知识、责任感、敏感度、价值观等）是影响游客环保行为的重要因素。因此，本书认为游客的环境态度不仅对环境行为产生影响，且通过意愿的中介作用对游客环保行为产生影响。

人际行为理论认为社会因素中的社会规范和自我概念是行为的前因变量，通过意愿间接影响人的行为。鉴于群体一致性是中国人重要价值取向之一，群体一致性也是中国特有的社会因素。扎根理论深度访谈中，游客们也认为群体一致性、社会规范、自我概念、榜样效应是游客环保行为的重要影响因素。因此，本模型将群体一致性、榜样效应、社会规范、自我概念作为影响游客环保行为的社会因素，通过意愿间接影响游客环保行为。

根据计划行为理论和人际行为理论模型等相关理论，情感因素也是行为的前因变量，不同的是，根据扎根理论，如果游客对旅游地产生情感，就会主动去实施环保行为。本书将情感因素界定为地方依恋，是游

客对旅游地情感的表现，包括游客对景区的认同和情感依赖，属于旅游情景因素，不仅直接影响游客环保行为，还通过意愿间接影响游客环保行为。

（三）习惯因素对游客环保行为意愿和行为之间存在调节效应

根据人际行为理论，习惯是个体行为产生的内因，个体对某种特定行为的习惯越强，思考越少，越容易实施该行为。很多学者证实了习惯对行为的影响。访谈中也发现，节俭是人们日常生活中和旅行过程中都会奉行的原则，而出门旅行又会要求舒适，这种两栖的消费观念已经内化成为国人的习惯。因此，本书将节俭观念和舒适需求归为习惯因素，探索其对游客环保行为意愿与行为之间的调节效应。

（四）促进性条件对游客环保行为意愿和行为的关系有调节效应

促进性条件是影响游客环保行为的外部情境因素，调节意愿和行为之间的关系。根据文献综述和深度访谈结果，景区环境质量和便利条件是游客环保行为实施的旅游情景因素，旅游是人们非惯常生活环境的特殊情景，其环保行为的实施，必然会受到旅游情景的影响。游客也反映，如果景区环境质量非常好，就会想保持这种美好的状态，自觉地做出环保行为；景区如果垃圾桶设置不合理，就会随手扔垃圾；垃圾桶没有分类，只能扔到一个垃圾桶里。由此可见，景区环境质量和便利条件越好，游客的环保行为意识转变为环保行为的动力越强。信息干预同样也是外部情景因素，同样会促使或降低人们游客环保行为的实施。因为信息引导缺失和政策制度有问题，游客环保行实施受到制约。本模型界定促进性条件是游客环保行为意愿和行为之间的调节变量。

三 游客环保行为影响因素模型研究假设

根据构建模型的变量和路径关系，提出7组假设，分别为游客特征因素对游客环保行为影响的假设、游客环保行为意愿与态度因素及游客环保行为的关系假设、游客环保行为意愿与社会因素及游客环保行为的关系假设、游客环保行为意愿与情感因素及游客环保行为的关系假设、游客环保行为意愿与游客环保行为的关系假设、习惯因素的调节作用假设、情境因素的调节作用假设。

（一）游客环保行为在游客特征因素上的差异假设

游客特征因素包括游客个人传记特征和游客出游特征。学者们的研究结论虽一致认为个人传记特征是环保行为的先决变量，但具体到某一种特征的研究结论并不一致，需要深入实证研究。游客的个人传记特征本研究选取了游客的性别、年龄、受教育程度、职业类型、年收入等5个变量，并提出如下假设（见图3-3）。

H1：游客环保行为在其个人传记特征上存在显著差异。

H1a：性别显著正向影响游客环保行为，男性比女性更容易实施环保行为。

H1a$_1$：性别显著正向影响游客遵守环保行为。

H1a$_2$：性别显著正向影响游客消费环保行为。

H1a$_3$：性别显著正向影响游客劝导环保行为。

H1a$_4$：性别显著正向影响游客呼吁环保行为。

H1b：年龄显著正向影响游客环保行为，年龄越长越容易实施环保行为。

H1b$_1$：年龄显著正向影响游客遵守环保行为。

H1b$_2$：年龄显著正向影响游客消费环保行为。

H1b$_3$：年龄显著正向影响游客劝导环保行为。

H1b$_4$：年龄显著正向影响游客呼吁环保行为。

H1c：受教育水平显著正向影响游客环保行为，受教育水平越高越容易实施环保行为。

H1c$_1$：受教育水平显著正向影响游客遵守环保行为。

H1c$_2$：受教育水平显著正向影响游客消费环保行为。

H1c$_3$：受教育水平显著正向影响游客劝导环保行为。

H1c$_4$：受教育水平显著正向影响游客呼吁环保行为。

H1d：游客环保行为在职业类型上存在显著差异。

H1d$_1$：游客遵守环保行为在职业类型上存在显著差异。

H1d$_2$：游客消费环保行为在职业类型上存在显著差异。

H1d$_3$：游客劝导环保行为在职业类型上存在显著差异。

H1d₄：游客呼吁环保行为在职业类型上存在显著差异。

H1e：收入水平显著正向影响游客环保行为，收入越高越容易实施环保行为。

H1e₁：收入水平显著正向影响游客遵守环保行为。

H1e₂：收入水平显著正向影响游客消费环保行为。

H1e₃：收入水平显著正向影响游客劝导环保行为。

H1e₄：收入水平显著正向影响游客呼吁环保行为。

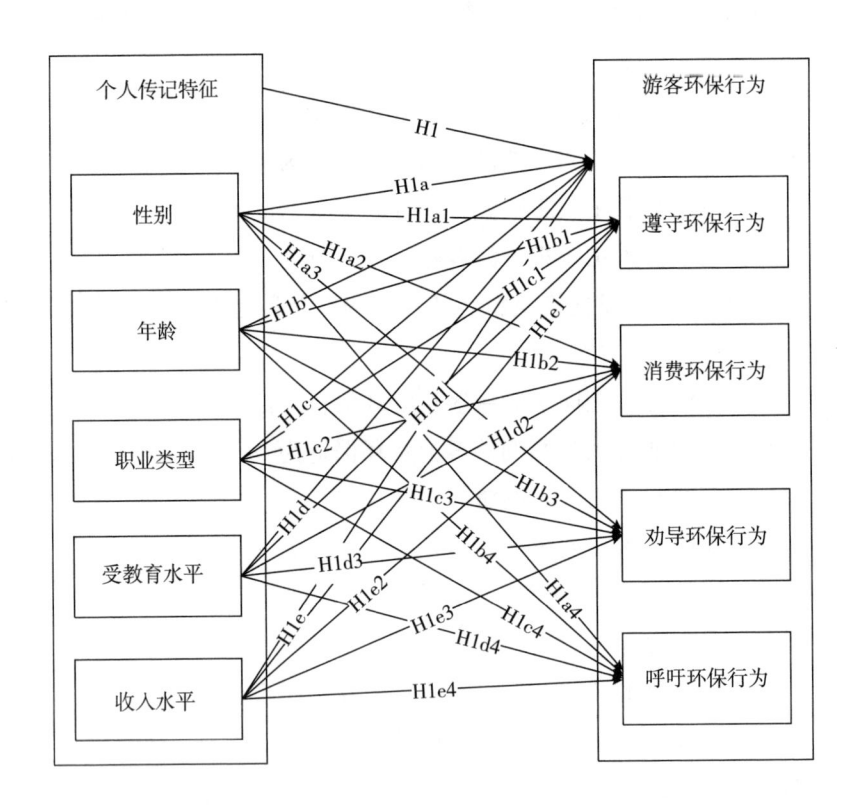

图3-3 个人传记特征与游客环保行为关系假设

另一方面，游客环保行为是一种非惯常环境的行为，会受到游客出游特征的影响。游客出游特征因素本研究选取游客类型、游览次数、游览方式、旅游动机，并提出假设如下（见图3-4）。

H2：游客环保行为在游客出游特征上存在显著差异。

H2a：游客类型显著正向影响游客环保行为，距离越远的游客越容易实施环保行为。

H2a$_1$：游客类型显著正向影响游客遵守环保行为。

H2a$_2$：游客类型显著正向影响游客消费环保行为。

H2a$_3$：游客类型显著正向影响游客劝导环保行为。

H2a$_4$：游客类型显著正向影响游客呼吁环保行为。

H2b：景区游览次数显著正向影响游客环保行为，游览次数越多越容易实施环保行为。

H2b$_1$：景区游览次数显著正向影响游客遵守环保行为。

H2b$_2$：景区游览次数显著正向影响游客消费环保行为。

H2b$_3$：景区游览次数显著正向影响游客劝导环保行为。

H2b$_4$：景区游览次数显著正向影响游客呼吁环保行为。

H2c：游客环保行为因旅游方式的不同而存在显著差异。

H2c$_1$：游客遵守环保行为在旅游方式上存在显著差异。

H2c$_2$：游客消费环保行为在旅游方式上存在显著差异。

H2c$_3$：游客劝导环保行为在旅游方式上存在显著差异。

H2c$_4$：游客呼吁环保行为在旅游方式上存在显著差异。

H2d：游客环保行为因旅游动机的不同而存在显著差异。

H2d$_1$：游客遵守环保行为在旅游动机上存在显著差异。

H2d$_2$：游客消费环保行为在旅游动机上存在显著差异。

H2d$_3$：游客劝导环保行为在旅游动机上存在显著差异。

H2d$_4$：游客呼吁环保行为在旅游动机上存在显著差异。

（二）游客环保行为意愿与游客环保行为之间的关系假设

计划行为理论认为行为意愿与行为之间具有显著的正向关系，行为意愿是行为最直接的前因变量，其他心理因素均通过行为意愿间接影响实际行为。基于此，本书提出如下假设（见图3-5）。

H3：游客环保行为意愿显著正向影响游客环保行为。

H3a：游客环保行为意愿显著正向影响游客遵守环保行为。

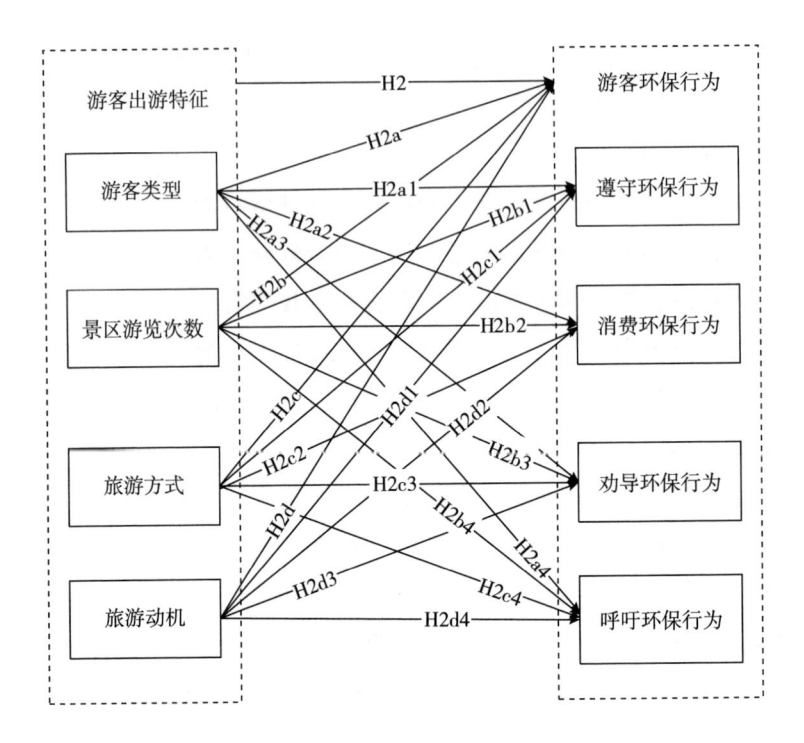

图 3-4　游客出游特征对游客环保行为影响假设

H3b：游客环保行为意愿显著正向影响游客消费环保行为。
H3c：游客环保行为意愿显著正向影响游客劝导环保行为。
H3d：游客环保行为意愿显著正向影响游客呼吁环保行为。

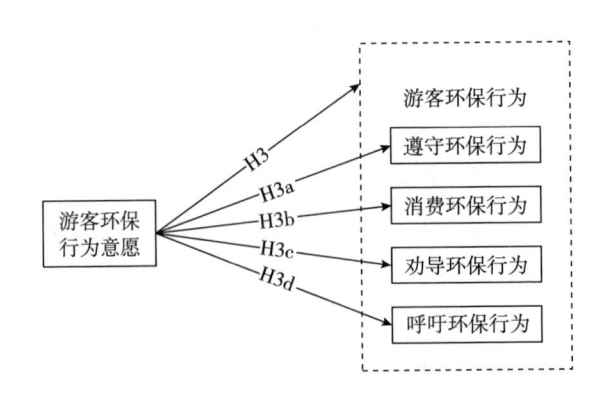

图 3-5　游客环保行为与游客环保行为意愿之间关系假设

（三）态度因素与游客环保行为意愿和游客环保行为之间的关系假设

环境行为研究认为，价值观是影响环境行为的重要因素，且是通过某些中介变量间接影响环境行为。不同价值观对环境行为的影响不同，Zhang 等（2014）对九寨沟游客的调查发现，其价值观会积极影响他们的亲环境行为。赵黎明等（2015）通过对三亚市过夜游客的调查，发现，环保价值观对游客一般低碳旅游行为有显著正向影响。基于此，提出如下假设（见图 3-6）。

H4：环境价值观显著影响游客环保行为。

H4a：利己价值观显著负向影响游客环保行为。

H4a$_1$：利己价值观显著负向影响游客遵守环保行为。

H4a$_2$：利己价值观显著负向影响游客消费环保行为。

H4a$_3$：利己价值观对游客劝导环保行为有显著负向影响。

H4a$_4$：利己价值观对游客呼吁环保行为有显著负向影响。

H4b：利他价值观对游客环保行为有显著正向影响。

H4b$_1$：利他价值观显著正向影响游客遵守环保行为。

H4b$_2$：利他价值观显著正向影响游客消费环保行为。

H4b$_3$：利他价值观显著正向影响游客劝导环保行为。

H4b$_4$：利他价值观显著正向影响游客呼吁环保行为。

H4c：生态价值观对游客环保行为有显著正向影响。

H4c$_1$：生态价值观显著正向影响游客遵守环保行为。

H4c$_2$：生态价值观显著正向影响游客消费环保行为。

H4c$_3$：生态价值观显著正向影响游客劝导环保行为。

H4c$_4$：生态价值观显著正向影响游客呼吁环保行为。

H5：价值观对游客环保行为意愿有显著影响。

H5a：利己价值观对游客环保行为意愿有显著负向影响。

H5b：利他价值观显著正向影响游客环保行为意愿。

H5c：生态价值观显著正向影响游客环保行为意愿。

H6：游客环保行为意愿对价值观和游客环保行为之间的中介效应显著。

H6a：游客环保行为意愿对利己价值观和游客环保行为之间的中介效应显著。

H6a$_1$：游客环保行为意愿对利己价值观和游客遵守环保行为之间的中介效应显著。

H6a$_2$：游客环保行为意愿对利己价值观和游客消费环保行为之间的中介效应显著。

H6a$_3$：游客环保行为意愿对利己价值观和游客劝导环保行为之间的中介效应显著。

H6a$_4$：游客环保行为意愿对利己价值观和游客呼吁环保行为之间的中介效应显著。

H6b：游客环保行为意愿对利他价值观和游客环保行为之间的中介效应显著。

H6b$_1$：游客环保行为意愿对利他价值观和游客遵守环保行为之间的中介效应显著。

H6b$_2$：游客环保行为意愿对利他价值观和游客消费环保行为之间的中介效应显著。

H6b$_3$：游客环保行为意愿对利他价值观和游客劝导环保行为之间的中介效应显著。

H6b$_4$：游客环保行为意愿对利他价值观和游客呼吁环保行为之间的中介效应显著。

H6c：游客环保行为意愿对生态价值观和游客环保行为之间的中介效应显著。

H6c$_1$：游客环保行为意愿对生态价值观和游客遵守环保行为之间的中介效应显著。

H6c$_2$：游客环保行为意愿对生态价值观和游客消费环保行为之间的中介效应显著。

H6c$_3$：游客环保行为意愿对生态价值观和游客劝导环保行为之间的中介效应显著。

H6c$_4$：游客环保行为意愿对生态价值观和游客呼吁环保行为之间的

中介效应显著。

行为学认为知识与行为之间正相关（Hines，1986），知识可指导个体实施行为，已经实证检验和印证（邱宏亮等，2017）。赵黎明等（2015）通过对三亚市过夜游客的调查，发现，低碳旅游知识对游客积极低碳旅游行为有显著正向影响。基于此，本书将环保知识分为一般环境知识和旅游环保知识，并提出如下假设。

H7：环保知识对游客环保行为有显著正向影响。

H7a：一般环境知识对游客环保行为有显著正向影响。

H7a_1：一般环境知识对游客遵守环保行为有显著正向影响。

H7a_2：一般环境知识对游客消费环保行为有显著正向影响。

H7a_3：一般环境知识对游客劝导环保行为有显著正向影响。

H7a_4：一般环境知识对游客呼吁环保行为有显著正向影响。

H7b：旅游环保知识对游客环保行为有显著正向影响。

H7b_1：旅游环保知识对游客遵守环保行为有显著正向影响。

H7b_2：旅游环保知识对游客消费环保行为有显著正向影响。

H7b_3：旅游环保知识对游客劝导环保行为有显著正向影响。

H7b_4：旅游环保知识对游客呼吁环保行为有显著正向影响。

H8：环保知识显著正向影响游客环保行为意愿。

H8a：一般环境知识显著正向影响游客环保行为意愿。

H8b：旅游环保知识显著正向影响游客环保行为意愿。

H9：游客环保行为意愿对环保知识和游客环保行为的中介效应显著。

H9a：游客环保行为意愿对一般环境知识和游客环保行为的中介效应显著。

H9a_1：游客环保行为意愿对一般环境知识和游客遵守环保行为之间的中介效应显著。

H9a_2：游客环保行为意愿对一般环境知识和游客消费环保行为之间的中介效应显著。

H9a_3：游客环保行为意愿对一般环境知识和游客劝导环保行为之间的中介效应显著。

H9a₄：游客环保行为意愿对一般环境知识和游客呼吁环保行为之间的中介效应显著。

H9b：游客环保行为意愿对旅游旅游环保知识和游客环保行为的中介效应显著。

H9b₁：游客环保行为意愿对旅游环保知识和游客遵守环保行为之间的中介效应显著。

H9b₂：游客环保行为意愿对旅游环保知识和游客消费环保行为之间的中介效应显著。

H9b₃：游客环保行为意愿对旅游环保知识和游客劝导环保行为之间的中介效应显著。

H9b₄：游客环保行为意愿对旅游环保知识和游客呼吁环保行为之间的中介效应显著。

Ajzen等学者提出的计划行为理论指出，主观规范对行为实施意向具有正向促进作用，Kl Ckner和Bl Baum（2010）研究表明，意愿会影响生态交通方式选择行为，同时主观规范也会约束行为，是通过意愿来影响行为。国内学者黄雪丽（2012）研究发现，主观规范正向影响低碳旅游生活行为意愿，且通过意愿正向影响低碳旅游生活行为。基于此，本书提出如下假设。

环境责任感对环境行为的影响得到很多学者的确认，Hines等（1986）学者的负责任环境模型，以及后来很多学者研究也证实个体责任感与环境行为有较强相关性，责任感对环境行为的影响是通过行为意愿间接完成的。因此，提出如下假设。

H10：环境责任感显著正向影响游客环保行为。

H10a：环境责任感对游客遵守环保行为有显著正向影响。

H10b：环境责任感对游客消费环保行为有显著正向影响。

H10c：环境责任感对游客劝导环保行为有显著正向影响。

H10d：环境责任感对游客呼吁环保行为有显著正向影响。

H11：环境责任感显著正向影响游客环保行为意愿。

H12：游客环保行为意愿对环境责任感和游客环保行为的中介效应

显著。

H12a：游客环保行为意愿对环境责任感和游客遵守环保行为的中介效应显著。

H12b：游客环保行为意愿对环境责任感和游客消费环保行为的中介效应显著。

H12c：游客环保行为意愿对环境责任感和游客劝导环保行为的中介效应显著。

H12d：游客环保行为意愿对环境责任感和游客呼吁环保行为的中介效应显著。

VBN 理论认为个体环境敏感度会影响行为产生（Abrahamse，2007），大多数学者一致认为环境敏感度是个体环境行为动机产生和环境行为实施的重要前提条件，游客访谈结论也证实了这一点。基于此，本书提出如下假设。

H13：环境敏感度显著正向影响游客环保行为。

H13a：环境敏感度对游客遵守环保行为有显著正向影响。

H13b：环境敏感度对游客消费环保行为有显著正向影响。

H13c：环境敏感度对游客劝导环保行为有显著正向影响。

H13d：环境敏感度对游客呼吁环保行为有显著正向影响。

H14：环境敏感度显著正向影响游客环保行为意愿。

H15：游客环保行为意愿对环境敏感度和游客环保行为的中介效应显著。

H15a：游客环保行为意愿对环境敏感度和游客遵守环保行为的中介效应显著。

H15b：游客环保行为意愿对环境敏感度和游客消费环保行为的中介效应显著。

H15c：游客环保行为意愿对环境敏感度和游客劝导环保行为的中介效应显著。

H15d：游客环保行为意愿对环境敏感度和游客呼吁环保行为的中介效应显著。

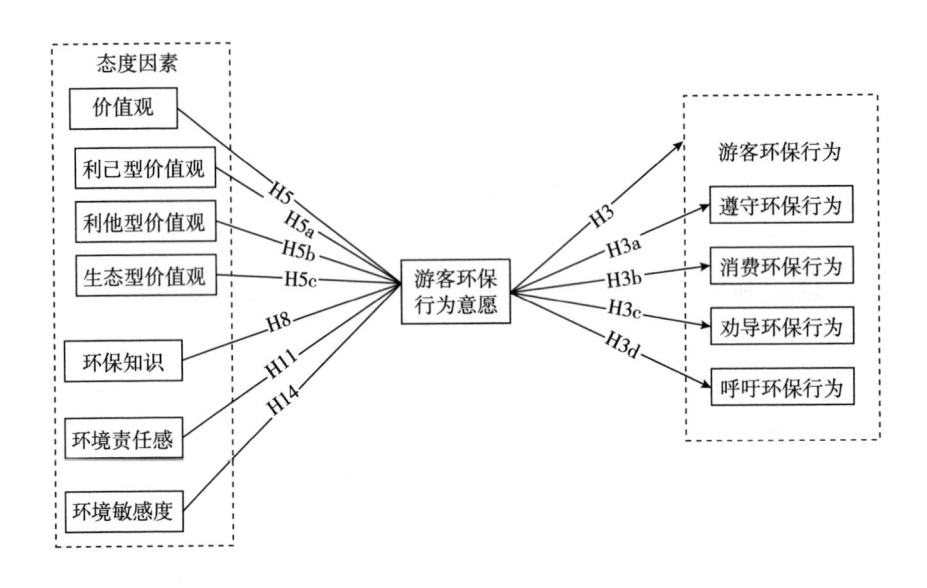

图 3-6　态度因素与游客环保行为和游客环保行为意愿的关系假设

（四）社会因素对游客环保行为意愿和游客环保行为之间的关系假设

根据 Triandis（1979）的人际行为理论模型，社会因素也是影响行为的主要因素。Gagnon 等（2003）、张鼐等（2014）、Robinson（2010）、赵黎明等（2015）均证实了社会因素对行为的作用。基于此，本书从自我概念、社会规范、群体一致性、榜样效应等 4 方面探讨社会因素对环保行为的作用机制，所提假设如下（见图 3-7）。

H16：自我概念对游客环保行为有显著正向影响。

H16a：自我概念对游客遵守环保行为有显著正向影响。

H16b：自我概念对游客消费环保行为有显著正向影响。

H16c：自我概念对游客劝导环保行为有显著正向影响。

H16d：自我概念对游客呼吁环保行为有显著正向影响。

H17：自我概念显著正向影响游客环保行为意愿。

H18：游客环保行为意愿对自我概念和游客环保行为的中介效应显著。

H18a：游客环保行为意愿对自我概念和游客遵守环保行为的中介

效应显著。

H18b：游客环保行为意愿对自我概念和游客消费环保行为的中介效应显著。

H18c：游客环保行为意愿对自我概念和游客劝导环保行为的中介效应显著。

H18d：游客环保行为意愿对自我概念和游客呼吁环保行为的中介效应显著。

H19：社会规范对游客环保行为有显著正向影响。

H19a：社会规范对游客遵守环保行为有显著正向影响。

H19b：社会规范对游客消费环保行为有显著正向影响。

H19c：社会规范对游客劝导环保行为有显著正向影响。

H19d：社会规范对游客呼吁环保行为有显著正向影响。

H20：社会规范显著正向影响游客环保行为意愿。

H21：游客环保行为意愿对社会规范和游客环保行为的中介效应显著。

H21a：游客环保行为意愿对社会规范和游客遵守环保行为的中介效应显著。

H21b：游客环保行为意愿对社会规范和游客消费环保行为的中介效应显著。

H21c：游客环保行为意愿对社会规范和游客劝导环保行为的中介效应显著。

H21d：游客环保行为意愿对社会规范和游客呼吁环保行为的中介效应显著。

H22：群体一致性显著正向影响游客环保行为意愿。

H22a：群体一致性对游客遵守环保行为有显著正向影响。

H22b：群体一致性对游客消费环保行为有显著正向影响。

H22c：群体一致性对游客劝导环保行为有显著正向影响。

H22d：群体一致性对游客呼吁环保行为有显著正向影响。

H23：群体一致性显著正向影响游客环保行为意愿。

H24：游客环保行为意愿对群体一致性和游客环保行为的中介效应显著。

H24a：游客环保行为意愿对群体一致性和游客遵守环保行为的中介效应显著。

H24b：游客环保行为意愿对群体一致性和游客消费环保行为的中介效应显著。

H24c：游客环保行为意愿对群体一致性和游客劝导环保行为的中介效应显著。

H24d：游客环保行为意愿对群体一致性和游客呼吁环保行为的中介效应显著。

H25：榜样效应显著正向影响游客环保行为意愿。

H25a：榜样效应对游客遵守环保行为有显著正向影响。

H25b：榜样效应对游客消费环保行为有显著正向影响。

H25c：榜样效应对游客劝导环保行为有显著正向影响。

H25d：榜样效应对游客呼吁环保行为有显著正向影响。

H26：榜样效应显著正向影响游客环保行为意愿。

H27：游客环保行为意愿对榜样效应和游客环保行为的中介效应显著。

H27a：游客环保行为意愿对榜样效应和游客遵守环保行为的中介效应显著。

H27b：游客环保行为意愿对榜样效应和游客消费环保行为的中介效应显著。

H27c：游客环保行为意愿对榜样效应和游客劝导环保行为的中介效应显著。

H27d：游客环保行为意愿对榜样效应和游客呼吁环保行为的中介效应显著。

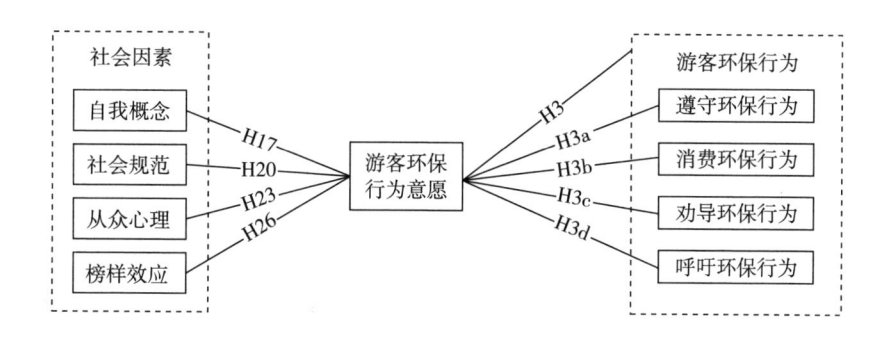

图 3-7　社会因素、游客环保行为与游客环保行为意愿的关系假设

（五）情感因素与环保行为意愿和游客环保行为关系的假设

根据人际行为理论模型，情绪情感因素也是影响行为的主要因素。依据相关文献及质性分析结论，本书将地方依恋作为情感因素研究其对游客环保行为的影响，所提假设如下（见图3-8）。

H28：地方依恋显著正向影响游客环保行为。

H28a：地方依赖对游客环保行为有显著正向影响。

H28a_1：地方依赖对游客遵守环保行为有显著正向影响。

H28a_2：地方依赖对游客消费环保行为有显著正向影响。

H28a_3：地方依赖对游客劝导环保行为有显著正向影响。

H28a_4：地方依赖对游客呼吁环保行为有显著正向影响。

H28b：地方认同对游客环保行为有显著正向影响。

H28b_1：地方认同对游客遵守环保行为有显著正向影响。

H28b_2：地方认同对游客消费环保行为有显著正向影响。

H28b_3：地方认同对游客劝导环保行为有显著正向影响。

H28b_4：地方认同对游客呼吁环保行为有显著正向影响。

H29：地方依恋显著正向影响游客环保行为意愿。

H29a：地方依赖显著正向影响游客环保行为意愿。

H29b：地方认同显著正向影响游客环保行为意愿。

H30：游客环保行为意愿对地方依恋和游客环保行为的中介效应显著。

H30a：游客环保行为意愿对地方依赖和游客环保行为的中介效应显著。

H30a$_1$：游客环保行为意愿对地方依赖和游客遵守环保行为之间的中介效应显著。

H30a$_2$：游客环保行为意愿对地方依赖和游客消费环保行为之间的中介效应显著。

H30a$_3$：游客环保行为意愿对地方依赖和游客劝导环保行为之间的中介效应显著。

H30a$_4$：游客环保行为意愿对地方依赖和游客呼吁环保行为之间的中介效应显著。

H30b：游客环保行为意愿对旅游地方认同和游客环保行为的中介效应显著。

H30b$_1$：游客环保行为意愿对地方认同和游客遵守环保行为之间的中介效应显著。

H30b$_2$：游客环保行为意愿对地方认同和游客消费环保行为之间的中介效应显著。

H30b$_3$：游客环保行为意愿对地方认同和游客劝导环保行为之间的中介效应显著。

H30b$_4$：游客环保行为意愿对地方认同和游客呼吁环保行为之间的中介效应显著。

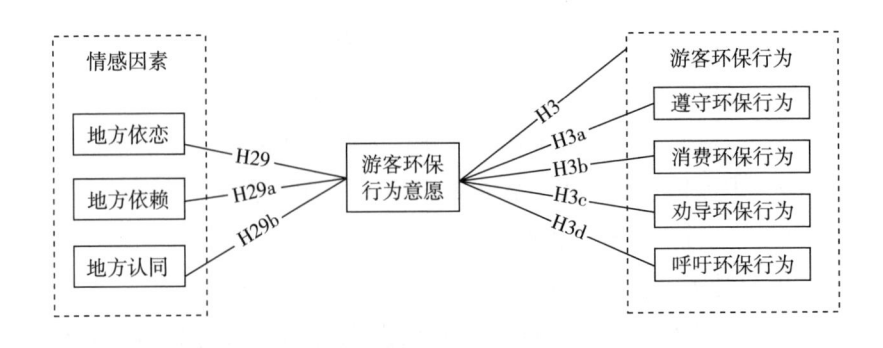

图3-8 情感因素与环保行为、环保行为意愿的关系假设

(六) 习惯因素对游客环保行为意愿和环保行为的调节作用假设

根据人际行为理论模型，习惯因素也是影响行为的主要因素。Gagnon等（2003）、张鼐等（2014）、Robinson（2010）等均证实了习惯因素对行为的作用。个体在旅游过程中的习惯更多地会体现在对舒适的追求。Wheeller（2006）认为绝大多数游客（包括生态旅游者）关注享乐多于可持续问题。Barr等学者（2011）发现在不同于家庭环境的旅游环境中，人们追求放松和舒适会影响其选择可持续消费方式行为的态度。李燕琴（2009）认为，旅游者舒适追求的是能使身心愉悦的游憩体验，而非责任性的学习。黄雪丽等（2013）也认为，人们的诉求会负向影响其低碳旅游生活行为。基于此，提出如下假设（见图3-9）。

H31：舒适需求对游客环保行为意愿作用于游客环保行为的路径有显著负向调节作用。

H31a：舒适需求显著负向调节行为意愿与游客遵守环保行为的关系。

H31b：舒适需求显著负向调节行为意愿与游客消费环保行为的关系。

H31c：舒适需求显著负向调节行为意愿与游客劝导环保行为的关系。

H31d：舒适需求显著负向调节行为意愿与游客呼吁环保行为的关系。

节俭是中华民族的传统美德之一，中国古代各种德性（仁、义、礼、智、信）的基础，同时也是中国人特有的在生活消费方面的价值观。很多学者研究发现，节俭是影响中国人行为的重要因素之一，武瑞娟等（2012）研究发现，节俭消费观会显著影响中国人的消费行为，芈凌云（2011）发现，居民在进行能源消费时更看重经济成本。游客访谈也发现，一些游客在景区游览的过程中，为了达到省钱的目的，尽量不坐车，不扔甚至捡拾饮料瓶；在环保袋的选择上，很多节俭的人会自带环保袋，不得已的时候会选择能够反复使用的环保袋，这与环保的理念是殊途同归的。综上所述，节俭观念会对人们的游览行为产生影响。因此，提出以下假设。

H32：节俭观念对游客环保行为意愿作用于游客环保行为的路径有显著正向调节作用。

H32a：节俭观念显著正向调节行为意愿与游客遵守环保行为的

关系。

H32b：节俭观念显著正向调节行为意愿与游客消费环保行为的关系。

H32c：节俭观念显著正向调节行为意愿与游客劝导环保行为的关系。

H32d：节俭观念显著正向调节行为意愿与游客呼吁环保行为的关系。

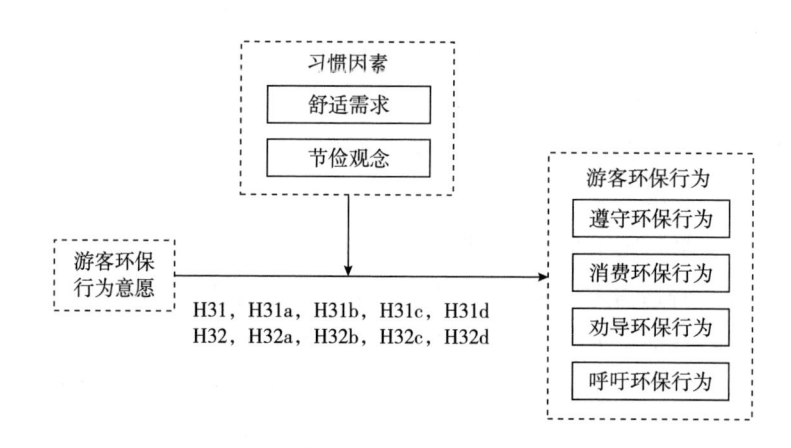

图 3-9　习惯因素调节效应的假设

（七）促进性条件对游客环保行为意愿与环保行为调节作用假设

根据人际行为理论模型，以及相关环境行为的研究，促进性条件是指对个体实施环境行为有影响的外界因素，也被称为情景因素。旅游通常是异于惯常生活环境的活动，游客行为通常会受到一些外部条件的干扰和影响，这些外部因素被认为是游客实施环保行为的促进性条件。许多学者研究并证实了情境因素对个体环境行为具有显著影响。基于此，根据相关文献和模型，本书将便利程度、景区环境质量、环保政策、宣传教育作为游客环保行为的促进性条件进行研究。从便利程度、环境质量、惩罚性政策、鼓励性政策、信息干预等5方面对情境因素的调节作用进行探讨，假设如下（见图3-10）。

H33：情境因素显著正向调节行为意愿与游客遵守环保行为的关系。

H33a：便利条件显著正向调节行为意愿与遵守环保行为的关系。

H33b：景区环境显著正向调节行为意愿与遵守环保行为的关系。

H33c：惩罚性政策显著正向调节行为意愿与遵守环保行为的关系。

H33d：鼓励性政策显著正向调节行为意愿与遵守环保行为的关系。

H33e：信息干预显著调节游客环保行为意愿与游客遵守环保行为的关系。

H34：情境因素显著正向调节游客环保行为意愿与游客消费环保行为的关系。

H34a：便利条件显著正向调节行为意愿与游客消费环保行为的关系。

H34b：惩罚性政策显著正向调节行为意愿与消费环保行为的关系。

H34c：鼓励性政策显著正向调节行为意愿与消费环保行为的关系。

H34d：信息干预显著正向调节行为意愿与游客消费环保行为的关系。

H34e：信息干预显著正向调节行为意愿与游客消费环保行为的关系。

H35：情境因素显著正向调节行为意愿与游客劝导环保行为的关系。

H35a：便利条件显著正向调节行为意愿与游客劝导环保行为的关系。

H35b：环境质量显著正向调节行为意愿与游客劝导环保行为的关系。

H35c：惩罚性政策显著正向调节行为意愿与劝导环保行为的关系。

H35d：鼓励性政策显著正向调节行为意愿与劝导环保行为的关系。

H35e：信息干预显著正向调节行为意愿与游客劝导环保行为的关系。

H36：情境因素显著正向调节行为意愿与游客呼吁环保行为的关系。

H36a：便利条件显著正向调节行为意愿与游客呼吁环保行为的关系。

H36b：景区环境显著正向调节行为意愿与游客呼吁环保行为的关系。

H36c：惩罚性政策显著正向调节行为意愿与游客呼吁环保行为的关系。

H36d：鼓励性政策显著正向调节行为意愿与游客呼吁环保行为的关系。

H36e：信息干预显著正向调节行为意愿与游客呼吁环保行为的关系。

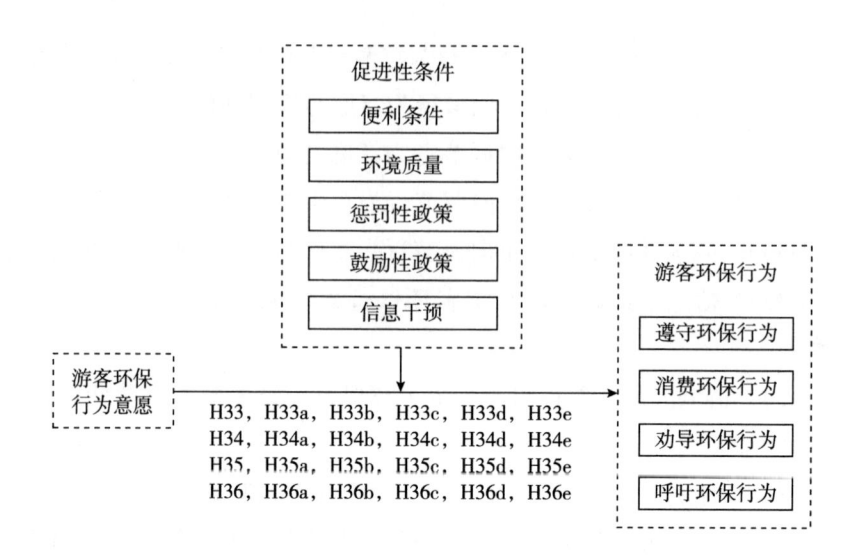

图 3-10　促进性条件的调节作用假设

第三节　本章小结

基于文献综述，本章运用扎根理论—质性研究方法，深度访谈样本游客，划分游客环保行为的维度，筛选游客环保行为的影响因素，分析各个影响因素之间的结构关系；依据扎根理论分析结果，结合文献综述和专家咨询，选取并界定了研究变量，构建了游客环保行为的影响机理综合理论模型，并提出了研究假设，为后续实证研究提供了理论基础。

第四章 游客环保行为研究量表的开发与数据收集

第一节 游客环保行为研究量表的设计与开发

本书在参考国内外文献研究基础上，整理出游客环保行为及其影响因素的相关量表，涉及外文文献量表时，特别请两位高校英语专业教师，推敲量表语句，并进行本土化和旅游情境化的调整。就调整后的量表，再请3位专家和5位游客进行深度访谈，细致审查和评估语言表述、题项设置、量表构成等，检验量表题项内容是否符合中国文化背景和旅游的情景。对量表题项内容进行再次修改完善，得到游客环保行为影响因素的初始问卷。对初始问卷进行小范围的试测收集数据，验证初始问卷的信度、效度，根据结果修改问卷量表，确定最终正式问卷量表。

一 变量的说明与量表构成

（一）变量的说明

根据第三章提出的研究假设，进一步确定游客环保行为的影响机理理论模型涉及的变量，主要包括游客环保行为（Tourists' Environmental Behavior，TEB）、游客环保行为意愿（Tourists' Environmental Behavior Intention，TEBI）、环境价值观（Environmental Value，EV）、环保知识（Environmental Knowledge，EK）、环境责任感（Environmental Responsibility，ER）、环境敏感度（Environmental Sensitivity，ES）、自我概念（Self

Concept，SC)、社会规范（Environmental Social Norms，ESN)、榜样效应（Model Effect，ME)、群体一致性（Group Consistency，GC)、地方依恋（Place Attachment，PA)、节俭观念（Frugality Idea，FI)、舒适需求（Comfort Requirements，CR)、便利程度（Convenience Degree，DC)、景区环境质量（Environmental Quality，EQ)、环境政策（Policy and Regulations，PR)、信息干预（Information Intervention，II)，以及旅游特征因素（Tourists Characteristic Factors，TCF)。变量的操作化定义如表4-1所示。

表4-1　　　　　　　　　　　变量说明

变量名			变量的说明
游客环保行为			游客在景区游览的过程中自愿做出的有利于景区环境可持续发展的积极行为，本书将其分为遵守环保行为、消费环保行为、劝导环保行为和呼吁环保行为四种类型进行分析
游客环保行为影响因素		游客环保行为意愿	游客在景区游览的过程中，为了实施环保行为愿意付出的努力和花费的时间
	态度因素	环境价值观	游客所感觉到的环境及相关问题的价值判断，将其分为利己价值观、利他价值观和生态价值观三种类型来分别进行研究
		环境知识	游客在景区游览的过程中，为实施环保行为所需要掌握的环境知识及相关知识
		环境责任感	游客为防止景区环境恶化或维护景区可持续发展所愿意采取环保行为的责任感和道德感
		环境敏感度	游客对于环境问题的敏感程度和关心程度
	社会因素	自我概念	游客对自我的认知
		社会规范	环保社会规范是指整个社会和各团体及其成员应有的行为准则、规章制度、风俗习惯、道德法规和价值标准
		群体一致性	个体愿意保持和群体大多数人一致的心理倾向
		榜样效应	榜样效应是指旅游者的行为会受到榜样因素的影响
	情感因素	地方依恋	游客与景区之间感情纽带，分为地方依赖和地方认同。地方认同是指游客借助一系列想法、信念、偏好、感觉、价值、目标及行为倾向等，来表达个人对旅游地的自我认同；地方依赖是指游客对景区环境独特性的认识和功能性依恋
	习惯因素	节俭观念	在现代社会中国人的生活观念，具体体现在物尽其用、量入为出、物有所值
		舒适需求	游客在环保行为决策中对生活舒适的看重程度

续表

变量名			变量的说明
游客环保行为影响因素	促进性条件	便利条件	游客对景区设施便利和标识清晰的感知程度
		环境质量	游客对景区环境质量状况的感知程度
		政策干预	指国家及有关政府部门为了实现旅游地或景区的环境保护，而制定的用以引导旅游者环保行为的手段或方法，将其分为鼓励性政策（通过奖励金钱或换门票等类似鼓励性手段，鼓励游客环保行为的方法）和惩罚性政策（通过罚款、批评等类似惩罚性手段，遏制游客实施非环保行为的方法）两种，分别测度其对游客环保行为的影响力度
		信息干预	信息干预是指通过网络、电视、广播、报纸、杂志、导游等传播媒介，对游客进行环保知识的宣传和教育，以提高游客对环保的认知
	游客特征	个人传记特征	年龄、性别、受教育程度、职业类型、年收入等
		游客出游特征	游客类型、旅游次数、旅游方式、旅游动机等

（二）量表问题构成

初始问卷（见附录1）主要有三大部分，游客基本信息、游客环保行为和游客环保行为影响因素。具体包括游客环保行为、游客环保行为意愿、环境价值观、环境知识、环境责任感、环境敏感度、群体一致性、社会规范、榜样效应、自我概念、地方依恋、舒适需求、节俭观念、便利程度、景区环境质量、环境政策干预、信息干预量表以及个人传记特征及游客出游特征，共19个分量表。初始量表构成如表4-2所示。

表4-2　　　　　　　　　　初始量表构成

变量	维度或因素	对应题号
个人传记特征	性别	Q1
	年龄	Q2
	受教育程度	Q3
	职业类型	Q4
	年收入	Q5

续表

变量	维度或因素		对应题号
游客出游特征	游客类型		Q6
	景区游览次数		Q7
	游览方式		Q8
	旅游动机		Q9
旅游环保行为	游客遵守环保行为		Q10-1—Q10-3
	游客消费环保行为		Q10-4—Q10-6
	游客劝导环保行为		Q10-7—Q10-9
	游客呼吁环保行为		Q10-10—Q10-13
	游客环保行为意愿		Q11-1—Q11-4
态度因素	环境价值观	利己价值观	Q12-1—Q12-4
		利他价值观	Q12-5—Q12-7
		生态价值观	Q12-8—Q12-11
	环境知识		Q13-1—Q13-10
	环境责任感		Q14-1—Q14-3
	环境敏感度		Q14-4—Q14-7
社会因素	群体一致性		Q15-1—Q15-4
	社会规范		Q15-5—Q15-7
	自我概念		Q15-8—Q15-10
	榜样效应		Q15-11—Q15-14
情感因素	地方依恋		Q16-1—Q16-8
习惯因素	舒适需求		Q16-9—Q16-12
	节俭观念		Q16-13—Q16-16
促进性条件	景区环境质量		Q17-1—Q17-3
	便利程度		Q17-4—Q17-9
	环境政策	惩罚性政策	Q17-10—Q17-13
		鼓励性政策	Q17-14—Q17-16
	信息干预		Q17-17—Q17-19

本书是对我国游客环保行为的影响因素进行系统研究，构建游客环保行为的综合模型，模型中涉及的研究变量较多，通过量表开发形成

的指标题项也较多。为使问卷整体结构更加协调、视觉更加美观，便于游客回答，本书将量表分成了八个部分。问卷题项详细设置如下。

1. 游客特征

本书将被调查游客的基本资料设定为问卷第一部分，题项设置参考国内外学者 Barr 等（2010）、张健华（2008）、罗芬和钟永德（2011）、赵黎明等（2015）对游客基本信息题项的设置方式，将这一部分的题项设定为两部分，包括年龄、性别、受教育程度、职业类型、年收入等基本信息，游客类型、游览次数、游览方式、旅游动机等游客出游信息。

2. 游客环保行为

参考国内外学者 Stern（2000）、Abrahamse 和 Steg（2007）、Hooper（2011）、Ballantyne（2011）、Barr 等（2010）、Ramkissoon 等（2012）、罗芬和钟永德（2011）、万基财等（2014）、张玉玲等（2014）、赵黎明等（2015）对游客环境行为的研究，结合游客访谈和专家咨询，对游客环境行为量表题项，进行本土化和旅游情景化设置，借鉴《中国公民国内旅游文明行为公约》《游客须知》中涉及的游客游览行为规范等知识，开发出游客环保行为量表。根据前文对游客环保行为的分类，将游客环保行为分为游客遵守环保行为、游客消费环保行为、游客劝导环保行为、游客呼吁环保行为等四种行为。遵守环保行为指游客在旅游时不随意丢弃垃圾，不攀折花草、攀爬树木或捕捉、喂食小动物，不在树木、岩石或建筑物上涂写刻画等 3 个题项；消费环保行为包括游客在游览消费时选择旅游目的地产的食物，只购买够用的旅游纪念品和食品，要求简单包装等 3 个题项；劝导环保行为包括游客在游览过程中会劝导他人不乱丢垃圾、劝导他人不攀爬树木或喂食小动物等，检举自然环境破坏事件等 3 个题项；呼吁环保行为包括会捐款进行环境保护，参加环境保护知识的宣传活动，加入环保志愿者队伍，公开表达支持环保的言论等 4 个题项。采用李克特 5 级量表，请被调查游客根据自己的实际情况选择答案，"5"表示每次做到、"4"大多做到、"3"表示半数做到、"2"表示偶尔做、"1"表示从没做过。

3. 游客环保行为意愿

游客环保行为意愿量表参考 Ajzen（1991）、Fishbein 等（1975）、罗芬和钟永德（2011）、赵黎明等（2015）、张健华（2008）的研究，对应 4 种游客环保行为，设计出 4 个题项。评价方法同样采用李克特 5 级量表，"1—5"分别表示非常不同意、比较不同意、不清楚、比较同意、非常同意。

4. 游客态度因素

态度因素包括环境价值观、环境知识、环境责任感、环境敏感度、主观规范、知觉行为控制六个前因变量，所有态度因素的变量量表均采用李克特 5 级量表。环境价值观量表是较为成熟的量表，本书借鉴学者 Stern 等（1993）、Zhang 等学者（2014）、赵黎明等（2015）的研究，设计了 11 个题项。请被调查游客依据自己的真实想法，选择重要程度，1—5 分别表示非常不重要、比较不重要、不清楚、比较重要、非常重要。环境知识借鉴 Hines 等（1986）、Mohd Suk（2013）、余晓婷（2015）、赵黎明等（2015）、夏凌云等（2016）的研究，分别设计共 9 个题项，请被调查游客依据自己的真实想法，选择对相关知识的了解程度，分值 1—5 分别表示根本不了解、不太了解、不确定、比较了解、非常了解。环境责任感借鉴 Hines 等（1986）、Stern 等（1999，2000）、芈凌云（2011）的研究，包含 3 个题项。环境敏感度借鉴 Stern（2000）、Schwartz（1977）的研究，并进行本土化的修正，设计 4 个题项。行为控制感知借鉴 Ajzen（1991）、周玲强等（2014）、Kl Ckner、黄雪丽（2012）、石晓宁（2013）、王凯等（2016）、Fishbein 和 Ajzen（1977）等学者的研究，旅游情景化后，设计 3 个题项。请游客依据自己的真实想法，选择相关描述的同意程度，1—5 分别表示非常不同意、比较不同意、不确定、比较同意、非常同意。

5. 社会因素

社会因素涉及的变量有社会规范、群体一致性、自我概念、榜样效应等。社会规范借鉴 Triandis（1979）、Gagnon 等（2003）、赵黎明等（2015）、Kl Ckner 和 Bl Baum（2010）的研究，并进行本土化和情境化的修正，设计3个题项；群体一致性借鉴芈凌云（2011）的研究，旅游情境化修改后，设计4个题项；自我概念借鉴 Triandis（1979）、Gagnon 等（2003）、Robinson（2010）、Moody（2013）、吴波（2014）等学者的研究，经过本土化和情境化后，设计3个题项。榜样效应借鉴韩璐（2009）和王晓辉（2013）的研究，设计4个题项。社会因素的四个变量，均采用李克特5级量表，请被调查游客根据自己的真实想法，选择相关描述的同意程度。

6. 情感因素

情感因素考察的变量主要是地方依恋，地方依恋借鉴 Ramkissoon 等（2013）、范钧等（2014）、万基财等（2014）、李秋成和周玲强等（2014）的研究，设计了8个题项。采用李克特5级量表，请被调查游客根据自己的真实想法，选择相关描述的同意程度。

7. 习惯因素

习惯因素考察的变量是舒适需求和节俭观念，舒适需求的量表借鉴 Wheeler（2006）、Barr 等学者（2011）、黄雪丽等（2013）等学者的研究，经过旅游情境化后，设计4个题项；节俭观念的量表借鉴 McEwan 等（2015）、武瑞娟（2012）等学者的研究，经过旅游情境化后，设计4个题项；采用李克特5级量表，请被调查游客根据自己的真实想法，选择相关描述的同意程度。

8. 促进性条件

促进性条件考察的变量有便利程度、景区环境质量、环保政策干预、信息干预四个。便利程度借鉴 Barr（2004）、黄雪丽（2012）和赵黎明等（2015）的研究，设计景区设施便利和标识清晰6个题项。景区环境质量借鉴余晓婷（2015）、王琪延和侯鹏（2010）的研究，设计3个题项。环保政策干预借鉴王建明和王俊豪（2011）、Kalantari 等（2007）、Imran 等（2014）、余晓婷（2015）的研究，旅游情境化后，将其分为鼓励性政策和惩罚性政策两种，分别设计3个题项。信息干预借鉴余福茂（2012），分为信息干预和信息传播渠道，信息干预设计3个题项，信息传播渠道设计了10个题项。促进性条件考察的变量有便利程度、景区环境质量、环保政策干预、信息干预均采用李克特5级量表，请被调查游客根据自己的真实想法，对相关描述的同意程度进行选择。

二 预调研与量表检验

（一）预调研实施与数据收集

为检验问卷量表的信度和效度，以及语言表达和问卷长度的科学性和合理性，建立问卷量表后，首先进行了小范围的预调研。预调研采用网络问卷调研方式，通过在线问卷收集平台-问卷星，借助微信和QQ、邮箱等对问卷的网络链接进行扩散。预调研问卷于2015年6月29日发放，至2015年7月8日23点59分，共收回问卷398份，其中有效问卷336份，问卷有效率为86.37%。按照统计分析要求，预试问卷份数应超过问卷中最大分量表题项数的5倍，样本越多，越有利于量表检验。本书问卷量表中最大分量表为游客环保行为量表，13个题项，有效预调研样本应不少于75份。而本书预调研有效样本为336份，为最大分量表所含题项数的25.8倍，完全符合此原则。因此，本研究认为预调研问卷数量符合要求。

（二）预调研量表检验方法

检验所开发量表的信度和效度是对问卷数据进行分析的前提。信度也称可靠性，反映问卷量表的一致性程度，通常采用Cronbach's a 系数来判断结果是否可靠，系数越高，问卷量表的信度越高，0.5-0.6之间信度可接受，高于0.7则可信度较高。

效度包括内容效度和结构效度，是指测量结果的有效程度。内容效度也称表明效度或逻辑效度，指测验内容在多大程度上反映或代表了研究者要测量的概念；结构效度又称建构效度或理论效度，检验量表结构与理论设想的相符程度，结构效度还可以分为收敛效度和区别效度。通常运用因子分析来检验结构效度。因子分析包括探索性因子分析和验证性因子分析。

在因子分析之前，需要通过KMO检验和Bartlelt球形检验，来判断调研数据是否适合作因子分析。其中KMO值介于0和1之间，通常认为只有 KMO 值大于 0.5 时才可以进行因子分析；Bartlelt 球形检验是验证各个变量是独立的，当 Bartlelt 球形检验的卡方值较大，且统计值的显著性概率 Sig 小于给定的 0.05 显著水平时，说明变量是独立的，适合进行因子分析。

（三）内容效度初步检验

在信度和结构效度分析之前，先检验问卷的内容效度。为保证问卷量表的内容效度，根据专家和被调查者的反馈信息还有整体答题情况，对问卷量表进行修订，修改或删除有歧义和模糊不清的题项。在旅游环保知识题项中，"Q13-8 旅游消费垃圾是造成景区环境问题的主要原因""Q13-9 旅游交通污染是造成景区环境问题的主要原因""Q13-10 旅游资源不合理开发是造成景区环境破坏的主要原因"3 个题项的内容存在一定的争议，学术界对景区环境问题的主要原因观点不统一，故将这 3 个题项删除。

（四）信度检验

由信度检验结果可以看出，游客环保行为、游客环保行为意愿、环境价值观、环保知识、环境责任感、社会规范、自我概念、舒适需求、地方依恋、便利程度、景区环境质量、环境政策干预、信息干预 13 个变量的 Cronbach's α 系数均在 0.7 以上，表明这 13 个量表的可信度较高。

运用软件 SPSS22.0 对初始量表进行信度检验，结果如表 4-3 所示。

表 4-3　　　　　　　初始量表各变量的信度检验结果

变量	题项数	α 系数	均值	项目与总体相关系数
游客环保行为（TEB）	13	0.872	3.52	0.226—0.720
游客环保行为意愿（TEBI）	4	0.900	4.62	0.735—0.811
环境价值观（EV）	11	0.788	4.28	0.345—0.598
环保知识（EK）	7	0.718	4.19	0.310—0.572
环境责任感（ER）	3	0.704	4.21	0.470—0.423

续表

变量	题项数	a 系数	均值	项目与总体相关系数
环境敏感度（ES）	4	0.573	4.12	0.118—0.389
社会规范（ESN）	3	0.797	4.08	0.538—0.569
群体一致性（GC）	4	0.581	3.72	0.193—0.514
榜样效应（ME）	3	0.701	3.63	0.193—0.534
自我概念（SC）	3	0.733	4.20	0.529—0.599
节俭观念（FI）	4	0.902	3.35	0.681—0.724
舒适需求（CR）	4	0.866	2.88	0.495—0.730
地方依恋（PA）	8	0.831	4.02	0.484—0.601
便利程度（DC）	6	0.701	4.06	0.424—0.616
景区环境质量（EQ）	3	0.752	4.07	0.564—0.608
环境政策（PR）	6	0.762	3.82	0.483—0.565
信息干预（II）	3	0.859	4.13	0.331—0.668

环境敏感度和群体一致性的 Cronbach's α 系数在 0.6 以下，因此，要重新审查这 2 个量表。仔细分析这 2 个变量的指标题项发现，环境敏感度量表中第三个题项"Q14-6 我对我所生活的城市的环境问题感到忧心"，项目与总体相关系数小于 0.3，不具备统计学意义，故将 Q15-3 删除；并对删除后的量表重新进行信度检验，Cronbach's α 系数增大到 0.75，项目与总体相关系数为 0.551-0.617，量表可以接受。群体一致性量表的 Cronbach's α 系数为 0.581，题项"Q15-2 在日常消费中，我喜欢与周围人保持一致"的项目与总体相关系数为 0.193，小于 0.3，未通过检验；删除此题项后，Cronbach's α 系数增大到 0.625，量表可以接受。修改后的信度检验结果如表 4-4 所示，各变量的 Cronbach's α 系数值和项目与总体相关系数均满足信度检验要求。

（五）结构效度检验

检验量表结构效度通常运用探索性因子分析，如果模型中变量较多，可对变量进行分组后，分别进行探索性因子分析。由于变量较多，所以本研究将所有研究变量分为因变量、自变量和调节变量三种类型，分别进行结构效度检验与分析。为保持结构分析的整体性，本书将因变量和中介变量归类为因变量一起进行因子分析，检验结构效度，但是游客环保行为为因变量，游客环保行为意愿为游客环保行为影响因素和游客环保行为之间的中介变量，由于因变量和中介变量在理论模型中角色和作用路径不同，在结构方程模型分析中会将其分为中介变量和因变量分别分析。自变量为游客环保行为意愿的前因变量，包括态度因素、社会因素和情感因素等。调节变量为促进性条件和习惯因素，对环保行为意愿与游客环保行为之间的关系有调节效应。

表4-4　　删除部分题项后的各变量信度检验结果

变量	题项数	a系数	均值	项目与总体相关系数
游客环保行为（TEB）	13	0.872	3.52	0.226—0.720
环保行为意愿（TEBI）	4	0.900	4.62	0.735—0.811
环境价值观（EV）	11	0.788	4.28	0.345—0.598
环保知识（EK）	7	0.718	4.19	0.310—0.572
环境责任感（ER）	3	0.704	4.21	0.470—0.423
环境敏感度（ES）	3	0.750	3.64	0.551—0.617
社会规范（ESN）	3	0.797	4.08	0.538—0.569
群体一致性（GC）	3	0.733	3.72	0.193—0.607
自我概念（SC）	3	0.733	4.20	0.529—0.599
榜样效应（ME）	3	0.701	3.63	0.193—0.534
节俭观念（FI）	4	0.902	3.35	0.681—0.724
舒适需求（CR）	4	0.866	2.88	0.495—0.730
地方依恋（PA）	8	0.831	4.02	0.484—0.601
便利程度（DC）	6	0.701	4.06	0.424—0.616
景区环境质量（EQ）	3	0.752	4.07	0.564—0.608
环境政策（PR）	6	0.762	3.82	0.483—0.565
信息干预（II）	3	0.859	4.13	0.331—0.668

探索性因子分析之前，对修改后的因变量、自变量和调节变量量表，分别进行KMO值和Bartlett球形检验（见表4-5），结果显示三组

变量的 KMO 值均大于 0.7，Bartlett 球形检验卡方值较大，且统计显著（p<0.000），则本量表适合作因子分析。接下来采用主成分分析法，对自变量、因变量和调节变量分别进行探索性因子分析。

表 4-5　　　　　初始量表 KMO 值和 Bartlett's 球形检验

Kaiser-Meyer-Olkin Measure of Sampling Adequacy		Bartlett's Test of Sphericity		
		Approx. Chi-Square	df	Sig.
因变量	0.867	4105.664	136	0.000
自变量	0.880	5919.492	703	0.000
调节变量	0.887	5516.080	630	0.000

1. 因变量探索性因子分析

因变量量表共包含游客环保行为、游客环保行为意愿 2 个变量，共 17 个指标题项。游客环保行为变量又被分为遵守环保行为、消费环保行为、劝导环保行为、呼吁环保行为 4 个维度。因此，因变量量表共包含 5 个维度。采用方差最大化正交旋转为因子旋转方式提取因子，总方差解释率（见表 4-6）和因子负荷矩阵（见表 4-7）显示，因变量共提取 5 个因子，总方差解释率为 79.23%，解释率较高。

表 4-6　　　　　因变量初始题项因子的总方差解释率

成分	初始特征值			平方和负荷萃取			旋转平方和负荷萃取		
	特征值	解释比率%	累积比率%	特征值	解释比率%	累积比率%	特征值	解释比率%	累积比率%
1	5.452	32.071	32.071	5.452	32.071	32.071	3.678	21.637	21.637
2	4.271	25.122	57.192	4.271	25.122	57.192	3.184	18.731	40.368
3	2.101	12.359	69.551	2.101	12.359	69.551	2.646	15.567	55.935
4	0.927	5.454	75.005	0.927	5.454	75.005	2.321	13.655	69.590
5	0.718	4.225	79.230	0.718	4.225	79.230	1.639	9.640	79.230

表 4-7　　　　　　　　因变量初始题项的因子负荷矩阵

题项	成分				
	1	2	3	4	5
TEB11	0.902	-0.011	0.024	0.263	0.014
TEB12	0.882	-0.06	-0.012	0.231	0.117
TEB13	0.838	-0.049	0.047	0.319	0.034
TEPB10	0.830	-0.105	0.012	0.221	0.181
TEBI1	-0.092	0.887	0.118	-0.03	0.05
TEBI4	-0.035	0.875	0.054	-0.024	0.139
TEBI3	-0.084	0.867	0.105	-0.065	0.065
TEBI2	0.006	0.838	0.151	0.015	0.02
TEB3	0.007	0.151	0.879	-0.06	0.166
TEB1	0.016	0.19	0.876	0.001	0.193
TEB2	0.014	0.05	0.861	0.016	0.187
TEB8	0.421	-0.019	-0.024	0.83	0.111
TEB7	0.458	-0.003	-0.02	0.806	0.101
TEB9	0.481	-0.119	-0.062	0.755	0.155
TEB5	0.170	0.085	0.188	0.149	0.821
TEB4	-0.023	0.276	0.439	-0.132	0.619
TEB6	0.171	0.033	0.276	0.298	0.601

因子载荷结果显示，因子负荷值均大于 0.5，17 个题项较好地分布在 5 个潜在因子上，因此，因变量量表具有较好的收敛和区别效度。综上所述，因变量量表分为遵守环保行为、消费环保行为、劝导环保行为、呼吁环保行为、游客环保行为意愿，共 5 个维度。

2. 自变量探索性因子分析

游客环保行为的自变量包括态度因素中的环境价值观、环境知识、环境敏感度、环境责任感、主观规范 5 个变量，社会因素中社会规范、榜样效应、自我概念、群体一致性 4 个变量，情感因素中的地方依恋变量，共 10 个变量。其中，环境价值观包含利己价值观、利他价值观和生态价值观 3 个维度，环境知识包含一般环境知识和旅游环境知识 2 个维度，地方依恋包括地方依赖和地方认同两个维度。采用主成分分析法，选取方差最大化正交旋转方式，特征值大于 1 因子为提取标准，对自变量的 47 个题项进行因子分析，共提取 13 个因子，总方差解释率和正交旋转后的因子负荷分别如表 4-8 和表 4-9 所示。总方差贡献率为 71.036%，解释率较高。

从因子负荷结果（见表 4-9）可以看出，提取的 13 个公因子的在各自因子上的负荷均大于 0.5，自变量的测量量表结构效度较好。在维度界定上，大部分因子符合量表构建设想。综上所述，自变量量表分为利己价值观、利他价值观、生态价值观、一般环境知识、旅游环境知识、环境敏感度、环境责任感、自我概念、群体一致性、社会规范、榜样效应、地方依赖、地方认同，共 13 个维度。

表 4-8 自变量初始题项因子的总方差解释率

成分	初始特征值			平方和负荷萃取			旋转平方和负荷萃取		
	特征值	解释比率%	累积比率%	特征值	解释比率%	累积比率%	特征值	解释比率%	累积比率%
1	12.046	26.770	26.770	12.046	26.770	26.770	3.666	8.148	8.148
2	3.724	8.277	35.046	3.724	8.277	35.046	2.978	6.618	14.766
3	2.730	6.068	41.114	2.730	6.068	41.114	2.792	6.204	20.970
4	2.150	4.777	45.891	2.150	4.777	45.891	2.578	5.729	26.699
5	1.918	4.263	50.154	1.918	4.263	50.154	2.556	5.680	32.379
6	1.772	3.938	54.091	1.772	3.938	54.091	2.472	5.494	37.873
7	1.346	2.991	57.082	1.346	2.991	57.082	2.378	5.284	43.157
8	1.253	2.785	59.867	1.253	2.785	59.867	2.346	5.213	48.370
9	1.211	2.691	62.559	1.211	2.691	62.559	2.269	5.042	53.413
10	1.095	2.433	64.992	1.095	2.433	64.992	2.151	4.780	58.192
11	0.965	2.145	67.137	.965	2.145	67.137	1.995	4.434	62.626
12	0.886	1.968	69.105	0.886	1.968	69.105	1.961	4.357	66.983
13	0.869	1.931	71.036	0.869	1.931	71.036	1.824	4.053	71.036

表 4-9 初始题项自变量的因子负荷矩阵

题项	1	2	3	4	5	6	7	8	9	10	11	12	13
EV11	0.820	0.013	0.072	0.060	0.058	0.037	0.129	0.105	-0.029	0.146	0.175	0.060	0.089
EV8	0.815	0.094	0.065	0.127	0.130	0.118	0.113	0.074	0.003	0.007	0.069	0.061	0.058
EV10	0.765	0.056	0.050	0.124	0.068	0.119	0.139	0.113	-0.038	0.056	0.238	0.112	0.084
EV9	0.755	-0.008	0.031	0.064	0.102	0.189	0.166	0.113	0.006	0.082	0.075	0.002	0.158
PA8	0.072	0.765	0.144	-0.008	0.125	0.111	0.072	0.126	0.049	0.097	0.088	0.153	0.024
PA5	0.035	0.761	0.236	0.041	0.113	0.134	0.054	-0.015	0.129	0.070	0.063	-0.020	-0.023
PA7	0.052	0.747	0.159	0.062	0.146	0.044	0.028	0.036	0.183	0.149	-0.004	0.164	0.111
PA6	0.019	0.738	0.131	0.033	0.014	0.046	0.058	0.072	0.139	0.130	0.102	0.205	0.111
PA2	0.024	0.149	0.797	0.044	0.091	0.152	0.067	0.053	0.056	0.083	0.149	-0.016	-0.066
PA1	0.107	0.100	0.785	0.020	0.149	0.022	0.040	0.156	0.004	0.054	0.110	0.170	0.006
PA3	0.028	0.193	0.730	0.075	0.090	-0.053	0.073	0.180	0.001	-0.024	0.038	0.064	0.131
PA4	0.077	0.233	0.697	0.136	0.065	0.200	0.142	0.040	-0.056	-0.055	-0.126	0.026	0.158
EV1	0.089	0.008	0.068	0.842	0.081	0.042	-0.034	0.157	-0.017	0.000	0.023	-0.022	0.012
EV3	0.044	-0.003	0.061	0.827	-0.004	0.157	0.158	0.021	0.008	0.058	0.089	0.080	0.045
EV2	0.125	0.081	0.031	0.730	0.029	-0.120	0.088	0.019	0.081	0.025	-0.056	0.055	0.051
EV4	0.121	0.027	0.119	0.612	0.244	0.259	0.015	0.034	0.105	0.015	0.339	-0.017	-0.050
ESN2	0.087	0.131	0.130	0.028	0.782	0.152	0.091	0.160	0.053	0.211	0.076	0.142	0.131

第四章 游客环保行为研究量表的开发与数据收集 / 93

续表

题项	1	2	3	4	5	6	7	8	9	10	11	12	13
ESN1	0.099	0.150	0.173	0.088	0.728	0.175	0.112	0.153	0.020	0.181	0.208	0.147	0.047
ESN3	0.211	0.152	0.126	0.172	0.686	0.170	0.089	0.130	0.106	0.108	0.007	0.114	0.044
ES4	0.238	0.168	0.079	0.125	0.262	0.669	0.127	0.147	−0.044	0.084	0.170	0.140	0.201
ES1	0.246	0.180	0.160	0.007	0.274	0.668	0.184	0.048	−0.110	0.006	0.166	0.066	0.112
ES2	0.128	0.109	0.150	0.127	0.271	0.667	0.085	0.348	−0.088	−0.050	0.093	0.101	0.070
ES3	0.128	0.050	0.036	0.057	−0.030	0.635	−0.005	0.130	0.251	0.346	0.006	0.181	0.124
EK3	0.210	−0.082	0.103	0.044	0.029	0.041	0.723	0.248	0.021	0.104	0.033	0.029	0.171
EK1	0.101	0.203	0.137	0.065	0.176	0.036	0.684	−0.114	0.105	0.007	0.256	0.018	0.047
EK2	0.161	0.061	−0.002	0.188	−0.027	0.126	0.674	0.215	0.031	0.121	−0.093	0.118	0.110
EK4	0.194	0.094	0.122	−0.007	0.146	0.083	0.617	0.335	0.024	0.060	0.075	−0.006	0.003
EK6	0.185	0.054	0.159	0.115	0.091	0.135	0.135	0.762	0.049	0.080	0.105	0.062	0.087
EK7	0.097	0.109	0.185	0.095	0.108	0.099	0.177	0.750	−0.031	−0.001	0.208	−0.047	0.065
EK5	0.149	0.031	0.102	0.048	0.258	0.199	0.301	0.617	0.027	0.053	0.002	−0.053	0.042
CM1	0.035	0.119	−0.029	0.036	0.022	0.047	0.014	−0.025	0.840	0.231	−0.025	0.065	0.069
CM3	−0.157	0.144	0.053	0.045	0.012	−0.003	−0.034	0.141	0.786	0.090	−0.011	0.084	0.071
CM4	0.048	0.216	−0.015	0.062	0.131	−0.062	0.213	−0.114	0.725	0.037	0.106	0.209	0.113
SC1	0.093	0.155	0.020	−0.005	0.098	0.162	0.074	−0.022	0.194	0.765	0.033	−0.001	0.162
SC3	0.126	0.176	−0.003	0.012	0.162	0.026	0.066	0.040	0.131	0.714	0.031	0.123	0.139

第四章　游客环保行为研究量表的开发与数据收集 / 95

续表

题项	1	2	3	4	5	6	7	8	9	10	11	12	13
SC2	0.076	0.122	0.059	0.135	0.219	0.001	0.152	0.159	0.051	0.598	0.123	0.359	0.037
EV6	0.236	0.134	0.118	0.086	0.143	0.158	0.034	0.247	0.122	0.015	0.700	0.060	0.026
EV7	0.506	0.094	0.072	0.051	0.078	0.100	0.144	0.110	−0.024	0.138	0.655	0.050	0.092
EV5	0.464	0.098	0.058	0.136	0.097	0.097	0.116	0.083	−0.086	0.095	0.652	0.128	0.139
MRE2	0.059	0.185	0.124	0.041	0.093	0.229	0.057	−0.054	0.144	0.169	0.113	0.737	0.037
MRE3	0.116	0.307	−0.020	0.025	0.075	−0.002	0.049	−0.028	0.230	0.207	−0.021	0.687	0.066
MRE1	0.118	0.101	0.223	0.060	0.400	0.177	0.025	0.064	0.050	−0.028	0.083	0.634	0.131
ER3	0.235	0.074	0.034	0.015	0.007	0.227	0.176	0.088	0.166	0.187	−0.047	0.051	0.737
ER1	0.147	0.086	0.064	0.056	0.060	−0.022	0.126	−0.029	0.144	0.374	0.089	0.091	0.670
ER2	0.139	0.112	0.178	0.052	0.275	0.259	0.059	0.227	0.026	−0.042	0.209	0.094	0.660

成分

3. 调节变量探索性因子分析

根据前文分析，调节变量包括习惯因素和促进性条件，习惯因素包括节俭观念和舒适需求2个变量，促进性条件包括景区环境质量、便利程度、惩罚性政策、鼓励性政策、信息干预5个变量。采用主成分分析法，选取方差最大化旋转方式，特征值大于1因子为提取标准，共提取7个公因子。

表4-10　调节变量初始题项因子的总方差解释率

成分	初始特征值			平方和负荷萃取			旋转平方和负荷萃取		
	特征值	解释比率%	累积比率%	特征值	解释比率%	累积比率%	特征值	解释比率%	累积比率%
1	7.228	27.798	27.798	7.228	27.798	27.798	3.128	12.030	12.030
2	4.836	18.601	46.399	4.836	18.601	46.399	2.889	11.112	23.143
3	1.826	7.021	53.421	1.826	7.021	53.421	2.876	11.063	34.206
4	1.417	5.450	58.871	1.417	5.450	58.871	2.550	9.809	44.015
5	1.297	4.990	63.861	1.297	4.990	63.861	2.548	9.801	53.816
6	0.992	3.815	67.676	0.992	3.815	67.676	2.281	8.773	62.589
7	0.903	3.475	71.151	0.903	3.475	71.151	2.226	8.562	71.151

表4-11　删除部分题项后的调节变量因子负荷矩阵

题项	成分						
	1	2	3	4	5	6	7
CR1	0.847	0.050	0.185	0.021	0.104	-0.003	0.014
CR3	0.805	0.018	0.263	-0.125	0.122	0.032	-0.058
CR2	0.770	0.097	0.307	-0.014	0.203	0.010	0.055
CR4	0.730	-0.013	0.371	-0.181	0.141	0.063	-0.056

续表

题项	成分						
	1	2	3	4	5	6	7
CD4	0.081	0.810	0.058	−0.006	0.191	0.078	0.099
CD3	0.164	0.745	0.074	0.075	0.125	0.108	0.148
CD2	0.031	0.731	0.086	0.185	−0.024	0.091	0.167
CD6	−0.039	0.635	0.058	0.290	0.081	0.375	0.022
CD5	−0.125	0.616	0.128	0.297	0.015	0.316	0.041
FI4	0.357	0.089	0.785	0.037	0.192	0.077	−0.001
FI3	0.322	0.146	0.780	−0.049	0.185	−0.014	0.088
FI1	0.408	0.080	0.769	−0.021	0.148	0.014	0.012
FI2	0.182	0.084	0.695	0.208	0.119	0.034	0.244
EP5	−0.070	0.199	0.014	0.807	0.095	0.139	0.184
EP6	−0.063	0.158	0.076	0.805	0.077	0.110	0.128
EP4	−0.067	0.125	−0.001	0.797	0.167	0.078	0.152
EP1	0.199	0.124	0.253	0.057	0.852	0.107	0.098
EP2	0.190	0.055	0.306	0.058	0.835	0.144	0.044
EP3	0.165	0.167	0.042	0.287	0.729	−0.027	0.044
EQ3	0.071	0.120	0.084	0.140	0.032	0.792	0.170
EQ2	0.029	0.173	0.036	0.099	0.107	0.792	−0.024
EQ1	−0.005	0.241	−0.054	0.074	0.033	0.730	0.196
II3	0.061	0.183	0.161	0.070	0.140	0.087	0.816
II1	−0.107	0.159	−0.039	0.445	0.043	0.174	0.671
II2	−0.048	0.174	0.158	0.395	−0.019	0.202	0.625

结果显示，提取的 7 个公因子在各自因子上的负荷，除便利程度中

的题项"CD1""CD5"之外，均大于0.5。删除最小值"CD1"后重新进行因子分析，结果如表4-10和表4-11所示，调节变量的测量量表结构效度较好，总方差贡献率为75.151%，解释率较高。在维度界定上，大部分因子符合量表构建设想，其中，环境政策被分为了2个维度，恰好能够体现出环境政策中的惩罚性政策和鼓励性政策的不同。因此，将环境政策分为惩罚性政策和鼓励性政策2个维度。综上所述，调节变量量表分为节俭观念、舒适需求、景区环境质量、便利程度、惩罚性政策、鼓励性政策、信息干预共7个维度。

三 量表修订与正式量表生成

为保证问卷正式量表的可靠性和有效性，根据信度和效度检验结果，考虑被调查者和专家的反馈意见，对初始量表进行修正，具体修改如下：环境敏感度、群体一致性量表的Cronbach's α系数均小于0.6，未通过可靠性检验，环境敏感度题项中的"Q14-6"，群体一致性题项中的"Q15-2"，通过讨论分析，删除这2个题项。各分量表探索性因子分析结果表明，便利程度题项C1在因子上的载荷小于0.5，因此将此题项删除。

对正式问卷的部分题项也进行了调整，调整后的正式问卷见附录2，变量相应维度和对应的题号如下表4-12所示，答题时间为15分钟左右。

表4-12　　　　　　正式量表维度和对应指标题项

变量	原题项数	现有题项数	对应题号
游客特征因素	9	9	Q1—Q9
游客环保行为（TEB）	13	13	Q10-1—Q10-13
游客环保行为意愿（TEBI）	4	4	Q11-1—Q11-4
环境价值观（EV）	11	9	Q12-1—Q12-9
环保知识（EK）	10	7	Q13-1—Q13-7
环境责任感（ER）	3	3	Q14-1—Q14-3
环境敏感度（ES）	4	3	Q14-4—Q14-6
群体一致性（GC）	4	3	Q15-1—Q15-3
社会规范（ESN）	3	3	Q15-4—Q15-6

续表

变量	原题项数	现有题项数	对应题号
自我概念（SC）	3	3	Q15-7—Q15-9
榜样效应（ME）	4	4	Q15-10—Q15-13
地方依恋（PA）	8	8	Q16-1—Q16-8
节俭观念（FI）	4	4	Q16-9—Q16-12
舒适需求（CR）	4	4	Q16-13—Q16-16
景区环境质量（EQ）	3	3	Q17-1—Q17-3
便利程度（CD）	6	5	Q17-4—Q17-8
环境政策（PR）	6	6	Q17-9—Q17-14
信息干预（II）	3	3	Q17-15—Q17-17

第二节 调研与样本概况

本章基于正式量表，设计调研问卷，回收数据，并对数据进行数据检验。

一 调研方案设计与数据收集

在预调研过程中发现，很多跟团游客在景区逗留时间有限，现场填写质量得不到保证。因此，为保证问卷质量，正式调研采取网络问卷和纸质问卷相结合的方式开展。正式调研于2015年7月15日开始，截至2015年8月30日。纸质问卷分别在内蒙古的库布齐沙漠和希拉穆仁草原、河北省的西柏坡景区和避暑山庄景区、北京故宫等地采用现场拦截的方式发放。共发放纸质问卷1000份，回收823份，有效问卷641份。网络问卷借助问卷网这一网络平台，通过QQ、微博、微信等通信平台分享问卷的网址链接，邀请朋友答题并转发问卷链接，以在线填写的方式回收问卷。问卷设定情景为正在旅游或者刚刚游览过的景区是（），如果没有则停止填写。网络问卷于2015年8月15日开始，到2015年8

月30日截止，共回收网络版有效问卷647份，纸质问卷和网络问卷共计1288份，有效率为79.14%。经过统计，样本游览景区300多个，分布全国34个省、市、自治区、特别行政区（见表4-13）。

表4-13　　　　　　　　　　问卷回收区域情况

地区	人数	地区	人数	地区	人数
北京市	204	福建省	11	贵州省	5
天津市	59	江西省	3	云南省	13
河北省	385	山东省	58	西藏自治区	4
山西省	18	河南省	25	陕西省	24
内蒙古自治区	140	湖北省	10	甘肃省	14
辽宁省	14	湖南省	24	青海省	5
吉林省	10	广东省	42	宁夏回族自治区	12
黑龙江省	11	广西壮族自治区	11	新疆维吾尔自治区	9
上海市	21	海南省	7	香港	4
江苏省	49	重庆市	8	台湾省	3
浙江省	44	四川省	23	澳门	2
安徽省	8				

二　数据样本特征分析

样本特征分析主要是对回收的有效问卷在不同社会人口学统计变量上的分布状况进行描述，本书回收有效问卷的具体分布特征如表4-14所示。本书正式调研有效问卷为1288份，涉及的游客特征主要有个人传记特征和出游特征两大变量。回收的有效样本在个人传记特征上（性别、年龄、受教育水平、职业类型、收入）上分布较为均匀，符合游客出游特征，样本具有较好的代表性。

表 4-14　　　　　　　游客特征变量描述性统计分析

人口传记特征	分类项目	人数	比例%	游客出游特征	分类项目	人数	比例%
性别	男	539	41.8	游客类型	本地居民	291	22.6
	女	749	58.2		省内游客	414	32.1
年龄	18岁以下	159	12.3		省外游客	583	45.3
	18-30岁	347	26.9	景区游览次数	1次	681	52.9
	31-45岁	290	22.5		2次	253	19.6
	46-55岁	277	21.5		3次	138	10.7
	56岁以上	215	16.7		4次及以上	216	16.8
受教育水平	初中及以下	125	9.7	旅游方式	旅行社组团	327	25.4
	高中或中专	201	15.6		旅行社自由行	199	15.5
	大专	294	22.8		自助背包	459	35.6
	本科	517	40.1		自驾车	397	30.8
	硕士及以上	151	11.7		骑行或步行	43	3.3
职业类型	工人	48	3.7	旅游动机	游览观光	953	74.0
	农民	192	14.9		购物	123	9.5
	专业技术人员	365	28.3		锻炼身体	285	22.1
	学生	414	32.1		科学研究	52	4.0
	企业管理人	77	6.0		探亲访友	78	6.1
	企业普通员工	72	5.6		暂时摆脱工作生活压力	274	21.3
	机关事业单位人员	75	5.8				
	服务业人员	19	1.5		休闲度假	626	48.6
	私营业主	19	1.5		烧香拜佛	50	3.9
	其他人员	43	3.6		商务会议	38	3.0
年收入	1万以下	414	32.1		故地重游，缅怀过去	94	7.3
	1万-3万	184	14.3				
	3万-5万	290	22.5		享受当地美食和特色产品	267	20.7
	5万-10万	256	19.9				
	10万-20万	95	7.4				
	20万以上	49	3.8				

第三节 量表的检验

一 正态性检验

在结构方程模型分析之前,需要对数据是否为正态分布进行检验(吴明隆,2010;侯杰泰等,2006),Kline(1998)认为数据正态分布的要求是偏度和峰度系数绝对值小于2,若偏度系数绝对值小于3,峰度系数绝对值小于10,则为极端值,必须加以处理。

本书采用SPSS22.0对采集有效数据进行分析,结果见表4-15。根据表4-15所示,量表中的各项指标题项的系数绝对值小于2,因此认为量表数据近似于正态分布,符合结构方程模型对数据的要求,可以进行下一步的检验。

表4-15 偏度和峰度检验

分量表		题项	偏度		峰度	
			统计量	标准误	统计量	标准误差
游客环保行为	遵守环保行为	TEB1	-1.358	0.068	2.514	0.136
		TEB2	-1.385	0.068	2.722	0.136
		TEB3	-1.364	0.068	2.785	0.136
	消费环保行为	TEB4	-1.177	0.068	0.61	0.136
		TEB5	-1.01	0.068	0.277	0.136
		TEB6	-1.099	0.068	0.556	0.136
	劝导环保行为	TEB7	-0.142	0.068	-1.299	0.136
		TEB8	-0.193	0.068	-1.304	0.136
		TEB9	-0.348	0.068	-1.203	0.136
游客环保行为	呼吁环保行为	TEB10	-0.29	0.068	-1.068	0.136
		TEB11	-0.216	0.068	-1.154	0.136
		TEB12	-0.28	0.068	-1.255	0.136
		TEB13	-0.086	0.068	-1.242	0.136

续表

分量表		题项	偏度		峰度	
			统计量	标准误	统计量	标准误差
游客环保行为意愿		TEBI1	-0.816	0.068	0.071	0.136
		TEBI2	-0.732	0.068	-0.384	0.136
		TEBI3	-0.704	0.068	-0.612	0.136
		TEBI4	-0.251	0.068	-1.081	0.136
环境价值观	利己价值观	EV1	0.807	0.068	-0.067	0.136
		EV2	1.027	0.068	1.155	0.136
		EV3	0.963	0.068	0.51	0.136
		EV4	0.933	0.068	0.685	0.136
	利他价值观	EV5	-1.202	0.068	1.691	0.136
		EV6	-0.677	0.068	0.506	0.136
		EV7	-1.35	0.068	2.117	0.136
	生态价值观	EV8	-1.231	0.068	1.5	0.136
		EV9	-1.291	0.068	1.85	0.136
		EV10	-1.239	0.068	1.611	0.136
		EV11	-1.545	0.068	2.5	0.136
环境知识	一般环境知识	EK1	-0.385	0.068	-1.278	0.136
		EK2	-0.448	0.068	-1.193	0.136
		EK3	-0.431	0.068	-1.192	0.136
	旅游环境知识	EK4	-0.489	0.068	-1.158	0.136
		EK5	-0.483	0.068	-1.095	0.136
		EK6	-0.499	0.068	-1.082	0.136
		EK7	-0.417	0.068	-1.024	0.136
环境责任感		ER1	-0.295	0.068	-0.177	0.136
		ER2	0.218	0.068	-0.532	0.136
		ER3	-0.304	0.068	-0.237	0.136
群体一致性		GC1	-0.761	0.068	-0.466	0.136
		GC2	-0.515	0.068	-0.83	0.136
		GC3	-0.732	0.068	-0.585	0.136

续表

分量表	题项	偏度 统计量	偏度 标准误	峰度 统计量	峰度 标准误差
环境敏感度	ES1	-0.813	0.068	0.44	0.136
	ES2	-0.601	0.068	0.173	0.136
	ES3	-0.819	0.068	0.722	0.136
	ES4	-0.593	0.068	0.022	0.136
社会规范	ESN1	-0.594	0.068	-0.306	0.136
	ESN2	-0.577	0.068	-0.368	0.136
	ESN3	-0.446	0.068	-0.594	0.136
榜样效应	ME1	-0.638	0.068	0.002	0.136
	ME2	-0.652	0.068	-0.038	0.136
	ME3	-0.599	0.068	-0.211	0.136
自我观念	SC1	-0.603	0.068	-0.561	0.136
	SC2	-0.567	0.068	-0.484	0.136
	SC3	-0.621	0.068	-0.557	0.136
地方依恋 地方认同	PA1	-0.097	0.068	-1.182	0.136
	PA2	-0.086	0.068	-1.114	0.136
	PA3	-0.187	0.068	-1.113	0.136
	PA4	-0.372	0.068	-0.957	0.136
地方依恋 地方依赖	PA5	-0.656	0.068	-0.598	0.136
	PA6	-0.462	0.068	-0.989	0.136
	PA7	-0.851	0.068	-0.154	0.136
	PA8	-0.892	0.068	0.004	0.136
节俭观念	FI1	-0.59	0.068	-0.424	0.136
	FI2	-0.238	0.068	-1.016	0.136
	FI3	-0.086	0.068	-0.991	0.136
	FI4	-0.176	0.068	-0.965	0.136
舒适需求	CR1	-0.237	0.068	-0.9	0.136
	CR2	-0.118	0.068	-1.062	0.136
	CR3	0.074	0.068	-1.236	0.136
	CR4	-0.276	0.068	-0.938	0.136

续表

分量表	题项	偏度 统计量	偏度 标准误	峰度 统计量	峰度 标准误差
便利条件	CD1	-0.597	0.068	-0.78	0.136
	CD2	-0.517	0.068	-0.999	0.136
	CD3	-0.564	0.068	-0.861	0.136
	CD4	-0.634	0.068	-0.698	0.136
	CD5	-0.646	0.068	-0.716	0.136
景区环境质量	EQ1	-0.506	0.068	-0.811	0.136
	EQ2	-0.337	0.068	-0.989	0.136
	EQ3	-0.314	0.068	-0.99	0.136
惩罚性政策	PR1	-0.157	0.068	-1.221	0.136
	PR2	-0.235	0.068	-1.191	0.136
	PR3	-0.72	0.068	-0.404	0.136
鼓励性政策	PR4	-0.498	0.068	-0.911	0.136
	PR5	-0.509	0.068	-0.933	0.136
	PR6	-0.398	0.068	-1.164	0.136
信息干预	II1	-0.604	0.068	-0.912	0.136
	II2	-0.533	0.068	-0.923	0.136
	II3	-0.607	0.068	-0.807	0.136

二 信度检验

利用SPSS22.0对数据进行可靠性分析，结果见表4-16。根据结果显示，总体和各量表的Cronbach's α系数均在0.7以上，表明量表具有较高的可靠性，正式问卷量表可接受。

表4-16　　　　　　　正式问卷的可靠性检验结果

变量	a系数	项目数
游客环保行为（TEB）	0.781	13
环保行为意愿（EEBI）	0.958	4
环境价值观（Value）	0.779	9
环保知识（EK）	0.938	7

续表

变量	a 系数	项目数
环境责任感（ER）	0.925	3
环境敏感度（ES）	0.82	3
社会规范（ESN）	0.954	3
群体一致性（GC）	0.938	3
自我概念（SC）	0.934	3
榜样效应（ME）	0.947	3
节俭观念（FI）	0.902	4
舒适需求（CR）	0.913	4
地方依恋（PA）	0.948	8
便利程度（DC）	0.97	5
景区环境质量（EQ）	0.964	3
环境政策（PR）	0.82	6
信息干预（II）	0.873	3
整体	0.956	87

三 效度检验

效度是测量结果的准确程度。常见的效度检验的方法有内容效度和结构效度。

（一）内容效度检验

内容效度是衡量问卷内容是否反映研究主题，表述是否适当。首先，本书量表及问卷的设计均参考现有理论、相关研究成果和专家意见，结合游客实际情况设计和开发而成，从理论上保证变量测量内容与测量变量之间的一致性。其次，对开发量表经过小样本预测，信度效度检验后的调整，确保量表合理性。第三，将游客访谈和专家咨询渗透每个研究环节，根据其反馈意见进行问卷修订。综上，本书开发使用的量表和问卷具有很好的内容效度。

（二）结构效度检验

为检验量表的结构效度，接下来分别对自变量、因变量和调节变量进行探索性因子分析和验证性因子分析。

1. 因变量结构效度检验

根据预调研探索性因子分析结果，因变量包括游客遵守环保行为（TOEB）、游客消费环保行为（TCEB）、游客劝导环保行为（TPEB）、游客呼吁环保行为（TAEB）以及游客环保行为意愿（TEBI）共5个变量。由于预调研后依据检验结果对初始量表进行了调整，因此，需重新检验量表效度。因变量KMO和Bartlett检验结果表明，KMO值为0.862，Bartlett球形检验卡方值为22882.1，说明量表适合作因子分析。总方差解释率为88.121%（见表4-17），解释率较高。

表4-17　　　　　　　　因变量因子分析结果

分量表		题项	因子载荷	累计方差解释率（%）	KMO值	巴特利球形检验		
						卡方值	Df	标准误差
游客环保行为	游客遵守环保行为	TEB1	0.914	90.717	0.772	3805.935	3	0
		TEB2	0.904					
		TEB3	0.922					
	游客消费环保行为	TEB4	0.906	86.848	0.759	2977.577	3	0
		TEB5	0.906					
		TEB6	0.892					
	游客劝导环保行为	TEB7	0.933	91.104	0.766	3966.75	3	0
		TEB8	0.924					
		TEB9	0.896					
	游客呼吁环保行为	TEB10	0.884	82.274	0.858	4079.391	6	0
		TEB11	0.889					
		TEB12	0.861					
		TEB13	0.87					
游客环保行为意愿		TEBI1	0.917	89.144	0.844	6151.774	6	0
		TEBI2	0.899					
		TEBI3	0.871					
		TEBI4	0.84					

因变量因子载荷矩阵结果（见表 4-17）显示，共抽取 5 个因子，因子载荷值均大于 0.5，表明因变量表具有较好的结构效度。且预调研和正式调研的因子分布结构均符合前文预想的量表设计维度，因此，也验证了本书将游客环保行为分为遵守环保行为、消费环保行为、劝导环保行为、呼吁环保行为 4 维度的合理性。

2. 自变量量表结构效度检验

预调研探索性因子分析显示自变量包括游客态度因素、社会因素和情感因素。其中游客态度因素包括环境价值观（利己价值观、利他价值观、生态价值观）、环境敏感度、环境知识（一般环境知识和旅游环境知识）、环境责任感共 8 个维度；社会因素包括社会规范、榜样效应、自我概念、群体一致性 4 个维度；情感因素为地方依恋，包括地方认同和地方依赖 2 个维度。

表 4-18　　　　　　　　　自变量因子分析结果

分量表		题项	因子载荷	累计方差解释率（%）	KMO 值	巴特利球形检验		
						卡方值	Df	标准误差
环境价值观	利己价值观	EV1	0.827	62.241	0.78	1528.288	6	0
		EV2	0.808					
		EV3	0.773					
		EV4	0.746					
	利他价值观	EV5	0.891	75.526	0.711	1585.3	3	0
		EV6	0.884					
		EV7	0.831					
	生态价值观	EV8	0.905	78.245	0.828	3444.815	6	0
		EV9	0.901					
		EV10	0.878					
		EV11	0.854					
环境知识	一般环境知识	EK1	0.964	91.335	0.768	4023.447	3	0
		EK2	0.959					
		EK3	0.945					

续表

分量表		题项	因子载荷	累计方差解释率（%）	KMO值	巴特利球形检验		
						卡方值	Df	标准误差
环境知识	旅游环境知识	EK4	0.951	86.895	0.867	5248.979	6	0
		EK5	0.941					
		EK6	0.922					
		EK7	0.915					
环境责任感		ER1	0.935	84.698	0.749	2626.965	3	0
		ER2	0.919					
		ER3	0.907					
环境敏感度		ES1	0.845	65.54	0.797	1841.493	6	0
		ES2	0.837					
		ES3	0.817					
群体一致性		GC1	0.938	84.384	0.856	4593.629	6	0
		GC2	0.926					
		GC3	0.908					
社会规范		ESN1	0.969	91.599	0.754	4270.861	3	0
		ESN2	0.964					
		ESN3	0.938					
榜样效应		ME1	0.96	90.452	0.768	3752.244	3	0
		ME2	0.947					
		ME3	0.946					
自我观念		SC1	0.972	93.642	0.779	4751.211	3	0
		SC2	0.969					
		SC3	0.962					
地方依恋	地方认同	PA1	0.963	89.49	0.857	6260.495	6	0
		PA2	0.956					
		PA3	0.948					
		PA4	0.916					
	地方依赖	PA5	0.96	89.934	0.861	6263.133	6	0
		PA6	0.952					
		PA7	0.952					
		PA8	0.927					

表 4-19　　　　　　　　调节变量因子分析结果

分量表	题项	因子载荷	累计方差解释率（%）	KMO值	巴特利球形检验 卡方值	Df	标准误差
节俭观念	FI1	0.893	77.443	0.851	3189.832	6	0
	FI2	0.88					
	FI3	0.874					
	FI4	0.872					
舒适需求	CR1	0.911	79.474	0.833	3631.274	6	0
	CR2	0.899					
	CR3	0.884					
	CR4	0.872					
便利条件	CD1	0.959	89.399	0.888	8926.823	10	0
	CD2	0.95					
	CD3	0.948					
	CD4	0.946					
	CD5	0.924					
景区环境质量	EQ1	0.972	93.244	0.776	4609.609	3	0
	EQ2	0.965					
	EQ3	0.96					
惩罚性政策	PR1	0.933	77.669	0.652	2358.473	3	0
	PR2	0.930					
	PR3	0.771					
鼓励性政策	PR4	0.961	89.773	0.758	3626.32	3	0
	PR5	0.942					
	PR6	0.939					
宣传教育	II1	0.963	87.972	0.858	6019.334	6	0
	II2	0.953					
	II3	0.951					

自变量 KMO 和 Bartlett 检验结果如表 4-18 所示，KMO 值为 0.774，Bartlett 球形检验卡方值较大，说明量表适合作因子分析。量表的总方差解释率为 68.941%，解释率较高。每个变量的 KMO 值均在 0.7 以

上，Bartlett 球形检验卡方值较大，显著性水平为 0，适合做因子分析，提取因子后，因子载荷均在 0.7 以上，可解释方差变异在 60%以上，说明各个维度收敛效度很好。

3. 调节变量量表结构效度检验

预调研探索性因子分析显示调节变量包括习惯因素（节俭观念和舒适需求）和促进性条件（景区环境质量、便利条件、惩罚性政策、鼓励性政策和信息干预），共 7 个变量。调节变量 KMO 和 Bartlett 检验结果如表 4-19 所示，量表的 KMO 值 0.775，Bartlett 球形检验卡方值较大，说明量表适合作因子分析。调节变量总方差解释率为 67.16%，解释率较高。每个变量的 KMO 值均在 0.7 以上，Bartlett 球形检验卡方值较大，显著性水平为 0，适合作因子分析。提取因子后，因子载荷均在 0.7 以上，可解释方差变异在 60%以上，说明调节变量各个维度收敛效度很好，且因子分布结构符合预想量表设计维度。

4. 验证性因子分析

本书借助 AMOS17.0 软件进行验证性因子分析，以检验量表的效度。检验量表效度的方法之一是验证性因子分析，通过检验其潜在结构，考察其与原始数据的拟合程度，来验证结构的合理性。验证性因子分析的准则是，每一个题项对其潜变量的参数估计值都具有统计学意义，则量表收敛有效。

验证性因子分析判断指标主要有卡方值、比较拟合优度指数（CFI）、TuckerLewis 指数（TLI）、近似误差均方根（RMSEA）、RMSEA 的 90%置信区间以及精确拟合的 P 值、标化残差均方根（SRMR）。当卡方值较小、CFI 和 TLI 不小于 0.90、RMSEA 小于 0.08、RMSEA 的 90%置信区间上限小于 0.08、精确拟合的 P 值大于 0.05、SRMR 小于 0.08 时，则认为模型拟合较好。

根据前文预调研结论和理论分析结果，对游客环保行为、环境价值观、环境知识、地方依恋等量表进行验证性因子分析，验证其量表结构。

游客环保行为的验证性因子分析的结果如图 4-1 所示，判断指标如表 4-20 所示。各项指标值符合标准，模型拟合度可以接受。

表 4-20　游客环保行为量表验证性因子分析拟合指标

拟合指数	绝对拟合指数				增量拟合指数			
	CMIN	CMIN/DF	RMR	RMSEA	GFI	NFI	TLI	CFI
数值	139.125	2.358	0.031	0.032	0.984	0.991	0.993	0.995

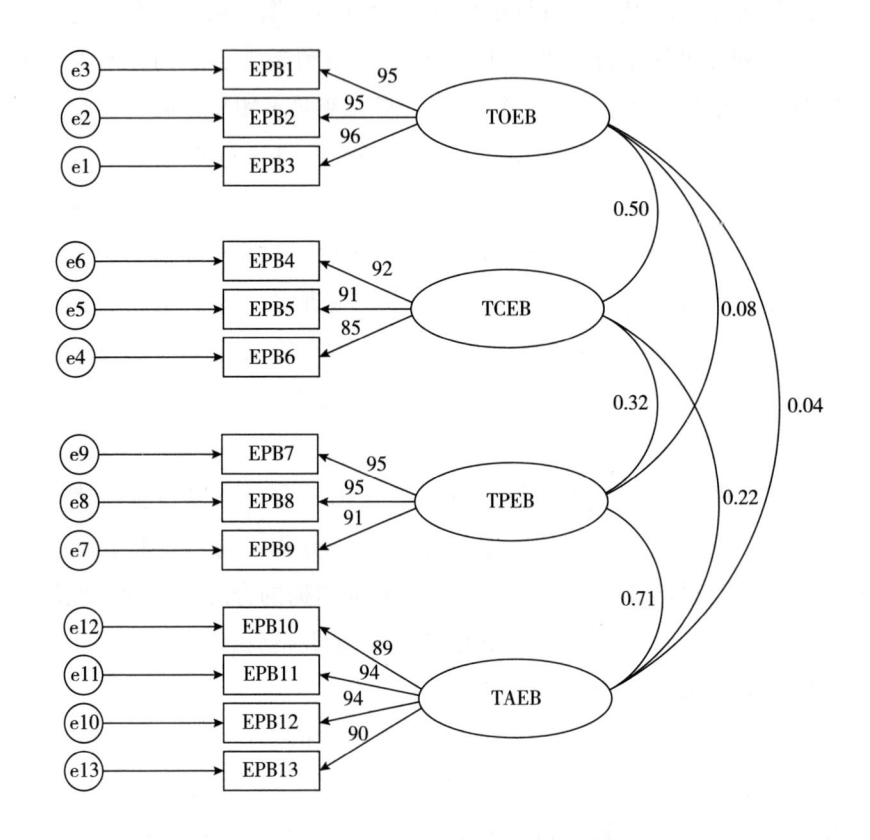

图 4-1　游客环保行为验证性因子分析路径

经过调整后的环境价值观的验证性因子分析结果如图 4-2 所示，判断指标如表 4-21 所示。各项指标值符合标准，模型拟合度可以接受。

表 4-21　　　　环境价值观量表验证性因子分析拟合指标

拟合指数	绝对拟合指数				增量拟合指数			
	CMIN	CMIN/DF	RMR	RMSEA	GFI	NFI	TLI	CFI
数值	143.385	3.585	0.018	0.045	0.98	0.98	0.98	0.985

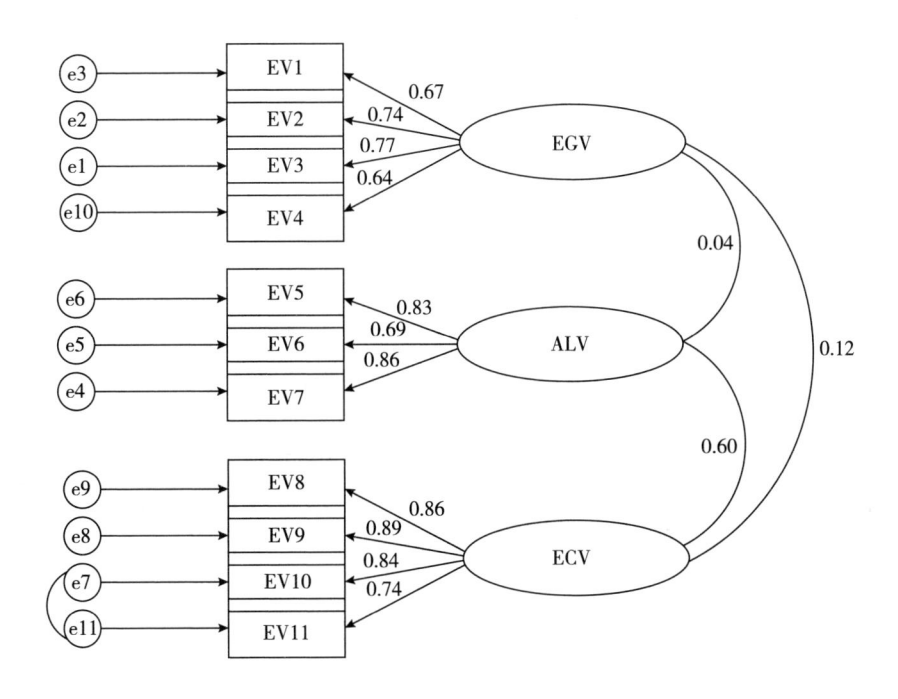

图 4-2　环境价值观验证性因子分析路径

环境知识的验证性因子分析的结果如图 4-3 所示，判断指标如表 4-22 所示。各项指标值符合标准，模型拟合度可以接受。

表 4-22　　　　环境知识量表验证性因子分析拟合指标

拟合指数	绝对拟合指数				增量拟合指数			
	CMIN	CMIN/DF	RMR	RMSEA	GFI	NFI	TLI	CFI
数值	26.689	3.336	0.017	0.043	0.993	0.997	0.996	0.998

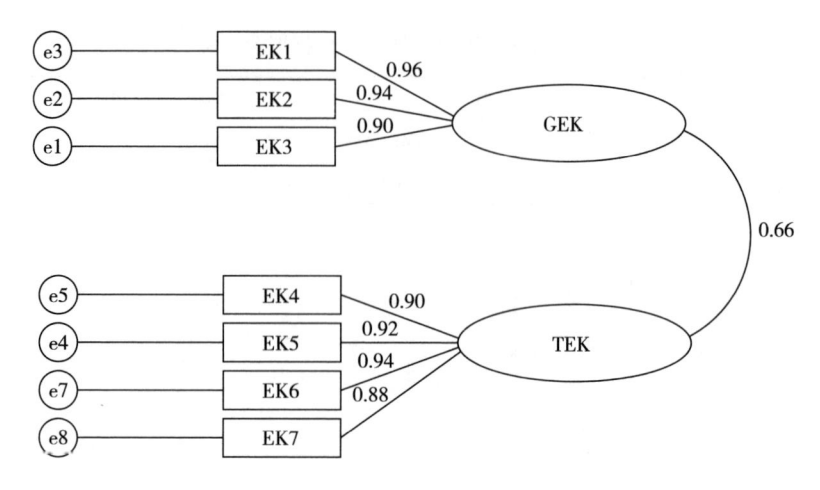

图 4-3　环境知识验证性因子分析路径

地方依恋的验证性因子分析的结果如图 4-4 所示，判断指标如表 4-23 所示。各项指标值符合标准，模型拟合度可以接受。

表 4-23　地方依恋量表验证性因子分析拟合指标

拟合指数	绝对拟合指数				增量拟合指数			
	CMIN	CMIN/DF	RMR	RMSEA	GFI	NFI	TLI	CFI
数值	101.392	5.964	0.025	0.077	0.97	0.979	0.971	0.983

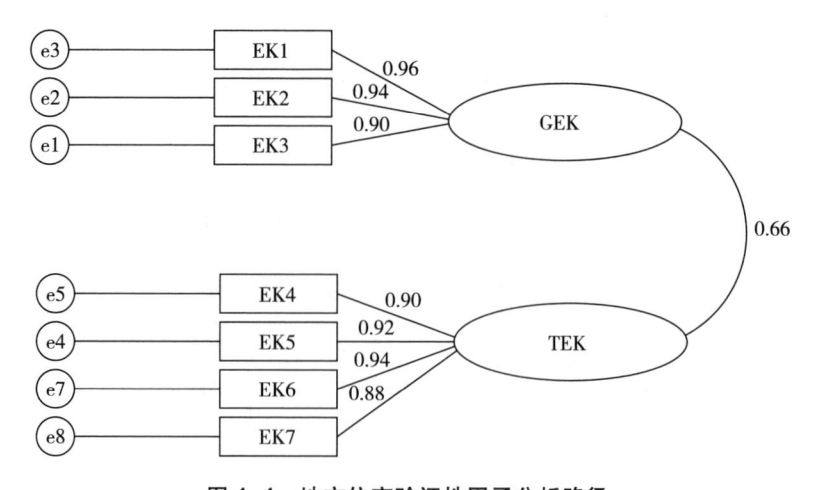

图 4-4　地方依恋验证性因子分析路径

第四节 本章小结

基于游客环保行为影响因素综合理论，结合文献研究、游客访谈和专家咨询，确定了游客环保行为影响因素变量的操作化定义，形成初始量表和问卷，并进行了小范围的预调研。对预调研回收的数据进行了初始量表的信度和效度检验，依据检验结果修正初始量表，形成正式量表。根据研究目标和研究对象，设计正式调研方案，开展纸质问卷调查和网络问卷调查。对回收数据进行了样本特征分析，对正式量表进行了正态分布检验、信度检验、效度检验，为后续多元统计分析和结构方程模型打下了基础。

第五章　游客环保行为作用机制实证分析

第一节　游客环保行为描述性统计分析与差异特征研究

一　游客环保行为及其影响因素的描述性统计

为了解和掌握游客环保行为及其影响因素的基本情况，本研究通过均值、标准差、频次和百分比等对变量进行了描述性统计分析。

（一）游客环保行为和游客环保行为意愿的描述性统计分析

游客环保行为、游客环保行为意愿共 5 个变量、17 个指标题项，各变量指标题项的描述性统计分析结果如表 5-1 所示。

表 5-1　游客环保行为和游客环保行为意愿描述性统计分析

变量		均值	标准差	劣质性（<3）	题项	均值	标准差
游客环保行为 TEB	TOEB	4.04	0.848	5.202%	TOEB1	4.085	0.0244
					TOEB2	4.074	0.0243
					TOEB3	3.968	0.0219
	TCEB	3.92	1.311	11.853%	TCEB1	3.996	0.0318
					TCEB2	3.869	0.0323
					TCEB3	3.891	0.0316
	TPEB	3.13	2.046	34.136%	TPEB1	3.064	0.0395
					TPEB2	3.106	0.0401
					TPEB3	3.207	0.0399

续表

变量		均值	标准差	劣质性 (<3)	题项	均值	标准差
游客环保行为 TEB	TAEB	3.00	1.748	35.928%	TAEB1	3.106	0.0366
					TAEB2	2.995	0.0366
					TAEB3	2.999	0.0370
					TAEB4	2.904	0.0370
游客环保行为意愿	TEBI	3.67	1.075	15.081%	TEBI1	3.736	0.0265
					TEBI2	3.744	0.0262
					TEBI3	3.640	0.0289
					TEBI4	3.699	0.0289

1. 游客环保行为的描述性统计分析

结果显示，4类游客环保行为的均值呈阶梯状递减，其中游客遵守环保行为（TOEB：4.04）得分均值最高，其次是游客消费环保行为（TCEB：3.92），然后是游客劝导环保行为（TPEB：3.13），游客呼吁环保行为（TAEB：3.00）得分最少，表明游客遵守环保行为实施情况较好，游客呼吁环保行为实施情况最差。总体均值为3.525，说明整体游客环保行为水平偏低。在四种行为中，劣质性比例最低的为游客呼吁和游客劝导环保行为偏低，说明更应该关注这两种行为。

由图5-1可知，游客遵守环保行为中，50%以上的游客会选择大多做到，大约20%的游客选择每次做到，大约10%的游客半数做到，选择从没做过和偶尔会做的游客虽然只占很少部分，但还是存在。"TOEB1：旅游时不随意丢弃垃圾，如塑料袋、饮料罐等"绝大多数的游客都能做到，其中大多数能做到占55.4%，每次做到占31%，半数做到占到8%，还有5.6%的游客从没做过或偶尔会做。"TOEB2：在景区不攀折花草、攀爬树木或捕捉、喂食小动物"，绝大多数游客会选择大多做到（56.8%）或每次做到（29.7%），半数做到占8%，偶尔会做占2%，从没做过占3.4%。"TOEB3：不在景区的树木、岩石或建筑物上涂写刻画"，68%的游客表示大多数情况下能做到，18.3%的游客每次都能做到，9.1%的游客表示可以半数做到，从没做过的占到3.3%，偶尔会做占到1.3%。

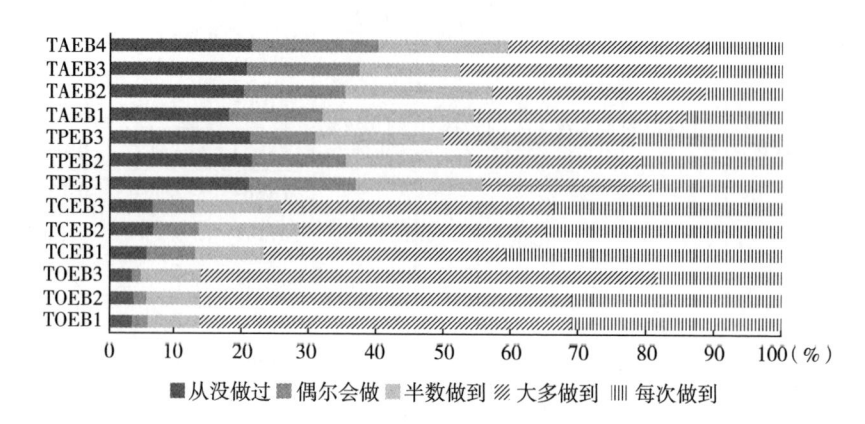

图 5-1 游客环保行为题项得分频度

游客消费环保行为实施情况相对较好，30%以上的游客会选择大多做到和每次做到，大约10%的游客半数做到。"HCEB1：在旅游当中为减少白色污染我尽量使用环保袋"的实施情况最好，"HCEB2：景区购买旅游纪念品和食品时要求简单包装"和"HCEB3：选择旅游目的地产的食物"相差不大。

游客劝导环保行为实施效果较差，三成以上的游客会选择从没做过和偶尔会做。"TPEB1：劝导他人不要乱丢垃圾""TPEB2：劝导他人不要攀爬树木或喂食小动物等"和"TPEB3：检举旅游中发现自然环境破坏事件"的选择相对均衡，相差不大。

游客呼吁环保行为的实施效果相对最差，近4成的游客会选择从没做过和偶尔会做。仅有44.7%的游客表示能大多和每次做到"TAEB1：捐款进行环境保护"此类游客环保行为；"TAEB2：参加环境保护知识的宣传活动"。仅有43%的游客表示能够大多和每次做到；37.1%的游客表示从没和偶尔会选择"TAEB3：加入环保志愿者队伍"此类游客环保行为；"TAEB4：公开表达支持环保的言论、主动向其他游客说明环保的重要性"的实施情况最差。40%的游客表示从没和偶尔会选择"TAEB4：公开表达支持环保的言论、主动向其他游客说明环保的重要性"。频度分析结果显示,绝大多数游客都会实施遵守环保行为和消费环保行为,但劝导环保行为和呼吁环保行为实施者少。

2. 游客环保行为意愿的描述性统计分析

如图5-2所示,游客环保行为意愿中,"TEBI2:愿意购买当地的食物"得分最高(3.744),其次是"TEBI1:愿意在景区捡拾垃圾并进行分类"(3.679),再次为"TEBI4:愿意参加环保志愿者队伍"(3.699),最末为"TEBI3:愿意劝导他人进行环保"(3.640)。

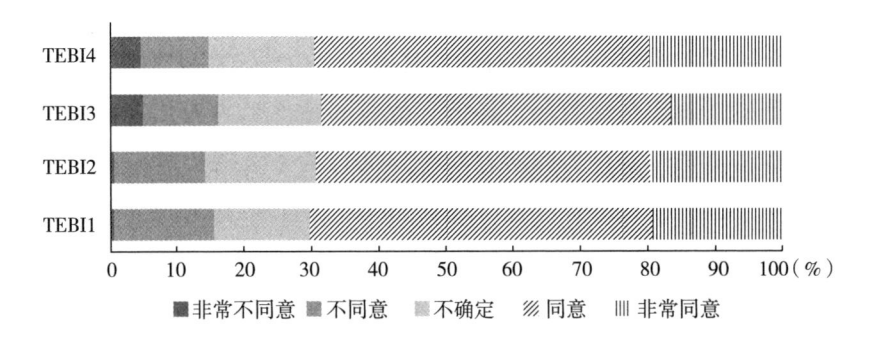

图 5-2 游客环保行为意愿得分频度

图5-2描述了游客环保行为意愿指标题项得分频度统计结果,可以看出,绝大多数的游客愿意实施环保行为,只有少数游客不愿意实施环保行为。两成左右的游客非常愿意实施环保行为,19.1%的游客表示非常愿意在景区捡拾垃圾并进行分类(TEBI1),19.6%的游客表示非常愿意购买当地的食物(TEBI2)和愿意参加环保志愿者队伍(TEBI4),16.4%的游客表示非常愿意劝导他人进行环保(TEBI3)。大约半数的游客都愿意实施环保行为,51.3%的游客表示愿意在景区捡拾垃圾并进行分类(TEBI1),49.9%的游客表示愿意购买当地的食物(TEBI2),52.2%的游客表示愿意劝导他人进行环保(TEBI3),50%的游客表示愿意参加环保志愿者队伍(TEBI4)。大约一成半的游客保持中立,14.1%的游客表示对在景区捡拾垃圾并进行分类(TEBI1)保持中立,16.4%的游客表示对购买当地的食物(TEBI2)持中立态度,15.4%的游客表示对劝导他人进行环保(TEBI3)持中立态度,15.8%的游客表示参加环保志愿者队

伍（TEBI4）。只有少量的游客表示非常不愿意实施环保行为：15%的游客表示不愿意在景区捡拾垃圾并进行分类（TEBI1），13.6%的游客表示不愿意购买当地的食物（TEBI2），11.2%的游客表示不愿意劝导他人进行环保（TEBI3），10.1%的游客表示不愿意参加环保志愿者队伍（TEBI4）。只有极少数的游客非常不愿意实施环保行为，其中0.5%的游客表示非常不愿意在景区捡拾垃圾并进行分类（TEBI1）和购买当地的食物（TEBI2），4.9%的游客表示非常不愿意劝导他人进行环保（TEBI3），10.1%的游客表示非常不愿意参加环保志愿者队伍（TEBI4）。

频度分析结果显示，大部分游客具有一定的游客环保行为意愿，对于不同类型的游客环保行为，游客环保行为意愿相差不大。相比较而言，在游客遵守环保行为和游客劝导环保行为上表现出的差异最为明显。其中，游客最愿意实施遵守环保行为，最不愿意实施劝导环保行为，在消费环保行为和呼吁环保行为上的差异不太明显。存在这种现象的原因，可能是游客出门在外，做好自己，能少一事不多一事，不愿意多管闲事的心理。

（二）态度因素的描述性统计分析

态度因素又包括一般环境知识、旅游环境知识、环境责任感、主观规范、态度5个变量，态度因素各变量的描述性统计分析结果如表5-2所示。

1. 环境价值观

由表5-2可知，利己型价值观（EGV）题项得分较低，为3.875，利他型价值观（ALV）居中，为4.227，生态型价值观（ECV）得分最高，为4.513。结合得分频度（图5-3），在涉及利己型价值观的题项中，只有70%左右的被调查认为个人的"EV1：权力""EV2：财富""EV3：社会地位""EV4：具有影响力"非常重要或重要。在利他型价值观的题项中，认为"EV5：社会公平"非常重要和重要的人数比例为89.4%，87%的游客认为"EV6：社会正义"是重要或非常重要的，77.1%左右的游客认为"EV7：他人利益"是重要或非常重要的，总体来看大部分游客表现出了较强的利他价值观。游客中认为"EV8：保护环境""EV9：防止污染""EV10：尊重地球""EV11：与自然界和谐相处"非常重要或重要的人数约有9成左右，游客表现出较强的生态型价值观。整体来看，大部分游客持有较强的利他型价值观和生态型价值观。

表5-2　　　　　　　　态度因素描述性统计分析结果

变量			均值	标准差	题项	均值	标准差
态度因素	环境价值观 Value	EGV	3.875	0.846	EV1	3.78	1.057
					EV2	4.003	0.93
					EV3	3.844	0.981
					EV4	3.875	0.952
		ALV	4.227	0.69	EV5	4.314	0.792
					EV6	3.999	0.816
					EV7	4.368	0.777
		ECV	4.513	0.641	EV8	4.488	0.716
					EV9	4.52	0.707
					EV10	4.511	0.703
					EV11	4.533	0.693
	环境知识	GEK	4.185	0.7	EK1	4.144	0.82
					EK2	4.259	0.768
					EK3	4.153	0.811
		TEK	3.863	0.799	EK4	3.897	0.911
					EK5	3.842	0.926
					EK6	3.905	0.922
					EK7	3.807	0.919
	环境责任感	ER	3.421	0.738	ER1	3.533	0.751
					ER2	3.206	0.933
					ER3	3.523	0.774
	环境敏感度	ES	4.096	0.653	ES1	4.073	0.78
					ES2	4.076	0.783
					ES3	4.188	0.768
					ES4	4.047	0.812

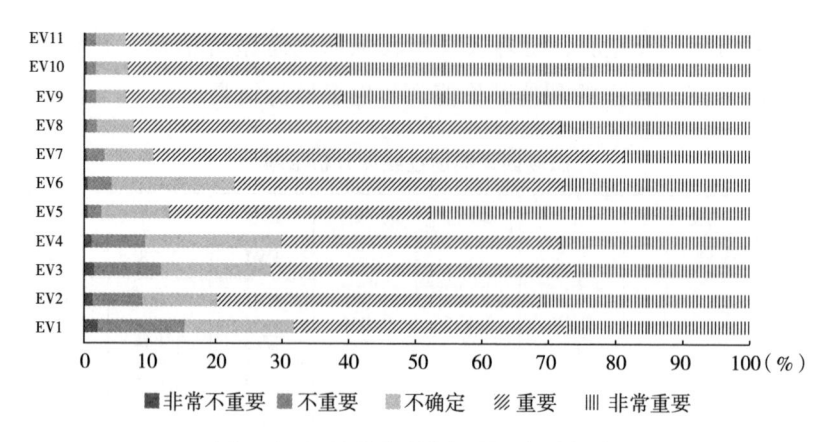

图 5-3　环境价值观指标题项得分频度

2. 环境知识

结合表 5-2 和图 5-4，可以看出，游客对一般环境知识的题项"EK1：世界环境日是 6 月 5 日""EK2：白色污染是指大量废弃的塑料及泡沫制品""EK3：垃圾分类是指垃圾可分为可回收垃圾和不可回收垃圾"的得分比较高，非常了解和了解的占比超过 80%；而选择旅游环境知识的题项"EK4：景区生态环境每日能容纳的旅游人数有限""EK5：旅游消费垃圾是造成景区环境问题的主要原因""EK6：旅游业过度发展对环境产生负面影响""EK7：为保护环境，应考虑放慢旅游发展速度"则只有 6 成左右的人，25% 左右的游客选择不确定。整体来看，游客对环保知识尤其是旅游环境知识的掌握还不全面，仍需进一步加强环保宣传教育工作。

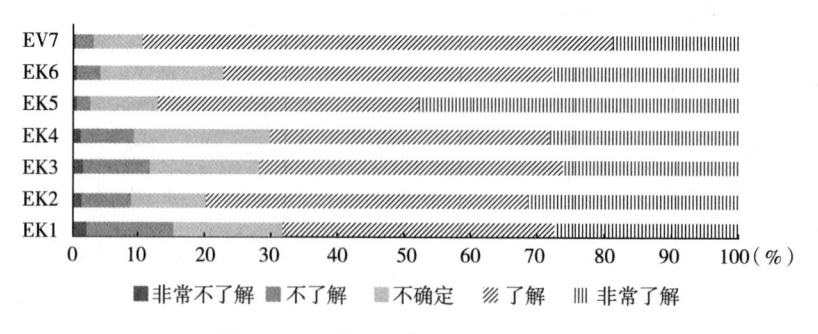

图 5-4　环境知识指标题项得分频度

3. 环境责任感

结合表 5-2 和图 5-5 可以看出，45%以上的游客表示同意"旅行中游客应担负起保护环境责任（ER1）"和"那些对我重要的人都会希望我采取行动保护景区的环境（ER2）"。只有 30%的游客选择同意"我愿意为了环保牺牲个人利益（ER2）"；50%左右的游客都选择了不确定；对题项"旅行中游客应担负起保护环境责任（ER1）"和"作为社会的一员，我们有责任保护身边的环境（ER3）"，5%以下的游客选择不同意或者非常不同意，而题项"我愿意为了环保牺牲个人利益（ER2）"则超过有 20%的游客选择不同意或者非常不同意。整体来看，国民对环境责任感的认同度不够高，尤其对牺牲自己利益更是表示反对。

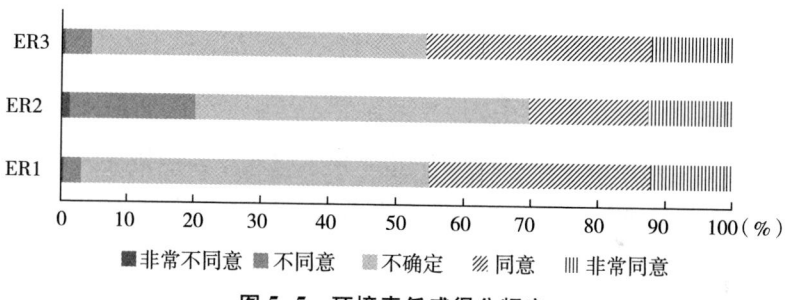

图 5-5 环境责任感得分频度

4. 环境敏感度

结合表 5-2 和图 5-6 可以看出，80%左右的游客选择非常同意或同意"我经常关注环境问题：ES1""我非常担忧旅游所带来的环境问题：ES2""我经常关注新闻媒体上关于环境问题的报道或者环保新闻：ES3"。整体来看，游客对环境问题关注度相对较高。

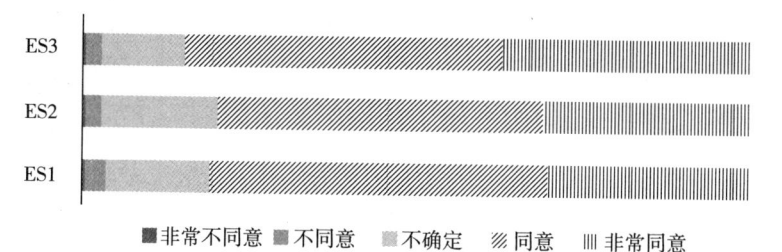

图 5-6 环境敏感度得分频度

(十三) 社会因素

社会因素包括群体一致性、社会规范、榜样效应、自我概念4个变量，社会因素各变量的描述性统计分析结果如表5-3所示。

1. 群体一致性的描述性统计分析

对"群体一致性"的题项，71.7%的游客表示同意"自己会去同事或朋友介绍的景区旅游：GC1"，69.1%的游客表示同意"如果我周围的很多熟人都参与环保活动的话，我才会参与：GC2"，58.2%的游客表示同意"如果同行的旅游者积极保护景区环境，我也会这么做：GC3"。整体来看，亲朋好友、同行者对游客的影响很大，游客普遍存在群体一致性。

2. 社会规范

结合表5-3和图5-8，可以看出，游客在"社会规范"的题项"大多数朋友和同事都认为应当参与旅游环保：ESN1""大多数家人和亲戚都认为应当参与旅游环保：ESN2"和"经常接受来自网络社区成员的旅游环保建议：ESN3"，得分均较低，为3.769。其中，超过60%的游客表示相关群体认为应当参与旅游环保，接受环保建议。但是也有34%的游客选择不确定或不同意参与旅游环保，38%的游客表示不会接受环保建议。总体来看，亲朋好友的影响很大，网络的力量也不容小觑。

表5-3　　　　　　　社会因素描述性统计分析结果

变量			均值	标准差	题项	均值	标准差
社会因素	群体一致性	GC	3.873	0.858	GC1	3.965	0.918
					GC2	3.801	0.992
					GC3	4.016	0.948
	社会规范	ESN	3.769	0.957	ESN1	3.79	0.995
					ESN2	3.8	0.997
					ESN3	3.718	1.021
	榜样效应	ME	3.795	0.856	ME1	3.776	0.883
					ME2	3.824	0.895
					ME3	3.786	0.935

续表

变量			均值	标准差	题项	均值	标准差
社会因素	自我概念	SC	3.976	0.904	SC1	3.983	0.947
					SC2	3.936	0.925
					SC3	4.008	0.945

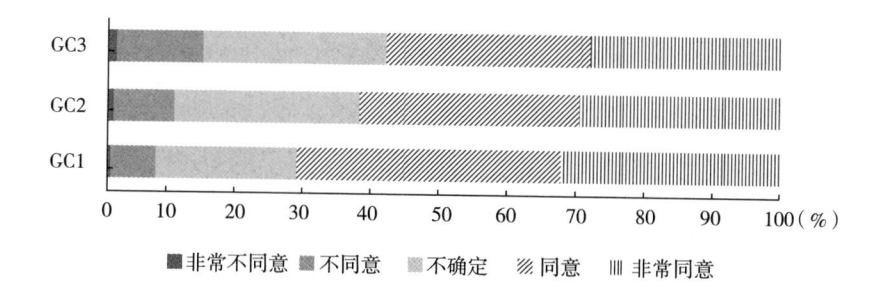

图 5-7 群体一致性得分频度

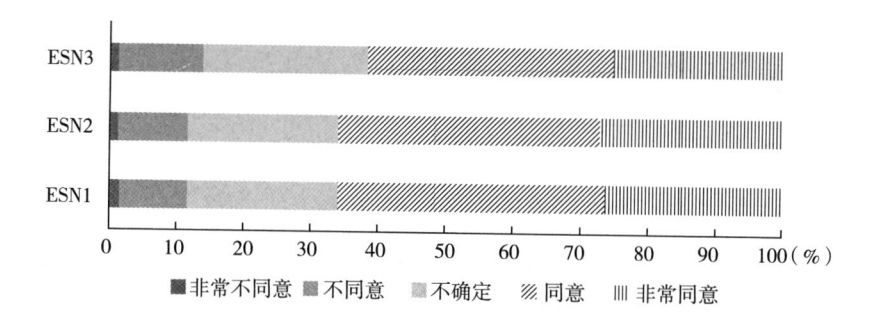

图 5-8 社会规范得分频度

3. 榜样效应

结合表 5-3 和图 5-9，可以看出，游客在"榜样效应"的指标题项"ME1：如果我喜欢的明星喜欢旅游环保，我也会去做"上，有 70.6%的游客表示同意或非常同意。对"ME2：如果政府官员带头进行旅游环保，我也会去践行"，也有 72%的游客表示同意或非常同意，17.8%的游客表示不确定，10.2%的游客不同意该题项描述的内容。在

"ME3：如果权威人士呼吁旅游环保，我愿意去做"上，69.4%的游客表示同意，19.1%的游客表示不确定，11.5%的游客不同意。整体来看，大部分游客收到榜样效应的影响，明星和政府官员的影响很大，但也不能忽视相关专业的权威人士的榜样影响。

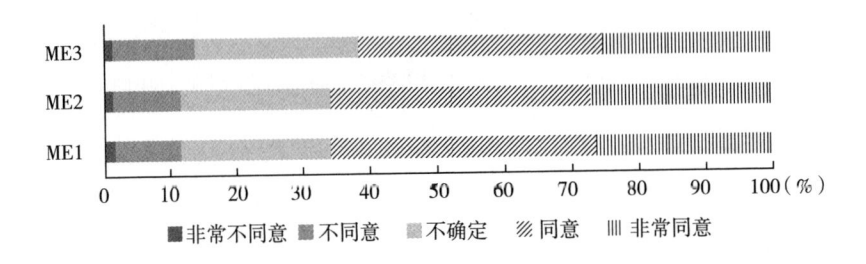

图 5-9 榜样效应得分频度

4. 自我概念

结合表5-3和图5-10可以看出，游客在"自我概念"指标题项"SC1：在景区随手扔垃圾等不环保的行为让我感觉不舒服"上，有71.8%的游客表示同意或非常同意，20.3%的游客表示不确定，只有7.9%的游客表示不同意。在指标题项"SC2：在景区环保符合我的原则"上，有71.1%的游客表示同意该题项描述的内容。72.1%的游客表示同意"SC3：我不能接受在景区随手扔垃圾等不环保的行为"。整体看，大部分游客注重环保，并将环保作为自己的原则来执行。

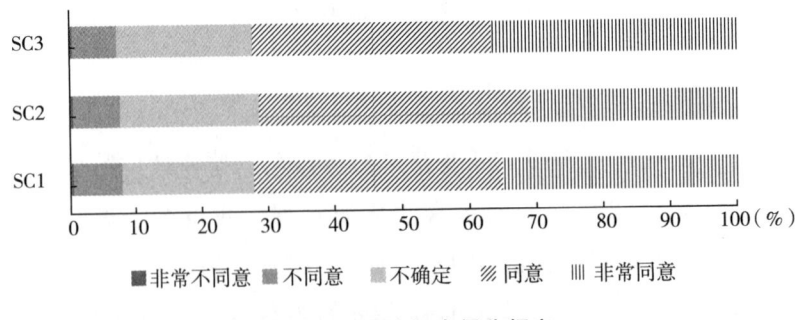

图 5-10 自我概念得分频度

（四）情感因素-地方依恋

地方依恋又分为地方认同和地方依赖两个维度，描述性统计分析结果如表 5-4 所示。

表 5-4　　　　　　　　情感因素描述性统计分析结果

变量		均值	标准差	题项	均值	标准差
情感因素	地方依恋 PD	3.554	1.094	PA1	3.503	1.173
				PA2	3.481	1.162
				PA3	3.567	1.150
				PA4	3.665	1.143
	地方依恋 PI	3.740	0.976	PA5	3.717	1.044
				PA6	3.58	1.099
				PA7	3.802	1.034
				PA8	3.863	1.019

1. 地方依赖的描述性统计分析

结合表 5-4 和图 5-12，可以看出，游客在"地方依赖"（3.554）的得分低于"地方认同"（3.74）。其中，在指标题项"PA1：相比本景区，我没有发现其他景区能更好地满足我的需求"上，有 48.1% 的游客表示同意或非常同意，28.34% 的游客表示不确定，只有 23.53% 的游客表示不同意或非常不同意。在指标题项"PA2：本景区提供的配套设施是其他景区难以比拟的"上，也有 47.05% 的游客表示同意，29.97% 的游客表示不确定，22.98% 的游客不同意该题项描述的内容。在指标题项"PA3：相比其他景区，我更喜欢在本景区游览"上，51.56% 的游客表示同意，19.2% 的游客表示不同意。在指标题项"PA4：本景区旅游体闲最为享受"上，有 57.69% 的游客表示同意或非常同意，23.14% 的游客表示不确定，只有 19.18% 的游客表示不同意或非常不同意。

2. 地方认同的描述性统计分析

在指标题项"PA5：我非常认同本景区所塑造的旅游形象"上，也有 62.58% 的游客表示同意，22.05% 的游客表示不确定，15.38% 的游客不同意该题项描述的内容。在指标题项"PA6：来本景区旅游是我生活的一部分"上，54.81%的游客表示同意，20.27%的游客表示不同意。在指标题项"PA7：来本景区旅游能给我的生活增添意义"上，有68.17%的游客表示同意或非常同意，17.78%的游客表示不确定，只有14.06%的游客表示不同意或非常不同意。在指标题项"PA8：本景区对我来说充满了美好的回忆"上，也有69.88%的游客表示同意，18.01%的游客表示不确定，12.12%的游客不同意该题项描述的内容。

整体来看，大部分游客的地方依赖和地方认同感很强，对景区有很强的情感性，部分游客不注意对景区的情感性不足，这也为环保措施提出了"提升游客对当地情感性"的要求。

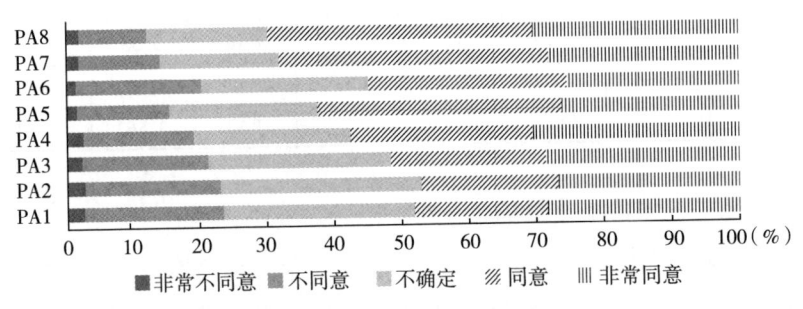

图 5-11 地方依恋得分频度

（五）习惯因素

习惯因素包括节俭观念和舒适需求2个变量，8个题项，描述性统计分析结果如表5-5所示。

表 5-5　　　　　　习惯变量描述性统计分析结果

变量			均值	标准差	题项	均值	标准差
习惯因素	节俭观念	FI	3.352	1.034	FI1	3.611	1.107
					FI2	3.312	1.19
					FI3	3.223	1.199
					FI4	3.262	1.205
	舒适需求	CR	3.164	1.092	CR1	3.244	1.18
					CR2	3.19	1.221
					CR3	2.937	1.303
					CR4	3.286	1.196

1. 节俭观念

结合表 5-5 和图 5-12，可以看出，游客在"节俭观念"得分均值偏 3.352，其中，指标题项"FI1：我认为不论有钱没钱，生活都要节俭"，有 61.7% 的游客表示同意或非常同意，20% 的游客表示不确定，有 18.3% 的游客表示不同意。指标题项"FI2：我认为应该物尽其用，除非物品无法使用，否则不应随意丢掉或搁置"，有 50.9% 的游客表示同意，18.6% 的游客表示不确定，30.4% 的游客表示不同意。指标题项"FI3：我认为实用比流行更重要"，43.5% 的游客表示同意，21.2% 的游客表示不同意。在指标题项"FI4：我会在自己能承受的范围内花销"上，43.5% 的游客表示同意，29.8% 的游客表示不同意。整体看，大部分游客有节俭的习惯。

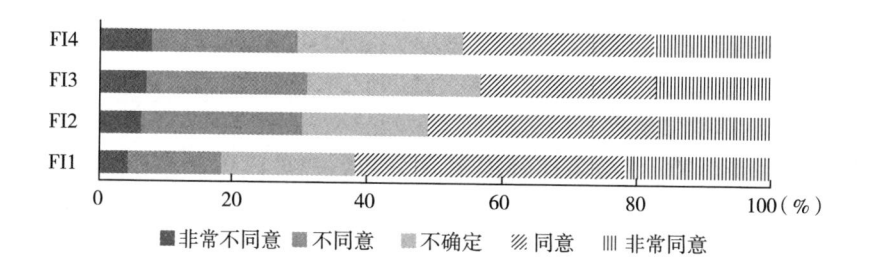

图 5-12 节俭观念得分频度

2. 舒适需求

结合表 5-5 和图 5-13，可以看出，游客在"舒适需求"得分较低，为 3.164，其中，在指标题项"CR1：我很注重舒适性"上，有 47.2% 的游客表示同意或非常同意，23.3% 的游客表示不确定，只有 29.5% 的游客表示不同意或非常不同意。在指标题项"CR2：我很注重方便性"上，有 45.3% 的游客表示同意，20.8% 的游客表示不确定，33.9% 的游客不同意该题项描述的内容。在指标题项"CR3：我喜欢清洁舒适的环境"上，40.5% 的游客表示同意，45.2% 的游客表示不同意。在指标题项"CR4：为了舒服我可以花更多的钱"上，49.9% 的游客表示同意，29.5%的游客表示不同意。整体看，半数游客比较注重旅游的舒适性，不注意环保，但也有部分被调查既注重旅游舒适性也注意旅游环保，这也为环保措施提出了"既要提升旅游质量又要旅游环保"的要求。

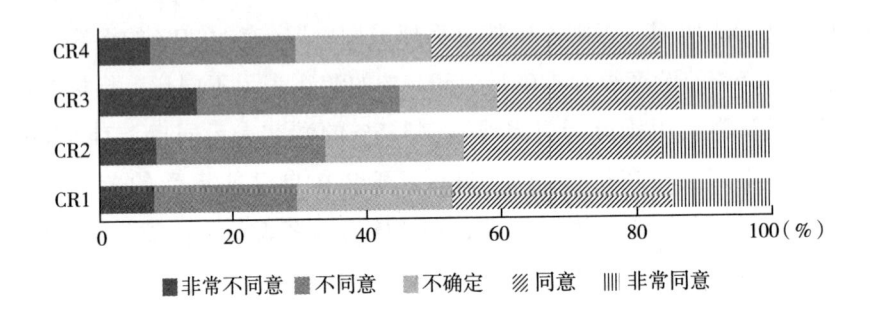

图 5-13　舒适需求得分频度

（六）促进性条件

促进性条件包括政策法规因素（分为惩罚性政策和鼓励性政策）、信息干预、景区环境质量、便利条件共 5 个变量、21 个题项，描述性统计分析结果如表 5-6 所示。

1. 政策法规

结合表 5-6 和图 5-14，可以看出，政策法规（PR）的选项中，鼓励性政策（EP：3.378）的得分略高于惩罚性政策（PP：3.368），说明游客对鼓励性政策的认可程度要高于惩罚性政策。惩罚性政策得分在 3.179 至 3.672 之间，鼓励性政策得分在 3.315 至 3.415 之间。从得分频度来看，"政府的强制性规定，对促进环保的效果会更好"（PR3）得分最高，66.1%的游客表示同意或非常同意；对于"为了避免上旅游黑名单，我不得不采取一些环保措施"（PR1）、"为了避免景区的罚款，我不得不采取一些环保措施"（PR2），有 48.4%和 51.4%的游客表示同意，分别有 37.1%和 35%的游客表示不同意；但对于"政府的鼓励性规定，对促进环保的效果会更好"（PR4），51.7%的游客表示同意，

27%的游客表示不同意;而对"如果开展"环保卫士"等类似活动,我愿意尽一份力"(PR5)和"如果实行垃圾兑换门票制度,我会主动捡拾垃圾,并进行分类"(PR6)这两种鼓励性政策则有52.9%和46.1%的游客同意,26.5%和29.2%的游客表示不同意。整体来看,鼓励性政策比惩罚性政策更能得到大家认可,但是由于目前的游客环保政策是以惩罚性为主,例如黑名单制度,鼓励性政策还不多,所以,游客对鼓励性政策的渴望相对较高,但又清醒地认识到惩罚性政策的威力。

表 5-6　　　　促进性条件描述性统计分析结果

变量			均值	标准差	题项	均值	标准差
政策法规	惩罚性政策	PP	3.367	1.065	PR1	3.179	1.250
					PR2	3.251	1.270
					PR3	3.672	1.127
	鼓励性政策	EP	3.378	1.073	PR4	3.403	1.148
					PR5	3.415	1.133
					PR6	3.315	1.151
信息干预		II	3.536	1.078	II1	3.613	1.190
					II2	3.547	1.152
					II3	3.447	1.194
便利条件		CD	3.612	0.890	CD1	3.608	1.176
					CD2	3.540	1.188
					CD3	3.586	1.190
					CD4	3.639	1.154
					CD5	3.616	1.154
景区环境质量		EQ	3.590	1.131	EQ1	3.646	1.163
					EQ2	3.558	1.176
					EQ3	3.565	1.171

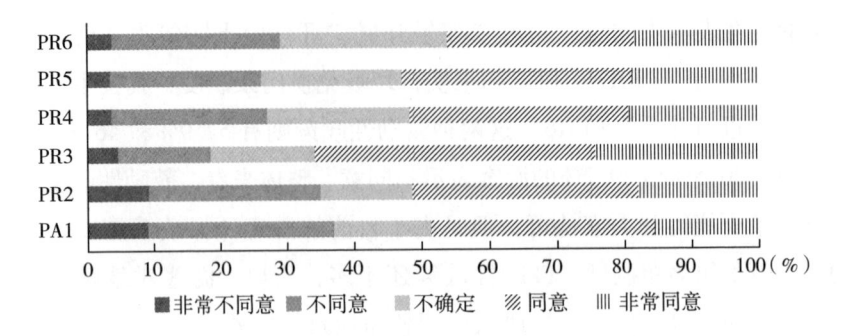

132 / 游客环保行为影响机理及引导政策研究

图 5-14 政策法规因素得分频度

2. 信息干预

结合表 5-6 和图 5-15，可以看出，信息干预（II）指标题项得分均值较低，平均为 3.536。从得分频度来看，60%左右的游客对"旅游环保行为宣传教育是十分必要的"（II1）、"知道如何进行环保，对我是否采取环保行为很重要"（II2）和"好的宣传活动，会促使我保护景区环境"（II3）表示同意，15%左右的游客表示不确定，有近 25%的游客表示不同意。说明大多数游客还是认可宣传教育的作用和效果。

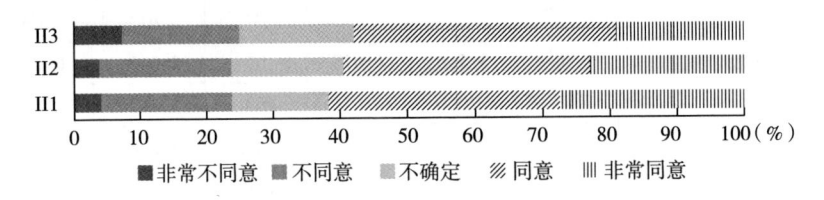

图 5-15 信息干预指标题项得分频度

3. 便利条件的描述性统计分析

结合表 5-6 和图 5-16，可以看出，便利条件（CD）指标题项得分均值较低，平均为 3.612。对于题项"CD1：垃圾分类很方便时，我会把垃圾分类""CD2：如果设置障碍性设施，我就不会攀折花草树木或捕捉、喂食小动物""CD3：如果设置警示标识标志，我就不会在景区乱涂乱画""CD4：如果购买环保袋便利，我会选择它""CD5：如果购买旅游地特色食品便利，我会选择它"，60%左右的游客表示同意，20%左右表示不确定，20%左右表示不同意。总体来看，多数游客认可便利条件在旅游环保中的重要作用，但也有相当一部分游客不认同。

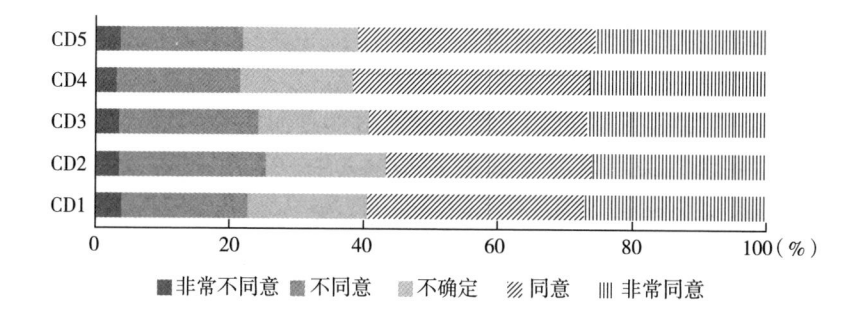

图 5-16　便利条件得分频度

4. 景区环境质量

结合表 5-6 和图 5-17，可以看出，景区环境质量的指标题项得分较低，平均为 3.59。对于题项"EQ1：本景区环境质量状况良好"，62.1%的游客表示同意，只有 21.6%表示不同意。对于"EQ2：本景区干净整洁，没有乱扔垃圾现象"，56%的游客表示同意，23.2%表示不同意。对于"EQ3：景区所在地没有环境污染"，54.9%的游客表示同意，22.3%的游客表示不同意。总体来看，景区环境质量作为主要旅游吸引物之一，游客对其认同度则明显偏低，对景区来说，景区环境质量的改善将是未来环保工作的重点之一。

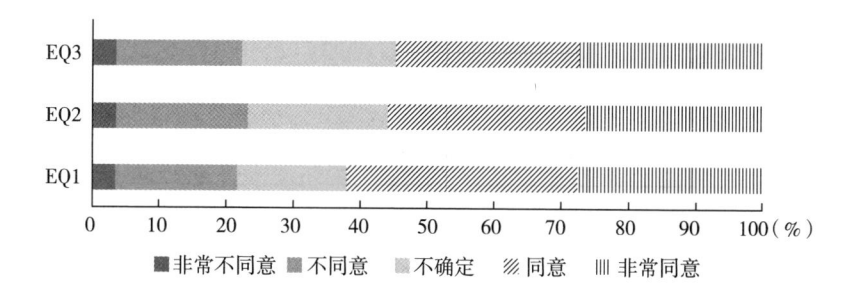

图 5-17　景区环境质量得分频度

二 游客环保行为差异特征

结合单因素方差检验和均值比较,探讨游客环保行为在个人传记特征和游客出游特征上的具体差异。

(一) 性别

由表 5-7 和表 5-8 可知,性别因素对四种游客环保行为的影响均不显著。也就是说,男女在环保行为的表现差距不明显,与 Hunter (2004)、Dolnicar 和 Leisch (2008)、李茂林和刘春莲 (2015)、李秋成 (2015)、余及斌 (2015)、朱梅 (2016) 等学者的研究结果一致。这也说明性别在环保行为方面的不稳定性。

表 5-7　　　　　游客环保行为的性别单因素方差分析结果

		平方和	df	均方	F	显著性
TOEB	组间	0.864	1	0.864	1.354	0.245
	组内	820.371	1286	0.638		
	总数	821.235	1287			
TCEB	组间	0.033	1	0.033	0.018	0.894
	组内	2395.369	1286	1.863		
	总数	2395.402	1287			
TPEB	组间	0.981	1	0.981	0.863	0.353
	组内	1461.625	1286	1.137		
	总数	1462.606	1287			
TAEB	组间	2.312	1	2.312	1.615	0.204
	组内	1841.312	1286	1.432		
	总数	1843.624	1287			

表 5-8　　　　　游客环保行为的性别组间均值比较

分组依据	均值			
	TOEB	TCEB	TPEB	TAEB
男性	4.074	3.886	3.132	2.953
女性	4.020	3.942	3.121	3.037

(二) 年龄

单因素方差分析结果（见表 5-9）可以看出，年龄对游客遵守环保行为、游客消费环保行为以及游客劝导环保行为有显著效应，但对游客呼吁环保行为无显著影响。均值比较（见表 5-9）可以看出年长的群体更加关注环保，游客遵守环保行为、游客消费环保行为以及游客劝导环保行为这三类游客环保行为的实施频度最高，其他年龄段游客环保行为实施状况的差异不明显。这与 Reich 和 Robertson（1979）、贾衍菊和林德荣（2015）、夏凌云等（2016）、朱梅（2016）等学者的研究一致。可以解释为，年长的游客，阅历丰富，有一定的知识积累，更为关注旅游可持续发展的相关信息，并且有更多的时间和精力参与旅游环保活动。

表 5-9　　游客环保行为的年龄单因素方差分析结果

		平方和	df	均方	F	显著性
TOEB	组间	11.869	6.000	1.978	2.769	0.011
	组内	915.061	1281.000	0.714		
	总数	926.930	1287.000			
TCEB	组间	19.835	6.000	3.306	2.935	0.008
	组内	1442.771	1281.000	1.126		
	总数	1462.606	1287.000			
TPEB	组间	38.394	6.000	6.399	3.478	0.002
	组内	2357.008	1281.000	1.840		
	总数	2395.402	1287.000			
TAEB	组间	10.033	6.000	1.672	1.166	0.322
	组内	1836.589	1281.000	1.434		
	总数	1846.622	1287.000			

表 5-10　　游客环保行为的年龄组间均值比较

分组依据	均值			
	TOEB	TCEB	TPEB	TAEB
18 岁以下	3.851	3.943	2.811	2.877
18-30 岁	4.155	3.850	3.037	2.959

续表

分组依据	均值			
	TOEB	TCEB	TPEB	TAEB
31~45 岁	3.992	3.775	3.110	2.990
46~55 岁	4.084	3.972	3.312	3.032
55 岁以上	4.044	4.097	3.397	3.068

(三) 受教育水平

单因素方差分析结果（见表5-11）可知，受教育水平对游客遵守环保行为和游客劝导环保行为有显著性影响，而对游客消费环保行为和呼吁环保行为无显著效应。均值比较（见表5-12）可以看出高学历群体更加关注环保，游客劝导环保行为的差距最明显、游客遵守环保行为的实施频度最高。这与 Buttel 和 Flinn，1976；Arcury 等，1986；李茂林和刘春莲，2015[1]；Meyer，2015；贾衍菊和林德荣，2015；刘利等，2016；陈奕霏，2017；Casaló 和 Escario，2018 等人研究结果一致。受教育程度越高，对环境和可持续发展的知识了解越多，认识到环境破坏的危害，因此，会更加注意环保。

表 5-11　游客环保行为的受教育水平的单因素方差分析结果

		平方和	df	均方	F	显著性
TOEB	组间	24.502	4.000	6.126	8.709	0.000
	组内	902.428	1283.000	0.703		
	总数	926.930	1287.000			
TCEB	组间	9.506	4.000	2.377	2.098	0.079
	组内	1453.099	1283.000	1.133		
	总数	1462.606	1287.000			
TPEB	组间	22.783	4.000	5.696	3.080	0.015
	组内	2372.619	1283.000	1.849		
	总数	2395.402	1287.000			

续表

		平方和	df	均方	F	显著性
TAEB	组间	4.900	4.000	1.225	0.853	0.491
	组内	1841.721	1283.000	1.435		
	总数	1846.622	1287.000			

表5-12　游客环保行为的受教育水平组间均值比较

分组依据	均值			
	TOEB	TCEB	TPEB	TAEB
初中及以下	3.827	3.800	2.848	2.976
高中或中专	3.990	3.950	3.000	2.999
大专	3.883	3.795	3.111	3.002
本科	4.175	3.987	3.182	2.961
硕士及以上	4.143	3.982	3.360	3.164

（四）职业类型

单因素方差分析结果（见表5-13）可知，职业类型对游客遵守环保行为和游客消费环保行为的影响显著，而对游客劝导环保行为和游客呼吁环保行为的影响不显著。

表5-13　游客环保行为的职业类型单因素方差分析结果

		平方和	df	均方	F	显著性
TOEB	组间	12.066	9.000	1.341	1.873	0.052
	组内	914.865	1278.000	0.716		
	总数	926.930	1287.000			
TCEB	组间	28.654	9.000	3.184	2.838	0.003
	组内	1433.951	1278.000	1.122		
	总数	1462.606	1287.000			
TPEB	组间	11.483	9.000	1.276	0.684	0.724
	组内	2383.919	1278.000	1.865		
	总数	2395.402	1287.000			

续表

		平方和	df	均方	F	显著性
TAEB	组间	16.487	9.000	1.832	1.279	0.243
	组内	1830.134	1278.000	1.432		
	总数	1846.622	1287.000			

均值比较（见表 5-14）可以看出企业人员、公务员或事业单位、离退休人员实施遵守环保行为的频度较高，公务员或事业单位、企业人员、离退休人员实施游客消费环保行为的频度较高，农民和学生的环保行为频度普遍偏低。与 Poortinga 等（2016）、Noda 等（2004）、罗芬（2008）等学者的研究一致，社会地位越高的群体，环保意识越强，实施环保行为概率越大。

表 5-14　　游客环保行为在职业类型组间均值比较

分组依据	均值			
	TOEB	TCEB	TPEB	TAEB
农民	3.813	3.243	3.014	2.979
公务员或事业单位	4.097	4.066	3.280	3.112
学生	3.992	3.943	3.015	2.947
企业人员	4.149	3.914	3.130	2.957
私营业主	3.883	3.961	3.139	2.877
离退休人员	4.014	3.949	3.269	3.226
其他人员	3.938	3.880	3.160	3.263

（五）年收入

从单因素方差分析（见表 5-15）结果可以看出，年收入对游客呼吁环保行为有显著效应，而对游客遵守环保行为、游客消费环保行为和游客劝导环保行为无显著影响。通过进一步的均值比较（见表 5-16），可以看出年收入 1 万—3 万元收入阶层的人实施呼吁环保行为的频度最高，其次是 3 万—5 万元和 1 万元以下。相比较而言，低收入阶层的人呼吁环保行为反而比高收入阶层的人实施的更好。与 Dunlap 和 York（2008）的研究一致，相对于高收入群体，低收入者承担了更多的因生态环境破坏而造成的后果，因此他们对于环保问题更为敏感。

表 5-15　　游客环保行为在年收入单因素方差分析结果

		平方和	df	均方	F	显著性
TOEB	组间	2.063	6.000	0.344	0.476	0.826
	组内	924.867	1281.000	0.722		
	总数	926.930	1287.000			
TCEB	组间	13.883	6.000	2.314	2.046	0.057
	组内	1448.722	1281.000	1.131		
	总数	1462.606	1287.000			
TPEB	组间	17.733	6.000	2.955	1.592	0.146
	组内	2377.669	1281.000	1.856		
	总数	2395.402	1287.000			
TAEB	组间	34.041	6.000	5.673	4.010	0.001
	组内	1812.581	1281.000	1.415		
	总数	1846.622	1287.000			

表 5-16　　游客环保行为在年收入组间均值比较

分组依据	均值			
	TOEB	TCEB	TPEB	TAEB
1 万元以下	4.008	3.845	3.009	3.028
1-3 万元	3.993	3.828	3.147	3.208
3-5 万元	4.053	3.872	3.231	3.129
5-10 万元	4.095	4.052	3.152	2.834
10-20 万元	4.081	4.112	3.228	2.642
20 万元以上	4.167	4.000	2.389	2.771

（六）游客类型

从单因素方差分析结果（见表 5-17）可知，游客类型对遵守环保行为、劝导环保行为和游客呼吁环保行为均无显著效应，对游客消费环保行为效应显著，即游客消费环保行为对不同的游客类型的总体均值有显著差异。通过进一步均值比较（见表5-18），可以得出省外游客的消费环保行为实施的最好，其次是省内游客，当地居民最差。原因可能是由于距离越远，游客基本消费的可替代性差，必须在旅游地消费，且同样由于距离远，带太多东西不方便，会尽量少买带走的纪念品等。

表5-17　　游客环保行为在游客类型单因素方差分析结果

		平方和	df	均方	F	显著性
TOEB	组间	4.042	3.000	1.347	1.874	0.132
	组内	922.888	1284.000	0.719		
	总数	926.930	1287.000			
TCEB	组间	11.813	3.000	3.938	3.485	0.015
	组内	1450.793	1284.000	1.130		
	总数	1462.606	1287.000			
TPEB	组间	3.431	3.000	1.144	0.614	0.606
	组内	2391.971	1284.000	1.863		
	总数	2395.402	1287.000			
TAEB	组间	1.736	3.000	0.579	0.403	0.751
	组内	1844.886	1284.000	1.437		
	总数	1846.622	1287.000			

表5-18　　组间均值比较

分组依据	均值			
	TOEB	TCEB	TPEB	TAEB
本地居民	3.958	3.788	3.055	3.051
省或市（直辖市）内游客	4.032	3.875	3.18	3.01
省或市（直辖市）外游客	4.096	4.021	3.116	2.966

（七）景区游览次数

从单因素方差分析（见表5-19）结果看，游客劝导环保行为和游客呼吁环保行为在景区游览次数的总体均值有显著差异，在游客遵守环保行为、消费环保行为上不显著。均值比较（见表5-20）发现，景区游览次数越多的游客，越注重游客环保行为的实施。这与前文所述林明水等（2014）的研究结果相同，可能是游览次数越多，对旅游地的情感越深，会更加注意环保行为的实施，且看不得别人破坏环境，会出言制止，甚至也会参加活动来呼吁别人保护环境。

表5-19 游客环保行为在景区游览次数的单因素方差分析结果

		平方和	df	均方	F	显著性
TOEB	组间	1.291	3.000	0.430	0.597	0.617
	组内	925.639	1284.000	0.721		
	总数	926.930	1287.000			
TCEB	组间	3.323	3.000	1.108	0.975	0.404
	组内	1459.283	1284.000	1.137		
	总数	1462.606	1287.000			
TPEB	组间	13.355	3.000	4.452	2.400	0.066
	组内	2382.047	1284.000	1.855		
	总数	2395.402	1287.000			
TAEB	组间	16.369	3.000	5.456	3.828	0.010
	组内	1830.253	1284.000	1.425		
	总数	1846.622	1287.000			

表5-20 游客环保行为在景区游览次数的组间均值比较

分组依据	均值			
	TOEB	TCEB	TPEB	TAEB
1次	4.065	3.932	2.954	2.728
2次	4.036	3.822	2.978	2.931
3次	4.043	3.990	3.153	2.983
4次以上	3.977	3.943	3.2	3.086

（八）旅游方式

从旅游方式的单因素方差分析（见表 5-21）可以看出，旅游方式对游客遵守环保行为、消费环保行为、游客劝导环保行为无显著效应，对游客呼吁环保行为有显著效应。

表 5-21　游客环保行为在景区游览方式的单因素方差分析结果

		平方和	df	均方	F	显著性
TOEB	组间	3.743	4	0.936	1.468	0.209
	组内	817.493	1283	0.637		
	总数	821.235	1287			
TCEB	组间	6.407	4	1.602	0.860	0.487
	组内	2388.995	1283	1.862		
	总数	2395.402	1287			
TPEB	组间	2.316	4	0.579	0.509	0.729
	组内	1460.290	1283	1.138		
	总数	1462.606	1287			
TAEB	组间	21.389	4	5.347	3.765	0.005
	组内	1822.236	1283	1.420		
	总数	1843.624	1287			

通过均值比较（见表 5-22）发现，旅游方式越低碳的游客，越注重呼吁环保行为的实施，这与耿纪超、龙如银和陈红（2014），耿纪超（2017）、杨冉冉和龙如银（2014）的研究一致。

表 5-22　游客环保行为在景区游览方式的组间均值比较

分组依据	均值			
	TOEB	TCEB	TPEB	TAEB
旅行社组团	4.060	3.180	3.915	2.992
旅行社自由行	4.155	3.125	4.016	2.732
自助背包	4.040	3.162	3.902	3.120
自驾	3.977	3.059	3.887	3.024
骑行	3.989	2.796	4.011	2.685

（九）旅游动机

从单因素方差分析（见表5-23）结果看，旅游动机对游客遵守环保行为、消费环保行为、游客劝导环保行为均无显著效应，对游客呼吁环保行为有显著效应。

表5-23　游客环保行为在旅游动机的单因素方差分析结果

		平方和	df	均方	F	显著性
TOEB	组间	8.896	10	0.890	1.398	0.175
	组内	812.339	1277	0.636		
	总数	821.235	1287			
TCEB	组间	24.065	10	2.407	1.296	0.227
	组内	2371.337	1277	1.857		
	总数	2395.402	1287			
TPEB	组间	6.105	10	0.611	0.535	0.866
	组内	1456.500	1277	1.141		
	总数	1462.606	1287			
TAEB	组间	31.626	10	3.163	2.229	0.014
	组内	1811.998	1277	1.419		
	总数	1843.624	1287			

通过均值比较（见表5-24）和进一步的事后多重比较，可以看出休闲度假和游览观光的游客更注重呼吁环保行为的实施。这与李秋成（2015）、Luo等（2007）、Eagles等（1993）、Hartig等（2001）的研究一致，休闲度假和游览观光也属于亲近自然的旅游动机，这些游客抱有欣赏及体验自然的目的，会更加注意自己的环保行为。

表5-24　游客环保行为在旅游动机的组间均值比较

分组依据	均值			
	TOEB	TCEB	TPEB	TAEB
游览观光	3.964	3.031	3.860	3.107
购物	4.012	3.055	3.994	2.633

续表

分组依据	均值			
	TOEB	TCEB	TPEB	TAEB
锻炼身体	3.993	2.985	3.835	2.926
科学研究	4.090	3.179	4.096	2.923
探亲访友	4.312	2.804	3.978	2.679
暂时摆脱生活工作压力	4.097	3.148	3.908	3.002
休闲度假	4.047	3.296	3.949	3.122
烧香拜佛	4.353	2.902	4.137	2.956
商务会议旅游	4.000	3.128	3.692	2.942
故地重游，缅怀过去	4.217	3.517	3.950	3.000
享受当地的美食和特色产品	4.051	3.203	3.913	2.772

根据游客环保行为在结构因素的差异分析，可以得出：①性别对游客环保行为的效应不显著；②年龄越长的群体环保习惯越好，实施消费环保行为较多；③受教育水平对游客环保行为的效应显著，学历越高的群体更加关注环保；④职业类型的效应不大，公务员或事业单位、企业人员、离退休人员实施游客消费环保行为的频度较高，农民和学生的环保行为频度普遍偏低；⑤收入水平能够显著促进游客消费环保行为和游客呼吁环保行为的实施；⑥游客类型显著影响游客消费环保行为，距离景区越远的游客实施消费环保行为较多；⑦游览次数的增加使得游客实施劝导环保行为和呼吁环保行为频度增加；⑧游览方式仅对游客呼吁环保行为的效应显著，越低碳的游客越环保；⑨旅游动机对游客呼吁环保行为的影响显著，休闲度假和游览观光的游客更注重呼吁环保行为的实施。

三 游客环保行为在游客特征因素上的假设检验

根据实证检验结果，游客特征因素对游客环保行为的直接作用假设验证如下。

H1：游客环保行为因个人传记特征的不同存在显著差异的假设部分成立。

（1）游客遵守环保行为（TOEB）、游客消费环保行为（TCEB）、游客劝导环保行为（TPEB）和游客呼吁环保行为（TAEB）因性别（Gender）的不同而差异性不显著，因此，假设H1a不成立。

（2）游客遵守环保行为（TOEB）、游客消费环保行为（TCEB）和游客劝导环保行为（TPEB）因年龄（Age）的不同差异性显著。岁数越大的人实施游客遵守环保行为（TOEB）、游客消费环保行为（TCEB）、游客劝导环保行为（TPEB）的频度越高。游客呼吁环保行为（TAEB）在年龄（Age）上的差异不显著。因此，假设H1b1、H1b2和H1b3成立，假设H1b4不成立，假设H1b部分成立。

（3）游客遵守环保行为（TOEB）、游客消费环保行为（TCEB）和游客劝导环保行为（TPEB）在受教育水平（Education）上的差异显著，提高受教育水平能显著提升这三类环保行为的实施；游客呼吁环保行为（TAEB）对受教育水平（Education）的差异性不显著，因此，假设H1c1、H1c2和H1c3成立，假设H1c4不成立，假设H1c部分成立。

（4）游客遵守环保行为（TOEB）和游客消费环保行为（TCEB）在职业类型（Occupation）上的差异性显著，公务员或事业单位、企业人员、离退休人员实施游客遵守环保行为（TOEB）和游客消费环保行为（TCEB）的频度较高，社会地位越高的群体，环保意识越强，实施环保行为概率越大。游客劝导环保行为（TPEB）和游客呼吁环保行为（TAEB）在职业类型（Occupation）上的差异性不显著，因此，假设H1d部分成立，假设H1d1和H1d2成立，假设H1d3和H1d4不成立。

（5）游客遵守环保行为（TOEB）、游客消费环保行为（TCEB）和游客劝导环保行为（TPEB）因收入水平（Income）的不同而差异性不显著，游客呼吁环保行为（TAEB）在收入水平（Income）上差异性显著，但是，低收入游客更加注重消费环保行为和呼吁环保行为的实施。因此，假设H1e1、H1e2、H1e3和H1e4不成立，假设H1e不成立。

H2：游客环保行为在游客出游特征上存在显著差异，部分成立。

（1）游客遵守环保行为（TOEB）、游客劝导环保行为（TPEB）和游客呼吁环保行为（TAEB）因游客类型的不同而差异性不显著，游客消费环保行为（TCEB）在游客类型上差异性显著，距离越远的游客其消费环保行为实施的越好。因此，假设 H2a2 成立，H2a1、H2a3 和 H2a4 不成立，假设 H2a 部分成立。

（2）游客遵守环保行为（TOEB）、游客消费环保行为（TCEB）因景区游览次数（Number of visit）的不同差异性不显著，游客劝导环保行为（TPEB）和游客呼吁环保行为（TAEB）因景区游览次数（Number of Visit）的不同差异性显著，游览次数越多，游客劝导环保行为和游客呼吁环保行为实施的越好。因此，H2b1 和 H2b2 不成立，H2b3 和 H2b4 成立，假设 H2b 部分成立。

（3）游客遵守环保行为（TOEB）、游客消费环保行为（TCEB）和游客劝导环保行为（TPEB）因游览方式（WAY）的不同差异性不显著；游客呼吁环保行为（TAEB）因游览方式（WAY）的不同差异性显著，游览方式（WAY）越低碳的游客，越注重呼吁环保行为的实施。因此，H2c1、H2c2 和 H2c3 不成立，H2c4 成立，假设 H2c 部分成立。

（4）游客遵守环保行为（TOEB）、游客消费环保行为（TCEB）、游客劝导环保行为（TPEB）因旅游动机（Motives）的不同差异性不显著；游客呼吁环保行为（TAEB）因旅游动机（Motives）的不同差异性显著。因此，H2d1、H2d2 和 H2d3 不成立，H2d4 成立，假设 H2d 部分成立。

第二节 游客环保行为及其影响因素的相关分析

变量间相关性分析是模型进一步检验的基础。采用 Pearson 相关系数分别检验自变量与因变量，以及因变量与调节变量之间的相关程度（见表 5-25）。下面以四类游客环保行为为框架，分别描述各因素间的相关关系。

表 5-25　自变量与因变量相关关系检验

	TOEB	TCEB	TPEB	TAEB	TEBI	EGV	ALV	ECV	GEK	TEK	ER	ES	ESN	MRE	SC	GC	PD	PI
TOEB	1																	
TCEB	0.157	1																
TPEB	0.364	0.184	1															
TAEB	0.140	0.122	0.427	1														
TEBI	0.226	0.203	0.122	0.231	1													
EGV	−0.042	0.108	−0.14	0.014	0.017	1												
ALV	0.009	0.175	−0.064	−0.068	0.007	0.040	1											
ECV	0.038	0.121	−0.05	−0.001	0.017	0.118	0.590	1										
GEK	0.456	0.289	0.280	0.147	0.283	−0.022	0.068	0.029	1									
TEK	0.515	0.107	0.218	0.054	0.286	−0.02	−0.031	−0.040	0.561	1								
ER	0.132	0.260	0.043	0.066	0.394	0.005	−0.010	0.054	0.391	0.403	1							
ES	−0.045	0.234	−0.116	−0.201	−0.078	0.098	0.246	0.037	−0.084	0.307	0.192	1						
ESN	0.198	0.391	0.097	0.050	0.345	0.011	0.202	0.165	0.185	−0.039	0.411	0.282	1					
MRE	0.400	0.446	0.055	0.220	0.401	0.057	0.116	0.082	0.079	0.191	0.388	0.218	0.592	1				
SC	0.103	0.261	0.119	0.121	0.405	0.025	0.194	0.263	0.149	0.140	0.385	0.195	0.436	0.356	1			
GC	0.400	0.196	0.232	0.058	0.392	−0.066	0.037	0.094	0.366	0.338	0.439	−0.018	0.288	0.212	0.341	1		
PD	0.219	0.189	0.090	0.006	0.570	0.010	0.018	0.072	0.245	0.283	0.399	0.039	0.345	0.346	0.379	0.364	1	
PI	0.167	0.226	0.085	0.091	0.491	−0.021	0.025	−0.005	0.181	0.224	0.309	0.030	0.330	0.353	0.290	0.296	0.592	1

一 游客遵守环保行为与其影响因素之间的相关性分析

游客遵守环保行为（TCEB）与中介变量、自变量和调节变量之间的相关性分析结果显示：

（1）游客遵守环保行为（TOEB）与游客环保行为意愿（TEBI）显著正相关。

（2）游客遵守环保行为（TOEB）与态度因素中的利他价值观（ALV）、生态价值观（ECV）、一般环境知识（GEK）、旅游环境知识（TEK）、环境责任感（ER）显著正相关。与社会因素中的自我概念（SC）、社会规范（ESN）、榜样效应（ME）、群体一致性（GC），也显著正相关，与情感因素中地方依恋（PA）正相关，与利己价值观（EGV）、环境敏感度（ES）呈负相关。

（3）游客遵守环保行为（TOEB）与调节变量中的习惯因素中的节俭习惯（TH）、舒适需求（CR）正相关，与促进性条件中的便利程度（CD）、景区环境质量（EQ）、惩罚性政策（PP）、鼓励性政策（EP）、信息干预（II）呈正相关。

二 游客消费环保行为与其影响因素之间的相关性分析

游客消费环保行为（TCEB）与中介变量、自变量和调节变量之间的相关性分析结果显示：

（1）游客消费环保行为（TCEB）与游客环保行为意愿（TEBI）显著正相关。

（2）游客消费环保行为（TCEB）与态度因素中的利己价值观（EGV）、利他价值观（ALV）、生态价值观（ECV）、一般环境知识（GEK）、旅游环境知识（TEK）、环境责任感（ER）、环境敏感度（ES）显著正相关，与社会因素中的自我概念（SC）、社会规范（ESN）、榜样效应（ME）、群体一致性（GC）显著正相关，与情感因素中地方依恋（PA）正相关。

（3）游客消费环保行为（TCEB）与调节变量中的习惯因素中的节俭习惯（TH）、舒适需求（CR）正相关，与促进性条件中的便利程度（CD）、景区环境质量（EQ）、惩罚性政策（PP）、鼓励性政策（EP）、信息干预（II），也正呈正相关。

三 游客劝导环保行为与其影响因素之间的相关性分析

游客劝导环保行为（TPEB）与中介变量、自变量和调节变量之间的相关性分析结果可以看出：

（1）游客劝导环保行为（TPEB）与游客环保行为意愿（TEBI）显著正相关。

（2）游客劝导环保行为（TPEB）与态度因素中的利己价值观（EGV）、利他价值观（ALV）、生态价值观（ECV）、一般环境知识（GEK）、旅游环境知识（TEK）、环境责任感（ER）、环境敏感度（ES）显著正相关。与社会因素中的自我概念（SC）、社会规范（ESN）、榜样效应（ME）、群体一致性（GC）显著正相关，与情感因素中地方依恋（PA）正相关。

（3）游客劝导环保行为（TPEB）与调节变量中的习惯因素中的节俭习惯（TH）、舒适需求（CR）正相关，与促进性条件中的便利程度（CD）、景区环境质量（EQ）、惩罚性政策（PP）、鼓励性政策（EP）、信息干预（II）呈正相关。

四 游客呼吁环保行为与其影响因素之间的相关性分析

游客呼吁环保行为（TAEB）与中介变量、自变量和调节变量之间的相关性分析结果显示：

（1）游客呼吁环保行为（TAEB）与游客环保行为意愿（TEBI）显著正相关。

（2）游客呼吁环保行为（TAEB）与态度因素中的利己价值观（EGV）、利他价值观（ALV）、生态价值观（ECV）、一般环境知识（GEK）、旅游环境知识（TEK）、环境责任感（ER）、环境敏感度（ES）显著正相关。与社会因素中的自我概念（SC）、社会规范（ESN）、榜样效应（ME）、群体一致性（GC）显著正相关，与情感因素中地方依恋（PA）正相关。

（3）游客呼吁环保行为（TAEB）与调节变量中的习惯因素中的节俭习惯（TH）、舒适需求（CR）正相关，与促进性条件中的便利程度

(CD)、景区环境质量（EQ）、惩罚性政策（PP）、鼓励性政策（EP）、信息干预（II）呈正相关。

五 游客消费环保行为意愿与其影响因素之间的相关性分析

游客环保行为意愿（TEBI）与自变量和调节变量之间的相关性分析显示，游客环保行为意愿（TEBI）与态度因素中的利己价值观（EGV）、利他价值观（ALV）、生态价值观（ECV）、一般环境知识（GEK）、旅游环境知识（TEK）、环境责任感（ER）显著正相关，与环境敏感度（ES）呈显著负相关；与社会因素中的自我概念（SC）、社会规范（FSN）、榜样效应（ME）、群体一致性（GC）显著正相关；与情感因素中地方依恋（PA）正相关。

游客环保行为意愿（TEBI）与调节变量中的习惯因素中的节俭习惯（TH）正相关，与舒适需求（CR）负相关，与促进性条件中的便利程度（CD）、景区环境质量（EQ）、惩罚性政策（PP）、鼓励性政策（EP）、信息干预（II）呈正相关。

综上，正式量表信度和效度较好，可以进行下一步统计分析。

表5-26　　　　　　　　因变量与调节变量相关关系检验

	TOEB	TCEB	TPEB	TAEB	TEBI	FI	CR	CD	EQ	PP	EP	IE
TOEB	1											
TPEB	0.157	1										
TCEB	0.364	0.184	1									
TAEB	0.140	0.122	0.427	1								
TEBI	0.470	0.328	0.307	0.341	1							
FI	0.250	0.104	0.014	0.080	0.138	1						
CR	-0.039	0.018	-0.152	-0.192	-0.143	0.506	1					
CD	0.504	0.159	0.351	0.351	0.419	0.199	-0.124	1				
EQ	0.283	0.343	0.374	0.121	0.370	0.175	-0.124	0.505	1			
PP	0.263	0.190	-0.148	-0.189	0.062	0.356	0.348	0.172	0.134	1		
EP	0.506	0.148	0.273	0.336	0.466	0.179	-0.134	0.528	0.361	0.174	1	
II	0.468	0.235	0.307	0.383	0.522	0.157	-0.154	0.606	0.473	0.090	0.674	1

第三节 直接效应分析及假设检验

一 自变量作用于游客环保行为的效应分析与假设检验

运用AMOS17.0对自变量作用于因变量游客环保行为的效应进行检验，由于游客环保行为包含四个维度（游客遵守环保行为、游客消费环保行为、游客劝导环保行为和游客呼吁环保行为），因此，将自变量作用于各个维度的效应分别进行检验。

（一）自变量作用于游客遵守环保行为的效应分析与假设检验

首先，运用AMOS17.0对自变量的态度因素、社会因素、情感因素作用于游客遵守环保行为的关系模型进行检验，检验结果如表5-27和表5-28。

表5-27 自变量作用于游客遵守环保行为的结构方程拟合指标

拟合指数	绝对拟合指数				增量拟合指数			
	CMIN	CMIN/DF	GFI	RMR	RMSEA	NFI	TLI	CFI
数值	4581.052	4.363	0.97	0.088	0.051	0.926	0.938	0.942

表5-28 自变量作用于游客遵守环保行为的路径分析

路径			标准化回归系数	CR	P
游客遵守环保行为	←	利己价值观	0.007	0.241	0.81
游客遵守环保行为	←	利他价值观	-0.002	-0.063	0.95
游客遵守环保行为	←	生态价值观	-0.014	-0.383	0.702
游客遵守环保行为	←	一般环境知识	0.079	2.403	0.016
游客遵守环保行为	←	旅游环境知识	0.259	7.592	***
游客遵守环保行为	←	环境责任感	0.03	0.77	0.441
游客遵守环保行为	←	环境敏感度	-0.045	-1.503	0.133
游客遵守环保行为	←	群体一致性	0.122	2.905	0.004
游客遵守环保行为	←	社会规范	0.157	4.196	***

续表

路径			标准化回归系数	CR	P
游客遵守环保行为	←	榜样效应	0.229	6.053	***
游客遵守环保行为	←	自我概念	0.065	2.067	0.039
游客遵守环保行为	←	地方认同	0.173	5.104	***
游客遵守环保行为	←	地方依赖	0.203	5.731	***

模型拟合指标 χ^2/df 值，严格标准为 1—2，2—3 为适配良好，宽松值为 5（吴明隆，2010；侯杰泰等，2006）；GFI、NFI、CFI、NFI、IFI 等越接近 1 越好，通常采用大于 0.9，RMSEA 小于 0.05 拟合很好，0.05—0.08 则适配合理（Baron，1986；黄芳铭，2005）。拟合结果较好，模型可以接受。

路径分析结果显示，一般环境知识、旅游环境知识、群体一致性、社会规范、榜样效应、自我概念、地方认同和地方依赖对游客遵守环保行为作用显著（P<0.05）。而利己价值观、利他价值观、生态价值观、环境责任感、环境敏感度对游客遵守环保行为的作用不显著（P>0.05）。

（二）自变量作用于游客消费环保行为的效应检验

运用 AMOS17.0 对自变量的态度因素、社会因素、情感因素作用于游客消费环保行为的关系模型进行检验，检验结果如表5-29和表5-30所示。

表5-29　自变量作用于游客消费环保行为的结构方程拟合指标

拟合指数	绝对拟合指数				增量拟合指数			
	CMIN	CMIN/DF	GFI	RMR	RMSEA	NFI	TLI	CFI
数值	4448.993	4.237	0.853	0.288	0.050	0.927	0.939	0.943

表5-30　自变量作用于游客消费环保行为的路径分析

路径			标准化回归系数	CR	P
游客消费环保行为	←	利己价值观	−0.085	−2.864	0.004
游客消费环保行为	←	利他价值观	0.103	2.744	0.006

续表

路径			标准化回归系数	CR	P
游客消费环保行为	←	生态价值观	0.018	0.472	0.637
游客消费环保行为	←	一般环境知识	0.133	3.716	***
游客消费环保行为	←	旅游环境知识	0.092	2.499	0.012
游客消费环保行为	←	环境责任感	-0.077	-1.807	0.071
游客消费环保行为	←	环境敏感度	0.067	2.069	0.039
游客消费环保行为	←	群体一致性	0.099	2.188	0.029
游客消费环保行为	←	社会规范	0.108	2.668	0.008
游客消费环保行为	←	榜样效应	0.224	5.473	***
游客消费环保行为	←	自我概念	0.036	1.069	0.285
游客消费环保行为	←	地方认同	0.197	5.365	***
游客消费环保行为	←	地方依赖	-0.066	-1.738	0.082

注：***表示在0.01水平下显著。

拟合指标显示结果可接受。路径分析结果显示，利己价值观、利他价值观、一般环境知识、旅游环境知识、环境敏感度、群体一致性、社会规范、榜样效应、地方认同对游客消费环保行为作用显著（P<0.05）。而生态价值观、自我概念、环境责任感和地方依赖对游客消费环保行为的作用不显著（P>0.05）。

（三）自变量作用于游客劝导环保行为的效应检验

运用AMOS17.0对自变量的态度因素、社会因素、情感因素作用于游客劝导环保行为的关系模型进行检验，检验结果如表5-31和表5-32所示。

表5-31　自变量作用于游客劝导环保行为的结构方程拟合指标

拟合指数	绝对拟合指数				增量拟合指数			
	CMIN	CMIN/DF	GFI	RMR	RMSEA	NFI	TLI	CFI
数值	4379.406	4.171	0.854	0.283	0.050	0.929	0.941	0.945

表 5-32　自变量作用于游客劝导环保行为的路径分析

路径			标准化回归系数	CR	P
游客劝导环保行为	←	利己价值观	-0.105	-3.619	***
游客劝导环保行为	←	利他价值观	-0.115	-3.15	0.002
游客劝导环保行为	←	生态价值观	-0.004	-0.106	0.916
游客劝导环保行为	←	一般环境知识	0.22	6.325	***
游客劝导环保行为	←	旅游环境知识	0.018	0.494	0.621
游客劝导环保行为	←	环境责任感	0.11	2.654	0.008
游客劝导环保行为	←	环境敏感度	-0.17	-5.381	***
游客劝导环保行为	←	群体一致性	0.125	2.846	0.004
游客劝导环保行为	←	社会规范	-0.01	-0.264	0.792
游客劝导环保行为	←	榜样效应	-0.067	-1.682	0.093
游客劝导环保行为	←	自我概念	0.078	2.356	0.018
游客劝导环保行为	←	地方认同	0.063	1.761	0.078
游客劝导环保行为	←	地方依赖	0.008	0.211	0.833

注：***表示在 0.01 水平下显著。

拟合指标显示结果可接受。路径分析结果显示，利己价值观、利他价值观、一般环境知识、环境责任感、环境敏感度、群体一致性、自我概念对游客劝导环保行为作用显著（P<0.05）。而生态价值观、旅游环境知识、社会规范、榜样效应、地方认同和地方依赖对游客劝导环保行为的作用不显著（P>0.05）。

（四）自变量作用于游客呼吁环保行为的效应检验

运用 AMOS17.0 对自变量的态度因素、社会因素、情感因素作用于游客呼吁环保行为的关系模型进行检验，检验结果如表 5-33 和表 5-34 所示。

表 5-33　自变量作用于游客呼吁环保行为的结构方程拟合指标

拟合指数	绝对拟合指数				增量拟合指数			
	CMIN	CMIN/DF	GFI	RMR	RMSEA	NFI	TLI	CFI
数值	4558.436	4.155	0.852	0.276	0.050	0.926	0.939	0.943

表 5-34　自变量作用于游客呼吁环保行为的路径分析

路径			标准化回归系数	CR	P
游客呼吁环保行为	←	利己价值观	-0.015	-0.509	0.611
游客呼吁环保行为	←	利他价值观	-0.132	-3.542	***
游客呼吁环保行为	←	生态价值观	0.082	2.139	0.032
游客呼吁环保行为	←	一般环境知识	0.251	7.011	***
游客呼吁环保行为	←	旅游环境知识	0.013	0.364	0.716
游客呼吁环保行为	←	环境责任感	0.206	4.868	***
游客呼吁环保行为	←	环境敏感度	-0.264	-8.036	***
游客呼吁环保行为	←	群体一致性	-0.043	-0.957	0.338
游客呼吁环保行为	←	社会规范	-0.002	-0.042	0.966
游客呼吁环保行为	←	榜样效应	-0.036	-0.892	0.373
游客呼吁环保行为	←	自我概念	0.036	1.074	0.283
游客呼吁环保行为	←	地方认同	-0.076	-2.087	0.037
游客呼吁环保行为	←	地方依赖	0.094	2.472	0.013

注：*** 表示在 0.01 水平下显著。

拟合指标显示结果可接受。路径分析结果显示，利他价值观、生态价值观、一般环境知识、环境责任感、环境敏感度、地方认同和地方依赖对游客呼吁环保行为作用显著（P<0.05）。而利己价值观、旅游环境知识、群体一致性、社会规范、榜样效应、自我概念对游客呼吁环保行为的作用不显著（P>0.05）。

（五）自变量与游客环保行为的关系假设检验

根据实证分析结果，检验前文假设，结果如下。

1. 态度因素与游客环保行为的关系假设检验

利己价值观负向影响游客遵守环保行为、游客消费环保行为、游客呼吁环保行为不显著，假设 H4a1 和 H4a4 不成立；利己型价值观负向影响消费环保行为（-0.085）和劝导环保行为（-0.105）效应显著，假设 H4a2 和 H4a3 成立。因此，利己价值观负向影响游客环保行为效应部分显著，假设 H4a 部分成立。究其原因，利己价值观的游客更关注个体利益，私人领域的行为可能会损害自己的利益，所以为负向效应；而遵守环保行为和呼吁环保行为属于公共领域的行为，利益关系不大，游客参与性不高（Abrahamse，2007）。

利他价值观正向影响游客遵守环保行为效应不显著，假设 H4b1 不成立；利他价值观正向影响游客消费环保行为效应显著，效应值为（0.103），假设 H4b2 成立；而利他价值观负向作用于游客劝导环保行为（-0.115）、游客呼吁环保行为（-0.132）显著，假设 H4b3、H4b4 不成立。因此，利他价值观正向影响游客环保行为部分显著，假设 H4b 部分成立。对利他价值观负向影响劝导环保行为和呼吁环保行为的反常原因，可能是游客在旅游过程中，处在非惯常不熟悉的环境，多一事不如少一事，可能会做出有悖原则的行为。

生态价值观正向影响游客遵守环保行为、游客消费环保行为、游客劝导环保行为不显著，假设 H4c1、H4c2、H4c3 不成立。生态价值观正向影响游客呼吁环保行为（0.082）显著，假设 H4c4 成立。因此，H4c：生态价值观对游客环保行为有显著正向影响部分成立。结论也充分说明利他价值观和生态价值观对环境行为存在显著的正向效应。究其原因，跟我国传统文化有关，耳濡目染，对崇尚集体主义的国民，形成的个人价值观会将自然与社会环境视为自身一部分，从他人与生态利益看待环境问题。

综上可知，H4：价值观显著影响游客环保行为部分成立。

一般环境知识正向影响游客遵守环保行为、游客消费环保行为、游客劝导环保行为、游客呼吁环保行为显著成立，效应值分别为 0.079、0.111、0.216、0.24，假设 H7a1、H7a2、H7a3、H7a4 成立。因此，假设 H7a：一般环境知识显著正向影响游客环保行为成立。

旅游环保知识正向影响游客遵守环保行为、游客消费环保行为显著，效应值为 0.259、0.092，假设 H7b1、H7b2 成立。旅游环保知识正向影响游客劝导环保行为、游客呼吁环保行为不显著，假设 H7b3 和 H7b4 不成立。因此，H7b：旅游环保知识显著正向影响游客环保行为部分成立。

综上可知，H7：环保知识显著正向影响游客环保行为部分成立。结论大部分学者一致，游客拥有的环境知识越丰富，环境态度越友好，实施环境行为的自觉性越大。

环境责任感正向影响游客遵守环保行为、游客消费环保行为不显著，假设H10a、H10b不成立。环境责任感正向影响游客劝导环保行为、游客呼吁环保行为显著，效应值为0.11、0.206，假设H10c、H10d成立。因此，H10：环境责任感对游客环保行为有显著正向影响部分成立。此结果与Wearing（2002）、Becken（2005）、Fairweather、Maslin和Simmonde（2005）的分析结果相同，可能的原因是游客在旅途中更关心愉悦心情，忽视了自己对环保的影响；也有可能是觉得已经付出费用，要心安理得地享受资源、设施和服务，会忽视环境责任感。

环境敏感度正向影响游客遵守环保行为不显著，假设H13a不成立；环境敏感度正向影响游客消费环保行为显著，效应值为0.067，假设H13b成立；环境敏感度对游客劝导环保行为和游客呼吁环保行为负向影响显著，效应值为-0.17、-0.264，假设H13c和H13d不成立。因此，H13：环境敏感度对游客环保行为有显著正向影响部分成立。此结果与Stern（2000）和Schwartz（1977）的分析结果相同，游客关心旅游地环境问题，会表现出积极的环境行为。

2. 社会因素与游客环保行为的关系假设检验

自我概念正向影响游客遵守环保行为、游客劝导环保行为正向影响显著，效应值为0.065、0.091，假设H16a、H16c成立。自我概念对游客消费环保行为和游客呼吁环保行为正向影响不显著，假设H16b、H16d不成立；综上，H16：自我概念显著正向影响游客环保行为部分成立。此结论验证了游客对自我的认知会对其环保行为的影响，是Triandis（1980）人际行为理论在旅游领域的拓展。

社会规范对游客遵守环保行为正向影响显著，效应值为0.157，社会规范对游客消费环保行为正向影响显著，效应值为0.108，社会规范对游客游劝导环保行为和呼吁环保行为正向影响不显著，假设H19a、H19b成立，H19c、H19d不成立。因此，假设H19：社会规范对游客环保行为有显著正向影响部分成立。此结论与赵黎明等（2015）相同，游客在旅游过程中行为会受到社会压力的影响。

群体一致性对游客遵守环保行为、游客消费环保行为、游客劝导环保行为正向影响显著，效应值分别为 0.122、0.099、0.125，假设 H22a、H22b、H22c 成立；群体一致性对游客呼吁环保行为正向影响不显著，假设 H22d 不成立。综上，群体一致性正向影响游客环保行为意愿部分显著，假设 H22 部分成立。此结论验证了群体一致性对游客环保行为的影响，群体一致性作为中国价值取向的重要构成要素，个体会屈从于大多数的行为，游客在旅游过程中，也会保持与大多数游客一致的行为和心理。

榜样效应对游客遵守环保行为正向影响显著，效应值为 0.229，假设 H25a 成立；榜样效应对游客消费环保行为正向影响显著，效应值为 0.224，假设 H25b 成立；榜样效应对游客劝导环保行为、游客呼吁环保行为正向影响不显著，假设 H25C、H25d 不成立。综上，H25：榜样效应显著正向影响游客环保行为意愿部分成立。结论证实了榜样力量对游客环保行为的正向影响，是社会学习理论在游客环保领域的拓展（Barr，2005）。

3. 情感因素与游客环保行为的关系假设检验

地方依赖正向影响游客遵守环保行为显著，效应值为 0.203，假设 H28a1 成立；地方依赖对游客消费环保行为正向影响不显著，假设 H28a2 不成立；地方依赖对游客劝导环保行为正向影响不显著，假设 H28a3 不成立；地方依赖对游客呼吁环保行为正向影响显著，效应值为 0.094，假设 H28a4 成立。因此，地方依赖对游客环保行为有显著正向影响部分显著，假设 H28a 部分成立。

地方认同对游客遵守环保行为、游客消费环保行为正向影响显著，效应值为 0.173、0.179，假设 H28b1、H28b2 成立；地方认同正向影响游客劝导环保行为效应不显著，假设 H28b3 不成立；地方认同对游客呼吁环保行为负向影响显著，效应值为 -0.076，假设 H28b4 成立因此，地方认同对游客环保行为有正向影响部分显著，假设 H28b 部分成立。

综上可知，地方依恋对游客环保行为有正向影响部分显著，假设H28部分成立。结论证实了游客对景区的情感是促使其环境责任行为发生的重要推动因素。当旅游地满足游客特定需要时，游客会对旅游地产生情感，这种情感会促使环保行为的产生。

二　自变量作用于游客环保行为意愿的效应检验

对自变量直接作用于游客环保意愿的关系模型作进一步的验证，对初始结果进行修正后，模型拟合指标见表5-35和表5-36。模型拟合结果较好，模型可以接受。从标准化路径分析结果（见表5-36）可以看出，一般环境知识、旅游环境知识、环境责任感、环境敏感度、社会规范、群体一致性、榜样效应、自我概念作用于游客环保行为意愿的标准化估计值均显著，而利己价值观、利他价值观、生态价值观、地方认同、地方依赖作用于游客环保行为意愿的作用路径标准化估计值均不显著。

表5-35　自变量作用于游客环保行为意愿的结构方程拟合指标

拟合指数	绝对拟合指数				增量拟合指数			
	CMIN	CMIN/DF	GFI	RMR	RMSEA	NFI	TLI	CFI
数值	4815.683	4.390	0.848	0.289	0.051	0.925	0.937	0.941

表5-36　自变量作用于游客环保行为意愿的路径分析

路径			标准化回归系数	CR	P
游客环保行为意愿	←	利己价值观	0.01	0.379	0.705
游客环保行为意愿	←	利他价值观	-0.058	-1.715	0.086
游客环保行为意愿	←	生态价值观	-0.007	-0.205	0.838
游客环保行为意愿	←	一般环境知识	0.15	4.658	***
游客环保行为意愿	←	旅游环境知识	0.095	1.675	0.049
游客环保行为意愿	←	环境责任感	0.083	2.184	0.029
游客环保行为意愿	←	环境敏感度	-0.21	-7.141	***
游客环保行为意愿	←	群体一致性	0.11	2.695	0.007
游客环保行为意愿	←	社会规范	0.152	4.165	***

续表

路径			标准化回归系数	CR	P
游客环保行为意愿	←	榜样效应	0.203	5.525	***
游客环保行为意愿	←	自我概念	0.237	7.746	***
游客环保行为意愿	←	地方认同	0.022	0.672	0.502
游客环保行为意愿	←	地方依赖	-0.1	-2.917	0.004

注：***表示在0.01水平下显著。

根据实证分析结果，检验前文假设，结果如下：

（1）利己价值观、利他价值观、生态价值观正向影响游客环保行为意愿效应不显著，假设H5a、H5b、H5c不成立。因此，环境价值观对游客环保行为意愿影响不显著，假设H5不成立。

（2）一般环境知识对游客环保行为意愿正向影响显著，效应值为0.15，假设H8a成立；旅游环保知识对游客环保行为意愿正向影响显著，效应值为0.95，假设H8b成立。因此，环保知识正向影响游客环保行为意愿部分显著，假设H8成立。

（3）环境责任感对游客环保行为意愿正向影响显著，效应值为0.083，假设H11成立。

（4）环境敏感度对游客环保行为意愿负向影响显著，效应值为-0.21，假设H14不成立。

（5）自我概念对游客环保行为意愿正向影响显著，效应值为0.237，假设H17成立。

（6）社会规范显著正向影响游客环保行为意愿显著，效应值为0.152，假设H20成立。

（7）群体一致性对游客环保行为意愿正向影响显著，效应值为0.11，假设H23成立。

（8）榜样效应对游客环保行为意愿正向影响显著，效应值为0.203，假设H26成立。

（9）地方依赖对游客环保行为意愿负向影响显著，效应值为-0.1，假设H29a不成立。地方认同对游客环保行为意愿正向影响不显著，假设H29b不成立。因此，地方依恋正向影响游客环保行为意愿不显著，假设H29不成立。

三 游客环保行为意愿对游客环保行为的作用检验

运用AMOS17.0对游客环保行为意愿作用于游客环保行为的关系模型进行检验。修正后的拟合模型指标如表5-37所示，模型拟合结果很好，模型可以接受。

表5-37 游客环保行为意愿作用于因变量的结构方程拟合指标

拟合指数	绝对拟合指数				增量拟合指数		
	CMIN	CMIN/DF	GFI	RMR	RMSEA	NFI	TLI	CFI
数值	478.775	4.433	0.959	0.113	0.052	0.979	0.980	0.984

从标准化路径分析结果（见表5-28）可以看出，游客环保行为意愿作用于游客遵守环保行为、游客消费环保行为、游客劝导环保行为、游客呼吁环保行为的作用路径标准化估计值均显著。

表5-38 游客环保行为意愿作用于因变量的路径分析

路径			标准化回归系数	CR	P
游客遵守环保行为	←	游客环保行为意愿	0.403	17.939	***
游客消费环保行为	←	游客环保行为意愿	0.371	12.658	***
游客劝导环保行为	←	游客环保行为意愿	0.288	7.615	***
游客呼吁环保行为	←	游客环保行为意愿	0.421	12.962	***

注：***表示在0.01水平下显著。

根据实证分析结果，检验前文假设，结果如下：游客环保行为意愿正向影响游客遵守环保行为（0.403）、游客消费环保行为（0.371）、游客劝导环保行为（0.288）、游客呼吁环保行为（0.421）效应显著，假设H3a、H3b、H3c、H3d成立。因此，游客环保行为意愿对游客环保行为有显著正向影响，假设 H3 成立。此结论验证了意愿是影响行为最主要的决定因素，是最直接的前因变量。

第四节 中介效应分析及假设检验

根据本书构建的理论模型，态度因素（价值观、环保知识、环境责任感、环境敏感度等）、社会学习因素（自我概念、群体一致性、榜样效应、社会规范）和情感因素（地方依恋）为自变量，通过游客环保行为意愿作用于游客环保行为；游客遵守环保行为、游客消费环保行为、游客劝导环保行为、呼吁环保行为作为游客环保行为的四个维度，均为因变量，游客环保行为意愿为中介变量。

常用的检验中介效应的方法是 Baron 等（1986）提出的因果法，Fritz 等（2007）认为其统计功效较低，因此往往以 Sobel 检验作为补充。而 Sobel 检验也存在缺陷，它需要假设间接效应的样本分布是正态分布，而实际往往是非对称分布，因此 McKinnon（2004）建议采用 Bootstrap 方法，Bootstrap 法能规避第 1 类错误，提供较准确的置信区间估计，统计功效较好。

本书采用 Bootstrap 法来分别检验自变量对游客环保行为四个维度的中介效应。检验步骤为：首先进行中介效应总效果的置信区间估算与检验，如果置信区间不包含 0，说明有可能存在中介效应；再进行间接效果的估算与检验，如果置信区间包含 0，说明不存在中介效果，如果置信区间不包含 0，则说明存在中介效果；最后进行直接效果的估算和检验，如果置信区间包含 0，说明存在完全中介效应，如果置信区间不包含 0，说明存在部分中介效应。

一 自变量、中介变量与游客遵守环保行为的关系假设检验

运用 Amos17.0 软件的 Bootstrap 功能，重复抽样 2000 次，置信区间设置为 95%，选用极大似然方法进行游客环保行为意愿对自变量和游客遵守环保行为中介效应的不对称置信区间估计，检验结果如表 5-39 和表

5-43 所示。由结果可知，模型拟合结果很好，模型可以接受。

表 5-39　自变量、中介变量和游客遵守环保行为的全方程拟合结果

拟合指数	绝对拟合指数				增量拟合指数			
	CMIN	CMIN/DF	GFI	RMR	RMSEA	NFI	TLI	CFI
数值	3756.919	3.113	0.901	0.215	0.041	0.946	0.959	0.963

由表 5-43 可知，态度因素中利己价值观、利他价值观、生态价值观对游客遵守环保行为中介效应的总效应不显著，置信区间含 0，且间接效果的置信区间包含 0，因此，利己价值观、利他价值观、生态价值观对游客遵守环保行为中介效果不存在。

态度因素中的旅游环境知识和情感因素中的地方依赖和地方认同虽然总效应的置信区间不含 0，但是间接效应的置信区间含 0，因此，旅游环境知识、地方依赖和地方认同通过行为意愿影响游客遵守环境行为的中介效果同样不存在。

态度因素中的环境敏感度对游客遵守环保行为总效应置信区间含 0，可能存在中介效应；间接效果的置信区间不含 0，且直接效果的置信区间含 0，因此，可以断定，环境敏感度对游客遵守环保行为的中介效应存在，且为完全中介效应。

态度因素中的一般环境知识、环境责任感和社会因素中的自我概念对游客遵守环保行为总效应置信区间含 0，但是间接效果的置信区间不含 0，且直接效果的置信区间含 0，因此，可以断定，一般环境知识、环境责任感和社会因素中的自我概念对游客遵守环保行为的中介效应存在，且为完全中介效应。

社会因素中的榜样效应、社会规范、群体一致性对游客遵守环保行为中介效应的总效应显著，置信区间不含 0，可能存在中介效应；中介效应的间接效果显示为显著，置信区间不含 0，则中介效应存在；进一步检验直接效果，结果为显著，置信区间同样不含 0，说明榜样效应、

社会规范、群体一致性对游客遵守环保行为为部分中介效应。

二 自变量、中介变量与游客消费环保行为的关系假设检验

运用 Amos17.0 软件的 Bootstrap 功能，重复抽样 2000 次，置信区间设置为 95%，选用极大似然方法进行游客环保行为意愿对自变量和游客消费环保行为之间中介效应的不对称置信区间估计，检验结果如表 5-40 和表 5-44 所示。由结果可知，模型拟合结果很好，模型可以接受。

表 5-40　　　自变量、中介变量和游客消费环保行为的
全方程拟合结果

拟合指数	绝对拟合指数				增量拟合指数		
	CMIN	CMIN/DF	GFI	RMR	RMSEA	NFI	TLI	CFI
数值	3597.723	2.986	0.904	0.215	0.039	0.947	0.961	0.964

由表 5-44 可知，态度因素中利己价值观、生态价值观、旅游环境知识，情感因素中的地方认同对游客消费环保行为间接效果的置信区间包含 0，因此，利己价值观、生态价值观、旅游环境知识、地方认同对游客消费环保行为中介效果不存在。

态度因素中利他价值观、环境敏感度、环境责任感，社会因素中的群体一致性、自我概念和情感因素中的地方依赖，对游客消费环保行为间接效果的置信区间不包含 0，且他们对游客消费环保行为直接效果的置信区间包含 0，因此，利他价值观、环境敏感度、环境责任感、群体一致性、自我概念和地方依赖对游客消费环保行为的中介效果存在，且为完全中介效应。

态度因素中一般环境知识，社会因素中的榜样效应和社会规范对游客消费环保行为间接效果的置信区间不包含 0，且他们对游客消费环保行为直接效果的置信区间不包含 0，因此，一般环境知识、榜样效应、社会规范对游客消费环保行为的中介效果存在，且为部分中介效应。

三 自变量、中介变量与游客劝导环保行为的关系假设检验

运用 Amos17.0 软件的 Bootstrap 功能，重复抽样 2000 次，置信区

间设置为95%，选用极大似然方法进行游客环保行为意愿对自变量和游客劝导环保行为中介效应的不对称置信区间估计，检验结果如表5-41和表5-45所示。由结果可知，模型拟合结果很好，模型可以接受。

表5-41　　自变量、中介变量和游客劝导环保行为的结构方程拟合指标

拟合指数	绝对拟合指数				增量拟合指数			
	CMIN	CMIN/DF	GFI	RMR	RMSEA	NFI	TLI	CFI
数值	3749.144	3.106	0.900	0.213	0.040	0.946	0.959	0.963

由表5-45可知，态度因素中利己价值观、生态价值观、旅游环境知识，情感因素中的地方认同对游客劝导环保行为间接效果的置信区间包含0，因此，利己价值观、生态价值观、旅游环境知识、地方认同对游客劝导环保行为中介效果不存在。

态度因素中的利他价值观、环境责任感，社会因素中的社会规范、榜样效应、自我概念，情感因素中的地方依赖等对游客劝导环保行为间接效果的置信区间不含0，说明中介效应存在，进一步检验直接效果，发现他们的置信区间均含0，因此，可以断定，态度因素中的利他价值观、环境责任感，社会因素中的社会规范、榜样效应、自我概念，情感因素中的地方依赖等对游客劝导环保行为的中介效应存在，且为完全中介效应。

态度因素中的一般环境知识、环境敏感度和社会因素中的群体一致性对游客劝导环保行为的总效应显著，置信区间不含0，可能存在中介效应；中介效应的间接效果显示为显著，置信区间不含0，则中介效应存在；进一步检验直接效果，置信区间同样不含0，说明态度因素中的一般环境知识、环境敏感度和社会因素中的群体一致性对游客劝导环保行为为部分中介效应。

四　自变量、中介变量与游客呼吁环保行为的关系假设检验

运用Amos17.0软件的Bootstrap功能，重复抽样2000次，置信区

间设置为95%，选用极大似然方法进行游客环保行为意愿对自变量和游客呼吁环保行为中介效应的不对称置信区间估计，检验结果见表5-42和表5-45所示。由结果可知，模型拟合结果很好，模型可以接受。

表5-42　自变量、中介变量和游客呼吁环保行为的结构方程拟合指标

拟合指数	绝对拟合指数				增量拟合指数			
	CMIN	CMIN/DF	GFI	RMR	RMSEA	NFI	TLI	CFI
数值	3770.450	2.997	0.901	0.207	0.039	0.946	0.960	0.963

由表5-45可知，态度因素中利己价值观、生态价值观、旅游环境知识，情感因素中的地方认同对呼吁环保行为间接效果的置信区间包含0，因此，利己价值观、生态价值观、旅游环境知识、地方认同对呼吁环保行为中介效果不存在。

态度因素中的环境敏感度，社会因素中的社会规范、榜样效应、自我概念、群体一致性等对游客呼吁环保行为间接效果的置信区间不含0，说明中介效应存在，进一步检验直接效果，发现他们的置信区间均含0，因此，可以断定，态度因素中的环境敏感度，社会因素中的社会规范、榜样效应、自我概念、群体一致性等对游客呼吁环保行为的中介效应存在，且为完全中介效应。

态度因素中的利他价值观、一般环境知识、环境责任感和情感因素中的地方依赖对游客呼吁环保行为的总效应显著，置信区间不含0，可能存在中介效应；中介效应的间接效果显示为显著，置信区间不含0，则中介效应存在；进一步检验直接效果，置信区间同样不含0，说明态度因素中的利他价值观、一般环境知识、环境责任感和情感因素中的地方依赖对游客呼吁环保行为为部分中介效应。

表 5-43　自变量对游客遵守环保行为的中介效应检验结果

路径	总效应 系数	总效应 显著性	95%置信区间 上限	95%置信区间 下限	直接效应 系数	直接效应 显著性	95%置信区间 上限	95%置信区间 下限	间接效应 系数	间接效应 显著性	95%置信区间 上限	95%置信区间 下限
地方依赖→行为意愿→游客遵守环保行为	0.193	0.001	0.119	0.254	0.002	0.126	0.262	−0.007	0.033	−0.020	0.000	0.006
地方认同→行为意愿→游客遵守环保行为	−0.184	0.001	−0.245	−0.127	−0.184	0.001	−0.245	−0.127	0.000	0.861	−0.005	0.031
自我概念→行为意愿→游客遵守环保行为	0.039	0.237	−0.022	0.096	0.025	0.470	−0.037	0.084	0.014	0.034	0.001	0.031
榜样效应→行为意愿→游客遵守环保行为	0.200	0.001	0.116	0.275	0.186	0.001	0.101	0.262	0.014	0.037	0.001	0.032
社会规范→行为意愿→游客遵守环保行为	0.146	0.002	0.064	0.236	0.136	0.002	0.059	0.228	0.010	0.038	0.001	0.026
群体一致性→行为意愿→游客遵守环保行为	0.109	0.011	0.027	0.194	0.102	0.019	0.020	0.187	0.007	0.039	0.000	0.020
环境敏感度→行为意愿→游客遵守环保行为	−0.071	0.018	−0.128	−0.012	−0.056	0.063	−0.118	0.003	−0.014	0.041	−0.030	−0.001
环保责任感→行为意愿→游客遵守环保行为	0.046	0.293	−0.037	0.118	0.039	0.369	−0.042	0.112	0.006	0.050	0.000	0.020
旅游环境知识→行为意愿→游客遵守环保行为	0.261	0.001	0.191	0.327	0.258	0.001	0.187	0.325	0.003	0.132	−0.001	0.014
一般环境知识→行为意愿→游客遵守环保行为	0.075	0.061	−0.003	0.158	0.063	0.133	−0.019	0.152	0.012	0.04	0.001	0.027
生态价值观→行为意愿→游客遵守环保行为	−0.015	0.773	−0.088	0.067	−0.015	0.741	−0.089	0.068	0.001	0.708	−0.004	0.008
利他价值观→行为意愿→游客遵守环保行为	−0.013	0.722	−0.079	0.057	−0.008	0.832	−0.074	0.062	−0.004	0.051	−0.014	0.000
利己价值观→行为意愿→游客遵守环保行为	−0.006	0.841	−0.060	0.051	−0.007	0.806	−0.062	0.050	0.000	0.781	−0.004	0.006

表 5-44　自变量对游客消费环保行为的中介效应检验结果

路径	总效应 系数	总效应 显著性	总效应 95%置信区间 上限	总效应 95%置信区间 下限	直接效应 系数	直接效应 显著性	直接效应 95%置信区间 上限	直接效应 95%置信区间 下限	间接效应 系数	间接效应 显著性	间接效应 95%置信区间 上限	间接效应 95%置信区间 下限
地方依赖→行为意愿→游客消费环保行为	-0.06	0.252	-0.151	0.041	-0.053	0.306	-0.146	0.047	-0.007	-0.019	-0.019	-0.001
地方认同→行为意愿→游客消费环保行为	0.193	0.001	0.108	0.267	0.19	0.001	0.106	0.266	0.003	-0.001	-0.001	0.012
自我概念→行为意愿→游客消费环保行为	0.033	0.375	-0.039	0.103	0.016	0.665	-0.055	0.087	0.016	0.001	0.001	0.036
榜样效应→行为意愿→游客消费环保行为	0.221	0.001	0.124	0.319	0.208	0.001	0.113	0.303	0.014	0.001	0.001	0.033
社会规范→行为意愿→游客消费环保行为	0.101	0.042	0.004	0.195	0.092	0.063	-0.005	0.184	0.009	0.001	0.001	0.024
群体一致性→行为意愿→游客消费环保行为	0.104	0.043	0.003	0.206	0.096	0.071	-0.008	0.197	0.008	0.001	0.001	0.022
环境敏感度→行为意愿→游客消费环保行为	0.069	0.078	-0.007	0.14	0.083	0.033	0.007	0.157	-0.014	-0.028	-0.028	-0.001
环境责任感→行为意愿→游客消费环保行为	-0.078	0.133	-0.176	0.02	-0.084	0.112	-0.18	0.018	0.006	0	0	0.019
旅游环境知识→行为意愿→游客消费环保行为	0.091	0.049	0.002	0.18	0.087	0.057	-0.003	0.177	0.003	-0.001	-0.001	0.014
一般环境知识→行为意愿→游客消费环保行为	0.132	0.003	0.047	0.213	0.123	0.005	0.038	0.206	0.009	0.001	0.001	0.024
生态价值观→行为意愿→游客消费环保行为	-0.02	0.617	-0.109	0.068	-0.019	0.653	-0.106	0.069	-0.001	-0.009	-0.009	0.003
利他价值观→行为意愿→游客消费环保行为	0.104	0.025	0.013	0.197	0.107	0.024	0.015	0.199	-0.003	-0.012	-0.012	0
利己价值观→行为意愿→游客消费环保行为	0.086	0.008	0.022	0.148	0.085	0.009	0.022	0.147	0.001	-0.002	-0.002	0.008

第五章　游客环保行为作用机制实证分析 / 169

表 5-45　自变量对游客劝导环保行为的中介效应检验结果

路径	总效应 系数	总效应 显著性	总效应 95%置信区间 上限	总效应 95%置信区间 下限	直接效应 系数	直接效应 显著性	直接效应 95%置信区间 上限	直接效应 95%置信区间 下限	间接效应 系数	间接效应 显著性	间接效应 95%置信区间 上限	间接效应 95%置信区间 下限
地方依赖→行为意愿→游客劝导环保行为	-0.083	0.601	0.051	0.601	-0.066	0.991	-0.066	0.066	-0.038	0.004	-0.038	-0.006
地方认同→行为意愿→游客劝导环保行为	0.073	0.001	0.193	0.001	0.075	0.001	0.075	0.192	-0.013	0.965	-0.013	0.012
自我概念→行为意愿→游客劝导环保行为	0.014	0.018	0.149	0.018	-0.019	0.142	-0.019	0.116	0.018	0.001	0.018	0.061
榜样效应→行为意愿→游客劝导环保行为	-0.106	0.331	0.041	0.331	-0.141	0.07	-0.141	0.004	0.018	0.001	0.018	0.064
社会规范→行为意愿→游客劝导环保行为	-0.102	0.615	0.059	0.615	-0.128	0.27	-0.128	0.039	0.01	0.001	0.01	0.049
群体一致性→行为意愿→游客劝导环保行为	0.056	0.002	0.239	0.002	0.036	0.004	0.036	0.221	0.003	0.015	0.003	0.039
环境敏感度→行为意愿→游客劝导环保行为	-0.163	0.001	-0.05	0.001	-0.128	0.024	-0.128	-0.01	-0.062	0.001	-0.062	-0.02
环境责任感→行为意愿→游客劝导环保行为	-0.02	0.121	0.159	0.121	-0.035	0.227	-0.035	0.147	0.002	0.026	0.002	0.039
旅游环境知识→行为意愿→游客劝导环保行为	-0.124	0.136	0.014	0.136	-0.128	0.085	-0.128	0.006	-0.004	0.145	-0.004	0.027
一般环境知识→行为意愿→游客劝导环保行为	0.152	0.001	0.303	0.001	0.119	0.001	0.119	0.271	0.015	0.001	0.015	0.054
生态价值观→行为意愿→游客劝导环保行为	-0.088	0.616	0.057	0.616	-0.092	0.595	-0.092	0.052	-0.011	0.751	-0.011	0.016
利他价值观→行为意愿→游客劝导环保行为	-0.136	0.043	-0.002	0.043	-0.122	0.102	-0.122	0.01	-0.028	0.032	-0.028	-0.001
利己价值观→行为意愿→游客劝导环保行为	-0.123	0.024	-0.009	0.024	-0.123	0.022	-0.123	-0.01	-0.01	0.892	-0.01	0.011

表5-46　自变量游客呼吁环保行为的中介效应检验结果

路径	总效应 系数	总效应 显著性	总效应 95%置信区间 上限	总效应 95%置信区间 下限	直接效应 系数	直接效应 显著性	直接效应 95%置信区间 上限	直接效应 95%置信区间 下限	间接效应 系数	间接效应 显著性	间接效应 95%置信区间 上限	间接效应 95%置信区间 下限
地方依赖→行为意愿→游客呼吁环保行为	-0.103	0.063	-0.020	0.144	0.029	0.009	0.169	-0.026	0.003	-0.051	-0.009	0.018
地方认同→行为意愿→游客呼吁环保行为	0.004	-0.026	-0.099	0.045	-0.027	0.445	-0.096	0.042	0.001	0.916	-0.016	0.018
自我概念→行为意愿→游客呼吁环保行为	0.195	0.029	-0.057	0.106	-0.019	0.583	-0.100	0.052	0.048	0.000	0.026	0.077
榜样效应→行为意愿→游客呼吁环保行为	0.204	-0.014	-0.103	0.083	-0.064	0.190	-0.152	0.032	0.050	0.000	0.028	0.085
社会规范→行为意愿→游客呼吁环保行为	0.141	-0.009	-0.107	0.086	-0.044	0.378	-0.139	0.051	0.035	0.002	0.013	0.063
群体一致性→行为意愿→游客呼吁环保行为	0.099	-0.040	-0.142	0.063	-0.065	0.202	-0.169	0.039	0.024	0.014	0.005	0.054
环境敏感度→行为意愿→游客呼吁环保行为	-0.205	-0.228	-0.292	-0.162	-0.177	0.001	-0.245	-0.109	-0.051	0.001	-0.078	-0.031
环境责任感→行为意愿→游客呼吁环保行为	0.090	0.189	0.090	0.298	0.166	0.003	0.065	0.276	0.022	0.029	0.002	0.049
旅游环境知识→行为意愿→游客呼吁环保行为	0.046	-0.017	-0.103	0.061	-0.028	0.512	-0.107	0.05	0.011	0.177	-0.006	0.034
一般环境知识→行为意愿→游客呼吁环保行为	0.172	0.248	0.167	0.332	0.206	0.001	0.126	0.287	0.042	0.001	0.023	0.071
生态价值观→行为意愿→游客呼吁环保行为	0.008	0.085	0.005	0.158	0.083	0.039	0.004	0.158	0.002	0.815	-0.016	0.019
利他价值观→行为意愿→游客呼吁环保行为	-0.063	-0.107	-0.182	-0.041	-0.092	0.006	-0.168	-0.026	-0.016	0.044	-0.033	-0.001
利己价值观→行为意愿→游客呼吁环保行为	0.006	0.008	-0.051	0.068	0.006	0.812	-0.05	0.068	0.001	0.878	-0.013	0.016

五 游客环保行为意愿中介效应假设检验

游客环保行为意愿对利己价值观和游客遵守环保行为之间的中介效应不显著，假设 H6a1 不成立。游客环保行为意愿对利己价值观和游客消费环保行为之间的中介效应不显著，假设 H6a2 不成立。游客环保行为意愿对利己价值观和游客劝导环保行为之间的中介效应不显著，假设 H6a3 不成立。游客环保行为意愿对利己价值观和游客呼吁环保行为之间的中介效应不显著，假设 H6a4 不成立。因此，游客环保行为意愿对利己价值观和环保行为之间的中介效应不显著，假设 H6a 不成立。

游客环保行为意愿对利他价值观和游客遵守环保行为之间的中介效应不显著，假设 II6b1 不成立。游客环保行为意愿对利他价值观和游客消费环保行为之间的中介效应为完全中介，假设 H6b2 成立。游客环保行为意愿对利他价值观和游客劝导环保行为之间的中介效应为完全中介，假设 H6b3 不成立。游客环保行为意愿对利他价值观和游客呼吁环保行为之间的中介效应为部分中介，假设 H6b4 部分成立。因此，游客环保行为意愿对利他价值观和游客环保行为之间的中介效应部分显著，假设 H6b 部分成立。

游客环保行为意愿对生态价值观和游客遵守环保行为之间的中介效应不显著，假设 H6c1 不成立。游客环保行为意愿对生态价值观和游客消费环保行为之间的中介效应不显著，假设 H6c2 不成立。游客环保行为意愿对生态价值观和劝导环保行为之间的中介效应不显著，假设 H6c3 不成立。游客环保行为意愿对生态价值观和游客呼吁环保行为之间的中介效应不显著，假设 H6c4 不成立。因此，游客环保行为意愿对生态价值观和游客环保行为之间的中介效应不显著假设 H6c 不成立。

综上，游客环保行为意愿对价值观和游客环保行为之间的中介效应部分显著，假设 H6 部分成立。

游客环保行为意愿对一般环境知识和游客遵守环保行为之间的完全中介效应显著，假设 H9a1 成立。游客环保行为意愿对一般环境知识和游客消费环保行为之间的部分中介效应显著，假设 H9a2 部分成立。游客环保行为意愿对一般环境知识和游客劝导环保行为之间的部分中介效应显著，假设 H9a3 部分成立。游客环保行为意愿对一般环境知识和游客呼吁环保行为之间的部分中介效应显著，假设 H9a4 部分成立。游客环保行为意愿对一般环境知识和游客环保行为的中介效应部分显著，假设 H9a 部分成立。

游客环保行为意愿对旅游环保知识和游客遵守环保行为之间的中介效应不显著，假设 H9b1 不成立。游客环保行为意愿对旅游环保知识和游客消费环保行为之间的中介效应不显著，假设 H9b2 不成立。游客环保行为意愿对旅游环保知识和劝导环保行为之间的中介效应不显著，假设 H9b3 不成立。游客环保行为意愿对旅游环保知识和游客呼吁环保行为之间的中介效应不显著，假设 H9b4 不成立。游客环保行为意愿对旅游旅游环保知识和游客环保行为的中介效应部分显著，假设 H9b 部分成立。

综上，游客环保行为意愿对环保知识和游客环保行为的中介效应部分显著，假设 H9 部分成立。

游客环保行为意愿对环境责任感和游客遵守环保行为的完全中介效应显著，假设 H12a 成立。游客环保行为意愿对环境责任感和游客消费环保行为的完全中介效应显著，假设 H12b 成立。游客环保行为意愿对环境责任感和游客劝导环保行为的完全中介效应显著，假设 H12c 成立。游客环保行为意愿对环境责任感和游客呼吁环保行为的部分中介效应显著，假设 H12d 部分成立。因此，游客环保行为意愿对环境责任感和游客环保行为的中介效应显著，假设 H12 部分成立。

游客环保行为意愿对环境敏感度和游客遵守环保行为的完全中介效应显著，假设 H15a 成立。游客环保行为意愿对环境敏感度和游客消费环保行为的完全中介效应显著，假设 H15b 成立。游客环保行为意愿对环境敏感度和游客劝导环保行为的部分中介效应显著，假设 H15c 部分成立。游客环保行为意愿对环境敏感度和游客呼吁环保行为的完全中介效应显著，假设 H15d 部分成立。因此，游客环保行为意愿对环境敏感度和游客环保行为的中介效应显著，假设 H15 部分成立。

游客环保行为意愿对自我概念和游客遵守环保行为的完全中介效应

显著，假设 H18a 成立。游客环保行为意愿对自我概念和游客消费环保行为的完全中介效应显著，假设 H18b 成立。游客环保行为意愿对自我概念和游客劝导环保行为的完全中介效应显著，假设 H18c 成立。游客环保行为意愿对自我概念和游客呼吁环保行为的部分中介效应显著，假设 H18d 部分成立。游客环保行为意愿对自我概念和游客环保行为的中介效应显著，假设 H18 部分成立。

游客环保行为意愿对社会规范和游客遵守环保行为的部分中介效应显著，假设 H21a 部分成立。游客环保行为意愿对社会规范和游客消费环保行为的部分中介效应显著，假设 H21b 部分成立。游客环保行为意愿对社会规范和游客劝导环保行为的完全中介效应显著，假设 H21c 成立。游客环保行为意愿对社会规范和游客呼吁环保行为的完全中介效应显著，假设 H21d 成立。游客环保行为意愿对社会规范和游客环保行为的中介效应显著，假设 H21 部分成立。

游客环保行为意愿对群体一致性和游客遵守环保行为的部分中介效应显著，假设 H24a 成立。游客环保行为意愿对群体一致性和游客消费环保行为的完全中介效应显著，假设 H24b 成立。游客环保行为意愿对群体一致性和游客劝导环保行为的部分中介效应显著，假设 H24c 部分成立。游客环保行为意愿对群体一致性和游客呼吁环保行为的完全中介效应显著，假设 H24d 成立。游客环保行为意愿对群体一致性和游客环保行为的中介效应部分显著，假设 H24 部分成立。

游客环保行为意愿对榜样效应和游客遵守环保行为的部分中介效应显著，假设 H27a 部分成立。游客环保行为意愿对榜样效应和游客消费环保行为的部分中介效应显著，假设 H27b 部分成立。游客环保行为意愿对榜样效应和游客劝导环保行为的完全中介效应显著，假设 H27c 成立。游客环保行为意愿对榜样效应和游客呼吁环保行为的完全中介效应显著，假设 H27d 成立。游客环保行为意愿对榜样效应和游客环保行为的中介效应部分显著，假设 H27 部分成立。

游客环保行为意愿对地方依赖和游客遵守环保行为之间的中介效应不显著，假设 H30a1 不成立。游客环保行为意愿对地方依赖和游客消费环保行为之间的完全中介效应显著，假设 H30a2 成立。游客环保行为意愿对地方依赖和游客劝导环保行为之间的完全中介效应显著，假设 H30a3 成立。游客环保行为意愿对地方依赖和游客呼吁环保行为之间的部分中介效应显著，假设 H30a4 成立。因此，游客环保行为意愿对地方依赖和游客环保行为的中介效应部分显著，假设 H30a 部分成立。

游客环保行为意愿对地方认同和游客遵守环保行为之间的中介效应不显著，假设 H30b1 不成立。游客环保行为意愿对地方认同和游客消费环保行为之间的中介效应不显著，假设 H30b2 不成立。游客环保行为意愿对地方认同和游客劝导环保行为之间的中介效应不显著，假设 H30b3 不成立。游客环保行为意愿对地方认同和游客呼吁环保行为之间的中介效应不应显著，假设 H30b4 不成立。因此，游客环保行为意愿对地方认同和游客环保行为的中介效应部分显著，假设 H30b 部分成立。

综上，游客环保行为意愿对地方依恋和游客环保行为的中介效应部分显著，假设 H30 部分成立。

第五节　习惯因素调节效应的检验

根据文献综述和扎根理论分析，习惯因素（节俭习惯和舒适需求）作为游客环保行为意愿和游客环保行为之间的调节变量，习惯越强，其对游客环保行为的调节作用越强。为检验习惯因素对游客环保行为意愿作用于游客环保行为的调节效应，本书运用常用的分层回归分析（四步法）来进行检验。

分层回归分析主要有四个步骤：(1) 为减少变量之间的多重共线性，将变量减去均值，为去中心化；(2) 将去中心化后的自变量与调节变量构造乘积，构造乘积项；(3) 将自变量、因变量和乘积项分别进行分层回归；(4) 根据乘积项回归系数或分层回归模型决定系数，分析分层回归结果，若系数显著增加，则调节效应显著（黄芳铭，2005）。

一 舒适需求的调节效应检验

把舒适需求作为外部情境因素，分别分析其对游客环保行为意愿作用于游客遵守环保行为、游客消费环保行为、游客劝导环保行为、游客呼吁环保行的调节效应。

舒适需求对游客环保行为意愿与游客遵守环保行为关系的调节效应显著。由多层回归分析结果表5-47和图5-18可知，模型3中F=147.994，统计意义明显，且R^2和调整后的R^2相比模型1和模型2都有较大幅度的提高，表明游客环保行为意愿和舒适需求的交互项作用显著；交互项系数为0.037，表明舒适需求对环保行为意愿和游客遵守环保行为之间关系有正向调节作用。

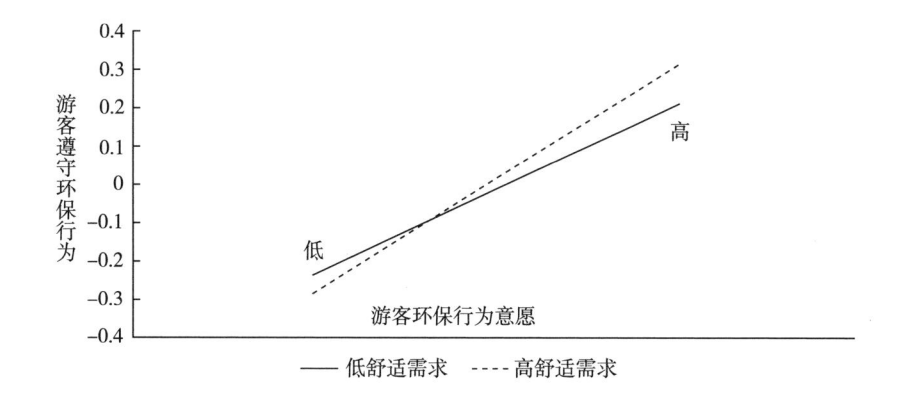

表5-47　舒适需求对行为意愿和游客遵守环保行为的调节效应

TOEB	进入变量	B	Beta	T	Sig.	R^2	调整后的R^2	F	Sig.
Model1	TEBI	0.265	0.44	17.55	0	0.193	0.193	307.99	0.000[b]
Model2	TEBI	0.265	0.44	17.437	0	0.193	0.192	153.884	0.000b
	CR	0.007	0.003	0.116	0				
Model3	TEBI	0.26	0.431	16.958	0	0.197	0.195	105.086	0.000b
	CR	0.012	0.005	0.196	0.845				
	CR * TEBI	0.037	0.063	2.497	0.013				

图5-18　舒适需求对行为意愿和游客遵守环保行为的调节效应

舒适需求对游客环保行为意愿作用于游客消费环保行为的调节效应显著。由多层回归分析结果表 5-48 和图 5-19 可知，模型 3 的 F = 175.651，统计意义明显，且 R^2 和调整后的 R^2 相比模型 1 和模型 2 都有较大幅度的提高，游客环保行为意愿和舒适需求的交互项作用显著；交互项系数为-0.038，表明舒适需求会对环保行为意愿作用于游客消费环保行为的负向调节作用显著。

表 5-48　舒适需求对行为意愿和游客遵守环保行为的调节效应

TCEB	进入变量	B	Beta	T	Sig.	R^2	调整后的 R^2	F	Sig.
Model1	TEBI	0.223	0.294	11.034	0	0.086	0.086	121.748	0.000[b]
Model2	TEBI	0.227	0.299	11.167	0	0.089	0.087	62.445	0.000b
	CR	0.136	0.046	1.72	0.086				
Model3	TEBI	0.232	0.307	11.334	0	.091	0.089	42.913	0.000b
	CR	0.131	0.044	1.66	0.097				
	CR * TEBI	-0.038	-0.051	-1.897	0.058				

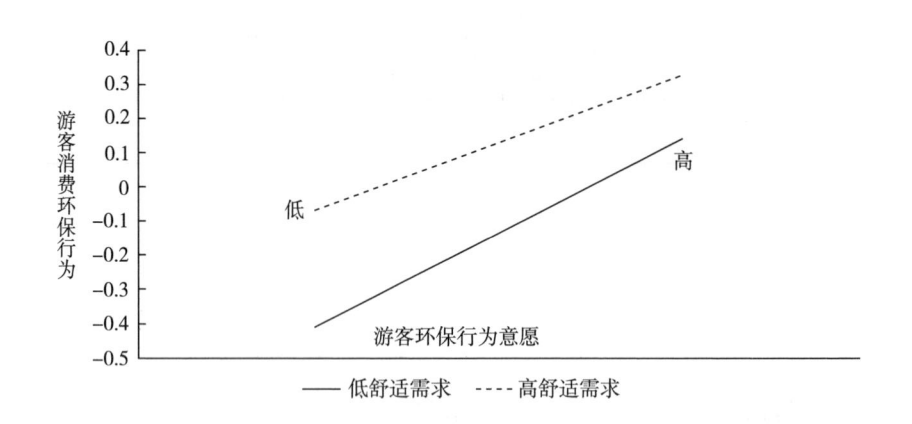

图 5-19　舒适需求对行为意愿和游客消费环保行为的调节效应

舒适需求对游客环保行为意愿作用于游客劝导环保行为的调节效应显著。由多层回归分析结果表 5-49 和图 5-20 可知，模型 3 的 F = 81.930，统计意义明显，且 R^2 和调整后的 R^2 相比模型 1 和模型 2 都有较大的提高，游客环保行为意愿和舒适需求的交互项作用显著；交互项系数为 0.045，表明舒适需求对环保行为意愿作用于游客劝导环保行为的正向调节作用显著。

表 5-49　舒适需求对行为意愿和游客劝导环保行为的调节效应

TPEB	进入变量	B	Beta	T	Sig.	R^2	调整后的 R^2	F	Sig.
Model1	TEBI	0.324	0.334	12.725	0	0.112	0.111	161.917	0.000[b]
Model2		0.313	0.323	12.267	0	0.121	0.12	88.724	0.000b
		-0.371	-0.098	-3.729	0				
Model3		0.307	0.316	11.91	0	0.124	0.122	60.334	0.000b
		-0.365	-0.097	-3.673	0				
		0.045	0.048	1.801	0.072				

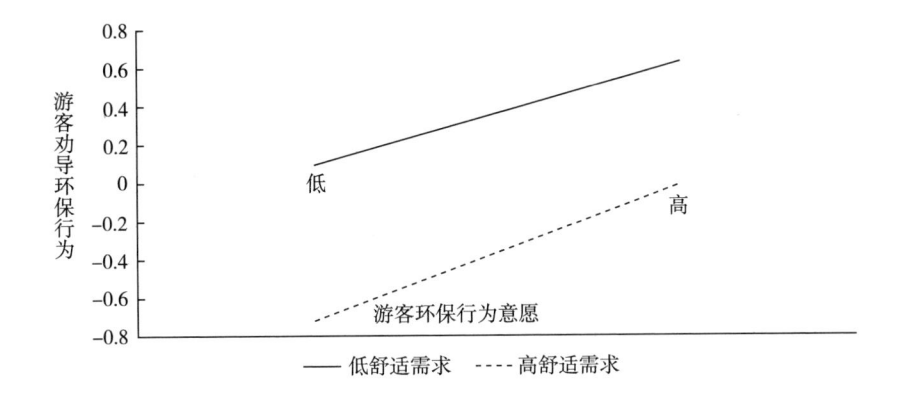

图 5-20　舒适需求对行为意愿和游客劝导环保行为的调节效应

舒适需求对游客环保行为意愿作用于游客呼吁环保行为的调节效应显著。由多层回归分析结果表 5-50 和图 5-21 可知，模型 3 的 F = 108.058，统计意义明显，且 R^2 和调整后的 R^2 相比模型 1 和模型 2 都有较大的提高，游客环保行为意愿和舒适需求的交互项作用显著，系数为 0.107，表明舒适需求对环保行为意愿作用于游客呼吁环保行为的正向调节作用显著。

表 5-50　舒适需求对行为意愿和游客呼吁环保行为的调节效应

TAEB	进入变量	B	Beta	T	Sig.	R^2	调整后的 R^2	F	Sig.
Model1	TEBI	0.39	0.343	13.112	0	0.118	0.117	171.937	0.000[b]
Model2	TEBI	0.372	0.328	12.551	0	0.136	0.135	101.076	0.000b
	CR	-0.597	-0.135	-5.174	0				
Model3	TEBI	0.357	0.314	11.978	0	0.145	0.143	72.608	0.000b
	CR	-0.583	-0.132	-5.079	0				
	CR * TEBI	0.107	0.096	3.698	0				

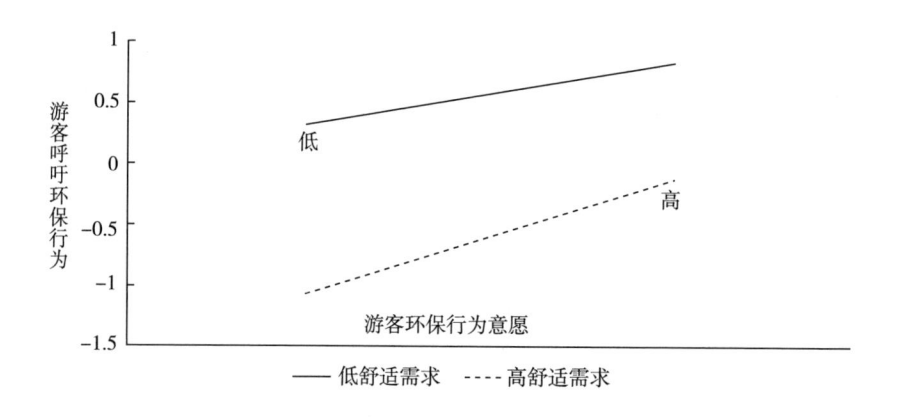

图 5-21　舒适需求对行为意愿和游客呼吁环保行为的调节效应

综上所述，舒适需求对游客环保行为意愿作用于游客遵守环保行为、游客消费环保行为、游客劝导环保行为、游客呼吁环保行为路径的调节效应显著。分析原因，在旅游过程中，游客更注重舒适优逸，而选择在当地消费，尽可能减少消费负担；而正是由于对舒适的追求，可能更喜欢干净整洁的环境，而选择实施遵守环保行为、劝导环保行为和呼吁环保行为。结论也说明游客对舒适的追求会影响其环保行为。

二　节俭习惯的调节效应检验

把节俭习惯（Frugality Idea）作为外部情境因素，分别分析其对游客环保行为意愿作用于游客遵守环保行为、游客消费环保行为、游客劝导环保行为、游客呼吁环保行为的调节效应，结果如下。

第五章　游客环保行为作用机制实证分析 / 179

节俭习惯对游客环保行为意愿作用于游客遵守环保行为的调节效应显著。由多层回归分析结果表 5-51 和图 5-22 可知，模型 3 的 F = 170.911，统计意义明显，且 R^2 和调整后的 R^2 相比模型 1 和模型 2 都有较大幅度的提高，表明游客环保行为意愿和节俭习惯的交互项作用显著；交互项系数为 -0.122，表明节俭习惯对环保行为意愿对游客遵守环保行为的负向调节作用显著。

表 5-51　节俭习惯对行为意愿和游客遵守环保行为的调节效应

TOEB	进入变量	B	Beta	T	Sig.	R^2	调整后的 R^2	F	Sig.
Model1	TEBI	0.265	0.44	17.55	0	0.193	0.193	307.99	0.000[b]
Model2	TEBI	0.229	0.379	14.711	0	0.227	0.226	189.15	0.000b
	FI	0.433	0.195	7.544	0				
Model3	TEBI	0.228	0.378	15.236	0	0.285	0.284	170.911	0.000b
	FI	0.428	0.192	7.744	0				
	FI * TEBI	-0.122	0.241	10.202	0				

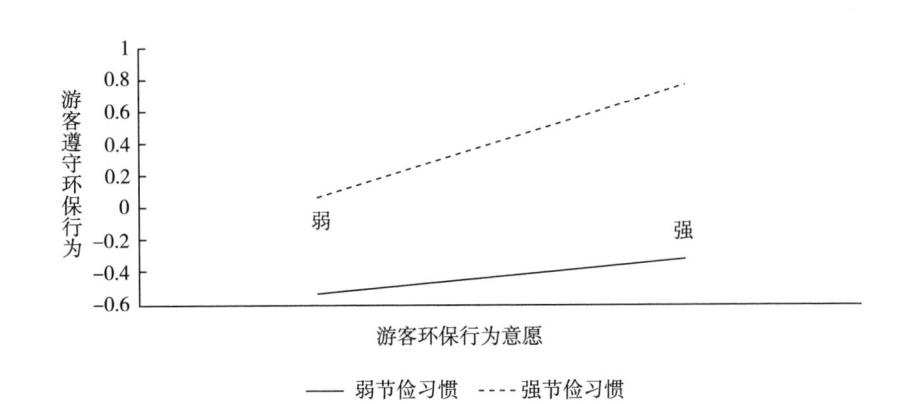

图 5-22　节俭习惯对行为意愿和游客遵守环保行为的调节效应

节俭习惯对游客环保行为意愿作用于游客消费环保行为的调节效应显著。由多层回归分析结果表 5-52 和图 5-23 可知，模型 3 的 F = 175.651，统计意义明显，且 R^2 和调整后的 R^2 相比模型 1 和模型 2 都有较大幅度的提高，游客环保行为意愿和节俭习惯的交互项作用显著；交互项系数为-0.085，表明节俭习惯对环保行为意愿作用于游客消费环保行为的负向调节作用显著。

表 5-52　节俭习惯对行为意愿和游客消费环保行为的调节效应

TCEB	进入变量	B	Beta	T	Sig.	R^2	调整后的 R^2	F	Sig.
Model1	TEBI	0.223	0.294	11.034	0	0.086	0.086	121.748	0.000[b]
Model2	TEBI	0.203	0.268	9.594	0	0.093	0.091	65.774	0.000b
	FI	0.235	0.084	3.007	0.003				
Model3	TEBI	0.203	0.267	9.659	0	0.111	0.109	53.259	0.000b
	FI	0.231	0.083	2.987	0.003				
	FI * TEBI	-0.085	-0.133	-5.07	0				

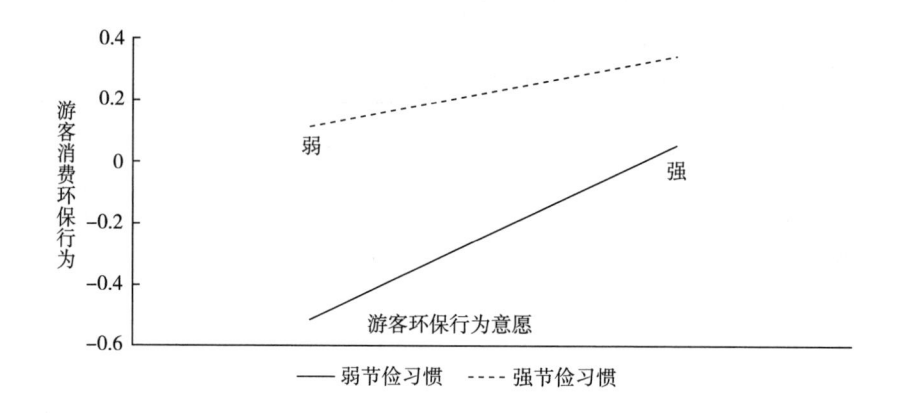

图 5-23　节俭习惯对行为意愿和游客消费环保行为的调节效应

节俭习惯对游客环保行为意愿作用于游客劝导环保行为的调节效应显著。由多层回归分析结果表 5-53 和图 5-24 可知，模型 3 的 F = 81.930，统计意义明显，且 R^2 和调整后的 R^2 相比模型 1 和模型 2 都有较大的提高，游客环保行为意愿和节俭习惯的交互项作用显著；交互项系数为 0.065，表明节俭习惯对环保行为意愿作用于游客劝导环保行为的正向调节作用显著。

表 5-53　节俭习惯对行为意愿和游客劝导环保行为的调节效应

TPEB	进入变量	B	Beta	T	Sig.	R^2	调整后的 R^2	F	Sig.
Model1	TEBI	0.324	0.334	12.725	0	0.112	0.111	161.917	0.000^b
Model2	TEBI	0.35	0.361	13.11	0	0.119	0.117	86.408	0.000^b
	FI	-0.308	-0.086	-3.129	0.002				
Model3	TEBI	0.351	0.362	13.168	0	0.125	0.123	61.109	0.000^b
	FI	-0.306	-0.085	-3.11	0.002				
	FI*TEBI	0.065	0.08	3.064	0.002				

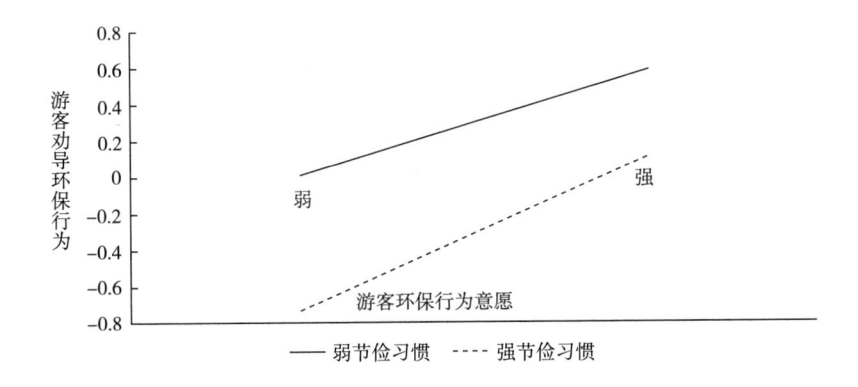

图 5-24　节俭习惯对行为意愿和游客劝导环保行为的调节效应

节俭习惯对游客环保行为意愿作用于游客呼吁环保行为的调节效应显著。由多层回归分析结果（见表 5-54 和图 5-25）可知，模型 3 的 F=108.058，统计意义明显，且 R^2 和调整后的 R^2 相比模型 1 和模型 2 都有较大的提高，游客环保行为意愿和节俭习惯的交互项作用显著，系数为 0.062，表明节俭习惯对环保行为意愿作用于游客呼吁环保行为的正向调节作用显著。

表 5-54　节俭习惯对行为意愿和游客呼吁环保行为的调节效应

TAEB	进入变量	B	Beta	T	Sig.	R^2	调整后的 R^2	F	Sig.
Model1	TEBI	0.39	0.343	13.112	0	0.118	0.117	171.937	0.000^b
Model2	TEBI	0.402	0.354	12.856	0	0.119	0.118	86.777	0.000^b
	FI	-0.143	-0.034	-1.243	0.214				

续表

TAEB	进入变量	B	Beta	T	Sig.	R^2	调整后的 R^2	F	Sig.
Model3	TEBI	0.402	0.354	12.895	0	0.123	0.121	60.191	0.000[b]
	FI	-0.141	-0.034	-1.222	0.222				
	FI * TEBI	0.062	0.066	2.511	0.012				

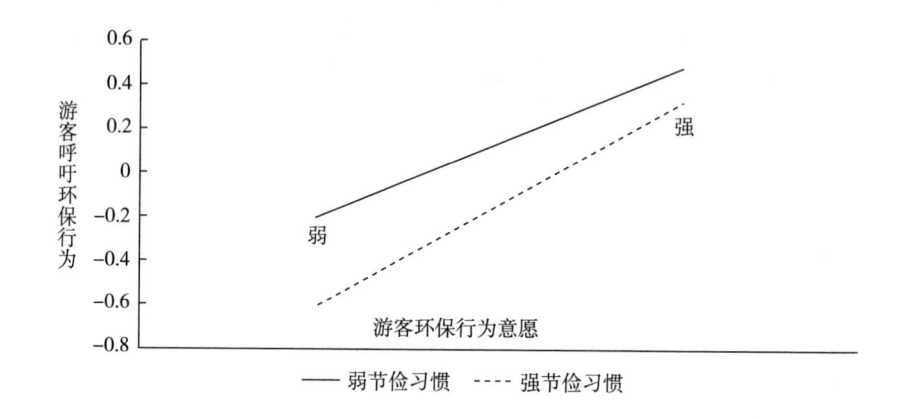

图 5-25　节俭习惯对行为意愿和游客呼吁环保行为的调节效应

综上所述，节俭习惯对游客环保行为意愿作用于游客遵守环保行为、游客消费环保行为、游客劝导环保行为、游客呼吁环保行为路径的调节效应显著，均为显著正向调节效应，即节俭习惯强化了游客环保行为意愿向这 4 类游客环保行为的转化。究其原因，出于节俭习惯，游客会自觉遵守相关规定，规避被罚款来减少损失从而主动实施遵守环保行为，且看不得别人铺张浪费和破坏环境，会主动劝导或制止他人不环保的行为，同样会呼吁他人一起环保。结论说明国人的节俭习惯会影响其行为包括旅游过程中的环保行为。

三　习惯因素的调节效应假设检验

根据上述实证结果，分别对假设进行检验。舒适需求对游客环保行为意愿作用于游客遵守环保行为有正向调节作用，效应值为 0.033，假设 H34a 不成立；舒适需求对游客环保行为意愿作用于游客消费环保行为有负向调节作用，效应值为 -0.038，假设 H34b 成立；舒适需求对游客环保行为意愿作用于游客劝导环保行为有正向调节作用，效应值为0.045，假设H34c不成立；舒适需求对游客环保行为意愿作用于游客呼吁行为有正向调节作用，效应值为0.107，假设H34d不成立。综上，舒适需求对游客环保行为意愿作用于游客环保行为有显著负向调节作用，假设H34部分成立。

节俭习惯对游客环保行为意愿作用于游客遵守环保行为的路径有正向调节作用，效应值为0.122，假设H35a成立；节俭习惯对游客环保行为意愿作用于游客消费环保行为的路径有负向调节作用，效应值为-0.085，假设H35b不成立；节俭习惯对游客环保行为意愿作用于游客劝导环保行为有正向调节作用，效应值为0.065，假设H35c成立；节俭习惯对游客环保行为意愿作用于游客呼吁行为有正向调节作用，效应值为0.062，假设H35d成立。综上，节俭习惯对游客环保行为意愿作用于游客环保行为的路径有部分显著正向调节作用，假设H35部分成立。

第六节 促进性条件调节效应的检验

本书根据文献和理论综述，促进性条件作为外部条件对游客环保行为意愿和游客环保行为起到调节作用。按照调节效应检验步骤，分别检验促进性条件中便利条件、景区环境质量、惩罚性政策、鼓励性政策和信息干预对游客环保行为意愿作用于四类游客环保行为的调节作用。

一 便利条件的调节效应检验

把便利条件（CD）作为外部情境因素，分别分析其对游客环保行为意愿作用于四类游客环保行为的调节效应。多层回归分析结果表明：

（1）便利条件对环保意愿作用于游客遵守环保行为的正向调节效应显著。由表5-55和图5-26可知，模型3的F=263.329，统计意义明显，且R^2和调整后的R^2相比模型1和模型2都有较大的提高，游客环保行为意愿和便利条件的交互项作用显著；交互作用的系数为

0.014，表明便利条件会对环保行为意愿作用于游客遵守环保行为起到正向调节作用。

表5-55　便利条件对行为意愿和游客遵守环保行为的调节效应

TOEB	进入变量	B	Beta	T	Sig.	R^2	调整后的R^2	F	Sig.
Model1	TEBI	0.265	0.44	17.55	0	0.193	0.193	307.99	0.000[b]
Model2	TEBI	0.159	0.263	10.761	0	0.354	0.353	352.361	0.000[b]
	CD	0.169	0.438	17.896	0				
Model3	TEBI	0.142	0.236	9.709	0	0.381	0.397	263.329	0.000[b]
	CD	0.15	0.387	15.517	0				
	CD∗TEBI	0.014	0.177	7.444	0				

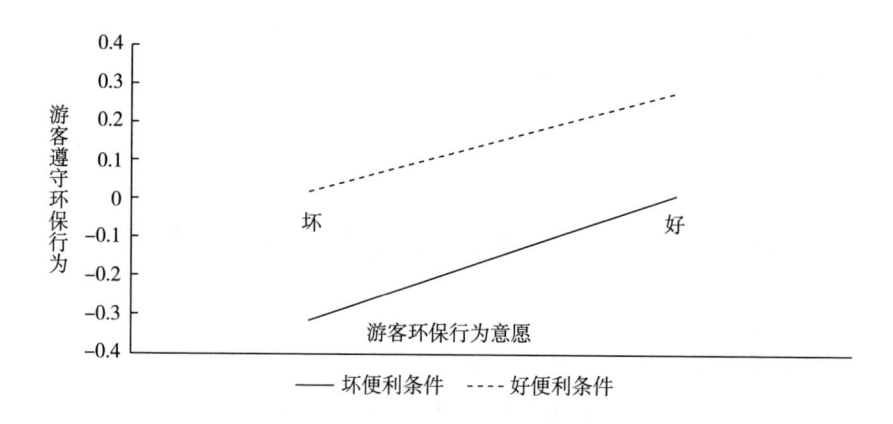

图5-26　便利条件对行为意愿和游客遵守环保行为的调节效应

（2）便利条件对环保意愿作用于游客消费环保行为的调节效应显著。由表5-56和图5-27可知，模型3的F=72.584，统计意义明显，且R^2和调整后的R^2相比模型1和模型2都有较大的提高，游客环保行为意愿和便利条件的交互项作用显著；交互作用的系数为-0.021，表明便利条件对环保意愿作用于游客消费环保行为起到负向调节作用。

表 5-56　便利条件对行为意愿和游客消费环保行为的调节效应

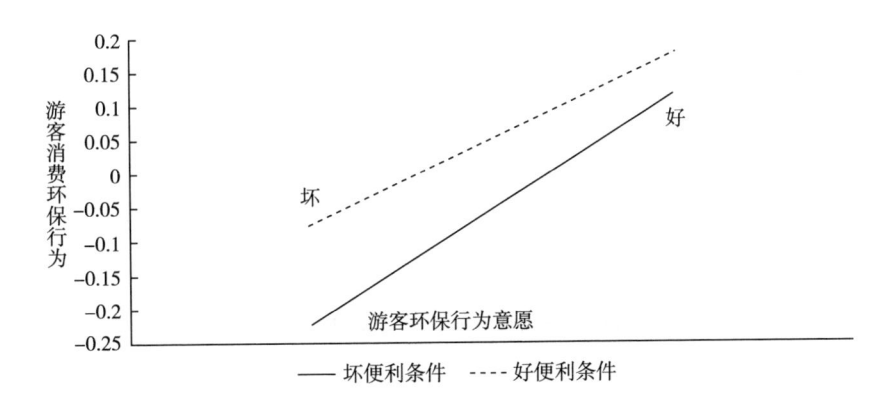

TCEB	进入变量	B	Beta	T	Sig.	R^2	调整后的 R^2	F	Sig.
Model1	TEBI	0.223	0.294	11.034	0	0.086	0.086	121.748	0.000[b]
Model2	TEBI	0.172	0.227	7.902	0	0.11	0.108	79.187	0.000[b]
	CD	0.081	0.166	5.792	0				
Model3	TEBI	0.148	0.195	6.844	0	0.145	0.143	72.584	0.000[b]
	CD	0.052	0.108	3.676	0				
	CD * TEBI	-0.021	-0.203	-7.278	0				

图 5-27　便利条件对行为意愿和游客消费环保行为的调节效应

（3）便利条件对环保意愿作用于游客劝导环保行为的调节效应显著。由表 5-57 和图 5-28 可知，多层回归分析模型 3 的 F＝90.619，统计意义明显，且 R^2 和调整后的 R^2 相比模型 1 和模型 2 都有较大的提高，游客环保行为意愿和便利条件的交互项作用显著；交互作用的系数为 0.017，表明便利条件对环保行为意愿与游客劝导环保行为之间的关系具有正向调节作用。

表 5-57　便利条件对行为意愿和游客劝导环保行为的调节效应

TPEB	进入变量	B	Beta	T	Sig.	R^2	调整后的 R^2	F	Sig.
Model1	TEBI	0.324	0.334	12.725	0	0.112	0.111	161.917	0.000[b]
Model2	TEBI	0.231	0.239	8.539	0	0.16	0.158	121.981	0.000[b]
	CD	0.148	0.239	8.543	0				

续表

TPEB	进入变量	B	Beta	T	Sig.	R^2	调整后的 R^2	F	Sig.
Model3	TEBI	0.252	0.259	9.26	0	0.175	0.173	90.619	0.000[b]
	CD	0.172	0.277	9.622	0				
	CD * TEBI	0.017	0.133	4.858	0				

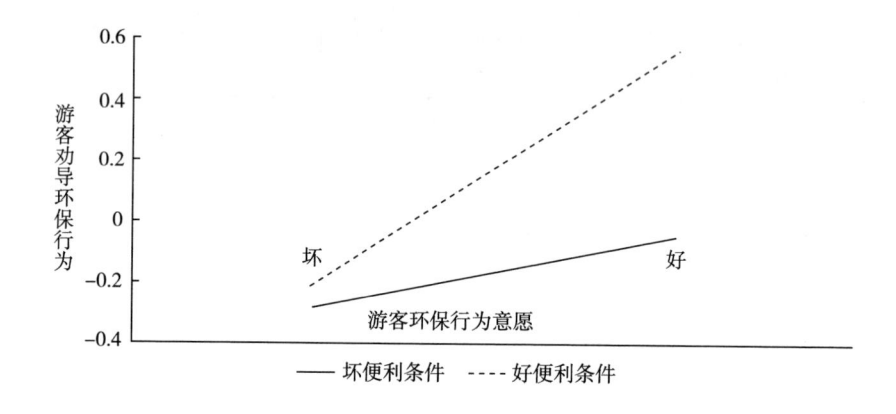

图 5-28 便利条件对行为意愿和游客劝导环保行为的调节效应

（4）便利条件对环保意愿作用于游客呼吁环保行为的调节效应显著。由表 5-58 和图 5-29 可知，模型 3 的 F=63.275，统计意义明显，且 R^2 和调整后的 R^2 相比模型 1 和模型 2 都有较大的提高，游客环保行为意愿和便利条件的交互项作用显著；交互作用的系数为 0.016，表明便利条件对环保行为意愿作用于游客呼吁环保行为的关系起到正向调节作用。

表 5-58　便利条件对行为意愿和游客呼吁环保行为的调节效应

TAEB	进入变量	B	Beta	T	Sig.	R^2	调整后的 R^2	F	Sig.
Model1	TEBI	0.39	0.343	13.112	0	0.118	0.117	171.937	0.000[b]
Model2	TEBI	0.39	0.343	13.112	0	0.12	0.119	85.909	0.000[b]
	CD	0.031	0.042	1.482	0.139				
	TEBI	0.389	0.343	11.908	0				

续表

TAEB	进入变量	B	Beta	T	Sig.	R^2	调整后的 R^2	F	Sig.
Model3	CD	0.053	0.073	2.545	0.014	0.129	0.127	63.275	0.000[b]
	CD * TEBI	0.016	0.105	3.714	0				

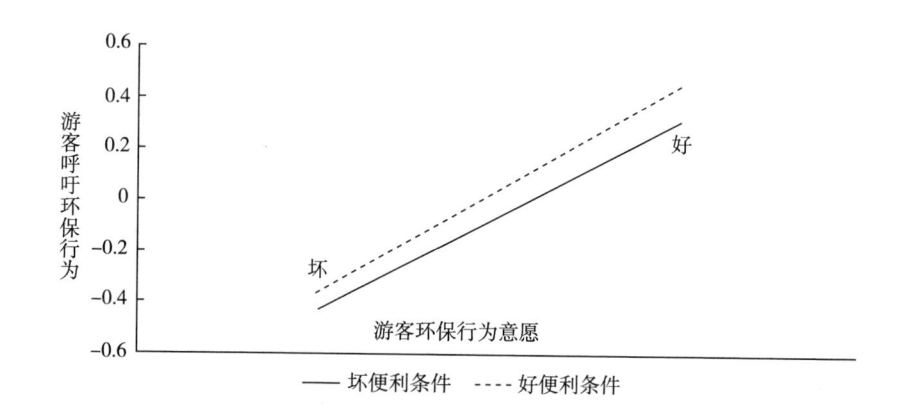

图 5-29 便利条件对行为意愿和游客呼吁环保行为的调节效应

整体来看，便利条件对环保意愿作用于四类游客环保行为的路径调节效应显著，且为显著正向调节效应，即便利条件，强化了游客环保行为意愿向游客环保行为的转化。感受到的便利条件越强，则越倾向于调整游客环保行为习惯、实施游客消费环保行为。

二 景区环境质量的调节效应检验

把景区环境质量（EQ）作为外部情境因素，单独分析其对环保意愿作用于四类游客环保行为路径的调节效应。多层回归分析结果表明：

（1）景区环境质量对环保意愿作用于游客遵守环保行为路径的调节效应显著。由表 5-59 和图 5-30 可知，模型 3 的 F=127.722，统计意义明显，且 R^2 和调整后的 R^2 相比模型 1 和模型 2 都有较大的提高，游客环保行为意愿和景区环境质量的交互项作用显著；交互作用的系数为 0.019，表明景区环境质量对环保意愿作用于游客遵守环保行为起到正向调节作用。

表 5-59　景区环境质量对行为意愿和游客遵守环保行为的调节效应

TOEB	进入变量	B	Beta	T	Sig.	R^2	调整后的 R^2	F	Sig.
Model1	TEBI	0.265	0.44	17.55	0	0.193	0.193	307.99	0.000[b]
Model2	TEBI	0.255	0.422	16.981	0	0.216	0.215	177.357	0.000[b]
	EQ	0.115	0.153	6.155	0				
Model3	TEBI	0.254	0.421	17.076	0	0.23	0.228	127.722	0.000[b]
	EQ	0.098	0.13	5.197	0				
	EQ * TEBI	0.019	0.118	4.745	0				

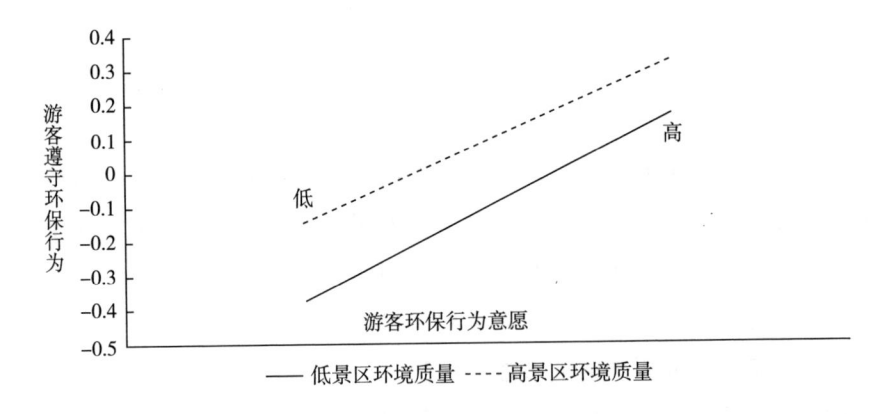

图 5-30　景区环境质量对行为意愿和游客遵守环保行为的调节效应

（2）景区环境质量对环保意愿作用于游客消费环保行为路径的调节效应显著。由表 5-60 和图 5-31 可知，多层回归分析模型 3 的 F = 68.307，P = 0<0.01，统计意义明显，且 R^2 和调整后的 R^2 相比模型 1 和模型 2 都有显著的提高，游客环保行为意愿和景区环境质量的交互项

作用显著；交互作用的系数为-0.022，表明景区环境质量对环保意愿作用于游客消费环保行为起到负向调节作用。

表5-60　　　　景区环境质量对行为意愿和游客消费
环保行为的调节效应

TCEB	进入变量	B	Beta	T	Sig.	R^2	调整后的R^2	F	Sig.
Model1	TEBI	0.223	0.294	11.034	0	0.086	0.086	121.748	0.000[b]
Model2	TEBI	0.206	0.271	10.334	0	0.126	0.124	92.354	0.000[b]
	EQ	0.188	0.199	7.59	0				
Model3	TEBI	0.205	0.27	10.361	0	0.138	0.136	68.307	0.000[b]
	EQ	0.168	0.178	6.703	0				
	EQ * TEBI	-0.022	-0.111	-4.219	0				

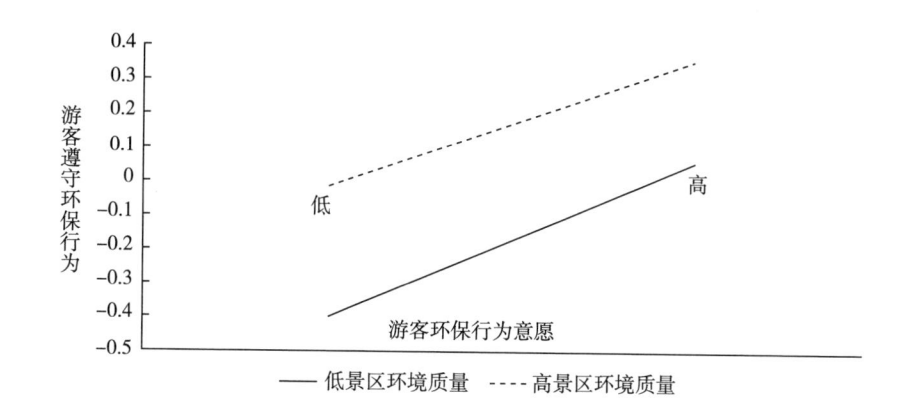

图5-31　景区环境质量对行为意愿和游客消费环保行为的调节效应

（3）景区环境质量对环保意愿作用于游客劝导环保行为路径的调节效应显著。由表5-61和图5-32可知，多层回归分析模型3的F=103.361，P=0.055<0.01，统计意义明显，且R^2和调整后的R^2相比模型1和模型2都有较大的提高，游客环保行为意愿和景区环境质量的

交互项作用显著；交互作用的系数为 0.013，表明景区环境质量对环保意愿作用于游客劝导环保行为起到正向调节作用。

表 5-61　景区环境质量对行为意愿和游客劝导环保行为的调节效应

TPEB	进入变量	B	Beta	T	Sig.	R^2	调整后的 R^2	F	Sig.
Model1	TEBI	0.324	0.334	12.725	0	0.112	0.111	161.917	0.000[b]
Model2	TEBI	0.301	0.311	12.033	0	0.154	0.153	117.309	0.000[b]
	EQ	0.25	0.208	8.043	0				
Model3	TEBI	0.302	0.311	12.063	0	0.157	0.155	103.361	0.000[b]
	EQ	0.262	0.217	8.268	0				
	EQ * TEBI	0.013	0.05	1.918	0.055				

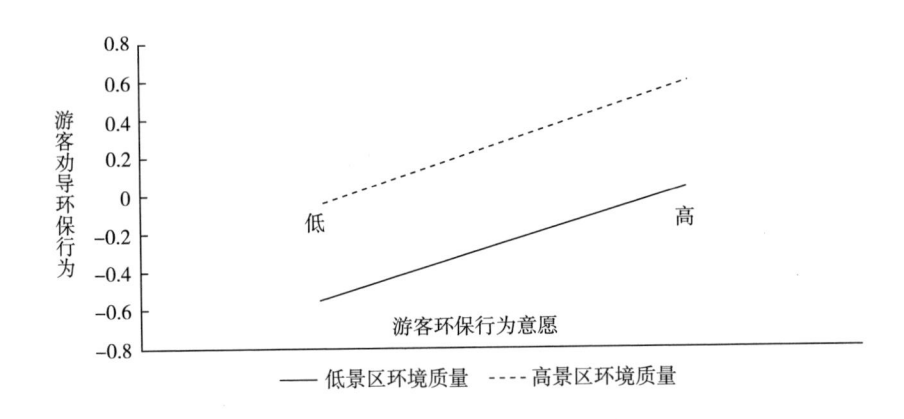

图 5-32　景区环境质量对行为意愿和游客劝导环保行为的调节效应

（4）景区环境质量对环保意愿作用于游客呼吁环保行为路径的调节效应不显著。由表 5-62 可知，游客环保行为意愿和景区环境质量的交互项作用不显著；交互作用的系数为-0.001，T 值没有通过检验，表明景区环境质量对环保意愿作用于游客呼吁环保行为没有起到调节作用。

表 5-62　　　　景区环境质量对行为意愿和游客呼吁
环保行为的调节效应

TAEB	进入变量	B	Beta	T	Sig.	R^2	调整后的 R^2	F	Sig.
Model1	TEBI	0.39	0.343	13.112	0	0.118	0.117	171.937	0.000[b]
Model2	TEBI	0.39	0.344	13.034	0	0.118	0.117	85.908	0.000[b]
	EQ	-0.004	-0.003	-0.104	0.917				
Model3	EQ	-0.004	-0.003	-0.118	0.096	0.118	0.116	57.23	0.000[b]
	EQ * TEBI	-0.001	-0.002	-0.083	0.934				

综上所述，景区环境质量对环保意愿作用于游客遵守环保行为和游客劝导环保行为的路径调节效应显著，且为显著正向调节效应，即景区环境质量水平强化了游客环保行为意愿向游客环保行为的转化。景区环境质量水平越高，越倾向于调整游客环保行为习惯、实施游客劝导环保行为。结论充分说明了"破窗效应"的存在，游客身处干净整洁的旅游场景中，会审视自己的行为，自觉维护环境质量，反过来，脏乱差的旅游场景会让游客成为冷眼旁观者或者破坏者。

三　惩罚性政策的调节效应检验

把惩罚性政策（PP）作为外部情境因素，分别分析其对游客环保意愿作用于游客遵守环保行为、游客消费环保行为、游客劝导环保行为和游客呼吁环保行为的调节效应，多层回归分析结果表明：

（1）惩罚性政策对环保意愿作用于游客遵守环保行为的调节效应显著。由表 5-63 和图 5-33 可知，模型 3 的 F = 216.052，统计意义明显，且 R^2 和调整后的 R^2 相比模型 1 和模型 2 都有较大幅度的提高，表明游客环保行为意愿和惩罚性政策的交互项作用显著；交互项系数为 -0.073，表明惩罚性政策对环保意愿对游客遵守环保行为起到负向调节作用。

表 5-63　惩罚性政策对行为意愿和游客遵守环保行为的调节效应

TVEB	进入变量	B	Beta	T	Sig.	R^2	调整后的 R^2	F	Sig.
Model1	TEPI	0.265	0.440	17.550	0.000	0.193	0.193	307.990	0.000^b
Model2	TEPI	0.249	0.413	17.471	0.000	0.287	0.286	258.914	0.000^b
	PR	0.239	0.308	13.019	0.000				
Model3	TEPI	0.184	0.243	10.295	0.0000	0.335	0.334	216.052	0.000^b
	PR	0.206	0.212	8.724	0.000				
	PR * TEPI	-0.073	-0.356	-14.655	0.000				

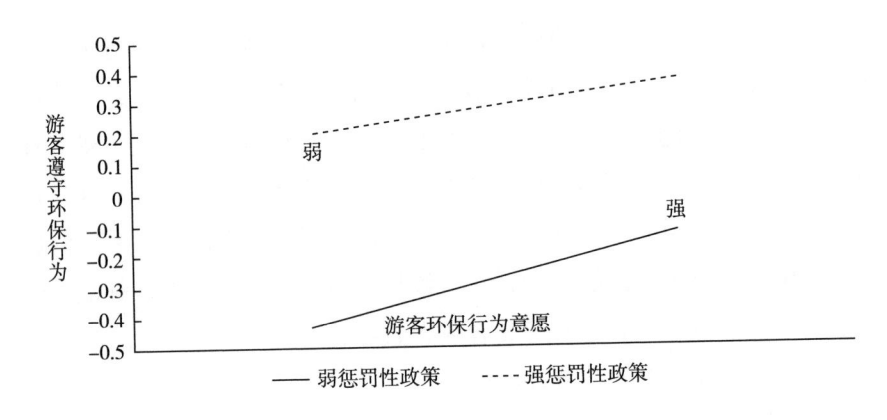

图 5-33　惩罚性政策对行为意愿和游客遵守环保行为的调节效应

（2）惩罚性政策对环保意愿作用于游客消费环保行为路径的调节效应显著。由表 5-64 和图 5-34 可知，多层回归分析模型 3 的 F = 216.052，统计意义明显，且 R^2 和调整后的 R^2 相比模型 1 和模型 2 都有较大幅度的提高，游客环保行为意愿和惩罚性政策的交互项作用显著，交互项系数为 -0.037，表明惩罚性政策对环保意愿作用于游客消费环保行为具有负向调节作用。

表 5-64 惩罚性政策对行为意愿和游客消费环保行为的调节效应

TVEB	进入变量	B	Beta	T	Sig.	R^2	调整后的 R^2	F	Sig.
Model1	TEPI	0.265	0.440	17.550	0.000	0.193	0.193	307.990	0.000[b]
Model2	TEPI	0.249	0.413	17.471	0.000	0.287	0.286	258.914	0.000[b]
	PR	0.239	0.308	13.019	0.000				
Model3	TEPI	0.239	0.397	17.336	0.000	0.335	0.334	216.052	0.000[b]
	PR	0.198	0.255	10.864	0.000				
	PR * TEPI	-0.037	-0.227	-9.653	0.000				

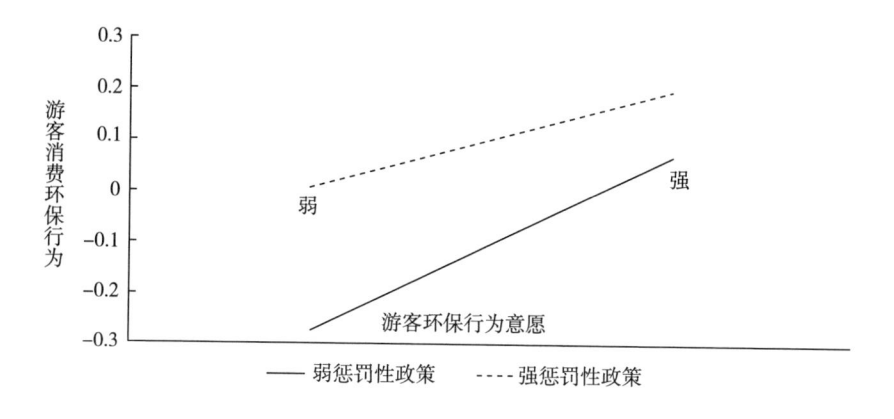

图 5-34 惩罚性政策对行为意愿和游客消费环保行为的调节效应

（3）惩罚性政策对环保意愿作用于游客劝导环保行为的调节效应显著。由表 5-65 和图 5-35 可知，模型 3 的 F=81.930，统计意义明显，且 R^2 和调整后的 R^2 相比模型 1 和模型 2 有较大提高，表明游客环保行为意愿和惩罚性政策的交互项作用显著；交互项系数为 0.040，表明惩罚性政策对环保行为意愿作用于游客劝导环保行为起到正向调节作用。

表 5-65　惩罚性政策对行为意愿和游客劝导环保行为的调节效应

TPEB	进入变量	B	Beta	T	Sig.	R^2	调整后的 R^2	F	Sig.
Model1	TEPI	0.324	0.334	12.725	0.000	0.112	0.111	161.917	0.000[b]
Model2	TEPI	0.338	0.349	13.415	0.000	0.139	0.137	103.461	0.000[b]
	PR	-0.205	-0.165	-6.331	0.000				
Model3	TEPI	0.349	0.359	13.970	0.000	0.161	0.159	81.930	0.000[b]
	PR	-0.161	-0.129	-4.887	0.000				
	PR * TEPI	0.040	0.153	5.798	0.000				

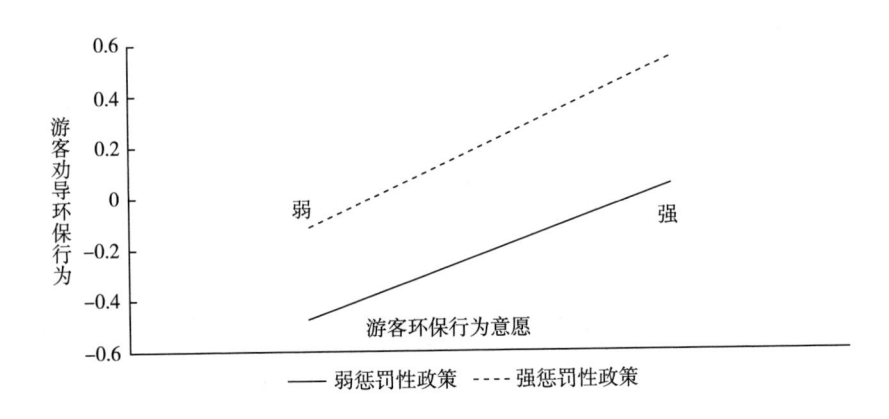

图 5-35　惩罚性政策对行为意愿和游客劝导环保行为的调节效应

（4）惩罚性政策对环保意愿作用于游客呼吁环保行为路径的调节效应显著。由表 5-66 和图 5-36 可知，模型 3 的 F = 108.058，统计意义明显，且 R^2 和调整后的 R^2 相比模型 1 和模型 2 都有较大提高，表明游客环保行为意愿和惩罚性政策的交互项作用显著，系数为 0.016，表明惩罚性政策对环保行为意愿作用于游客呼吁环保行为起到正向调节作用。

表 5-66　惩罚性政策对行为意愿和游客呼吁环保行为的调节效应

TAEB	进入变量	B	Beta	T	Sig.	R^2	调整后的 R^2	F	Sig.
Model1	TEBI	0.390	0.343	13.112	0.000	0.118	0.117	171.937	0.000[b]
Model2	TEBI	0.411	0.362	14.121	0.000	0.163	0.162	125.004	0.000[b]
	PP	-0.310	-0.213	-8.306	0.000				
Model3	TEBI	0.031	0.027	0.316	0.752	0.202	0.200	108.058	0.000[b]
	PP	-0.171	-0.234	-2.915	0.004				
	PP * TEBI	0.016	0.492	3.688	0.000				

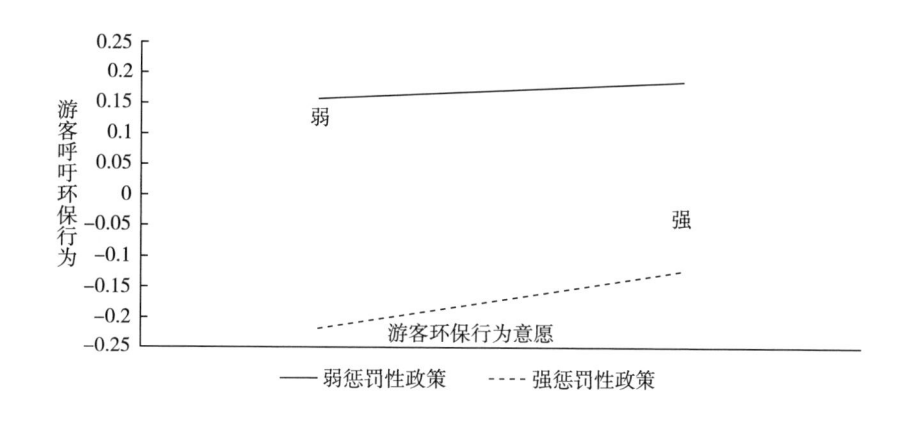

图 5-36　惩罚性政策对行为意愿和游客呼吁环保行为的调节效应

综上所述，惩罚性政策对环保意愿作用于游客遵守环保行为、游客消费环保行为、游客劝导环保行为、游客呼吁环保行为的调节效应显著，即惩罚性政策强化了游客环保行为意愿向这4类游客环保行为的转化。结论证实了惩罚性环境政策对游客环保行为的影响，给予游客以惩罚，其不环保行为得以减少或终止。

四　鼓励性政策的调节效应检验

把鼓励性政策（EP）作为外部情境因素，单独分析其对游客环保行为意愿作用于四类游客环保行为的调节效应，多层回归分析结果表明：

(1) 鼓励性政策对环保意愿作用于游客遵守环保行为的调节效应显著。由表5-67和图5-37可知,模型3的F=151.56,统计意义明显,且R^2和调整后的R^2相比模型1和模型2都有较大幅度提高,表明游客环保行为意愿和鼓励性政策的交互项作用显著;交互项系数为-0.015,表明鼓励性政策对游客环保行为意愿作用于游客遵守环保行为具有负向调节效应。

表5-67 鼓励性政策对行为意愿和游客遵守环保行为的调节效应

TOEB	进入变量	B	Beta	T	Sig.	R^2	调整后的R^2	F	Sig.
Model1	TEBI	0.265	0.44	17.55	0.000	0.193	0.193	307.99	0.000[b]
Model2	TEBI	0.202	0.335	12.68	0.000	0.249	0.248	213.026	0.000[b]
	EP	0.167	0.258	9.77	0.000				
Model3	TEBI	0.194	0.322	12.231	0.000	0.262	0.26	151.56	0.000[b]
	EP	0.143	0.222	8.106	0.000				
	EP * TEBI	-0.015	-0.12	-4.663	0.000				

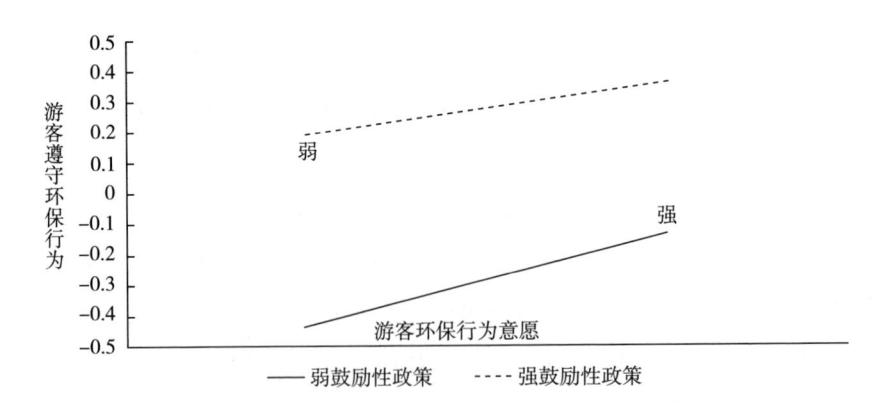

图5-37 鼓励性政策对行为意愿和游客遵守环保行为的调节效应

(2) 鼓励性政策对游客环保行为意愿作用于游客消费环保行为的调

节效应显著。由表 5-68 和图 5-38 可知，模型 3 的 F=66.242，统计意义明显，且 R^2 和调整后的 R^2 相比模型 1 和模型 2 都有较大幅度提高，说明游客环保行为意愿和鼓励性政策的交互项作用显著；交互项系数为 -0.038，鼓励性政策的系数为正，表明鼓励性政策对游客环保行为意愿作用于游客消费环保行为的负向调节效应显著。

表 5-68　鼓励性政策对行为意愿和游客消费环保行为的调节效应

TCEB	进入变量	B	Beta	T	Sig.	R^2	调整后的 R^2	F	Sig.
Model1	TEBI	0.223	0.294	11.034	0	0.086	0.086	121.748	0.000[b]
Model2	TEBI	0.171	0.226	7.666	0	0.105	0.104	75.362	0.000[b]
	EP	0.143	0.152	5.153	0				
Model3	TEBI	0.135	0.178	5.958	0	0.134	0.132	66.242	0.000[b]
	EP	0.103	0.109	3.663	0				
	EP * TEBI	-0.038	-0.187	-6.563	0				

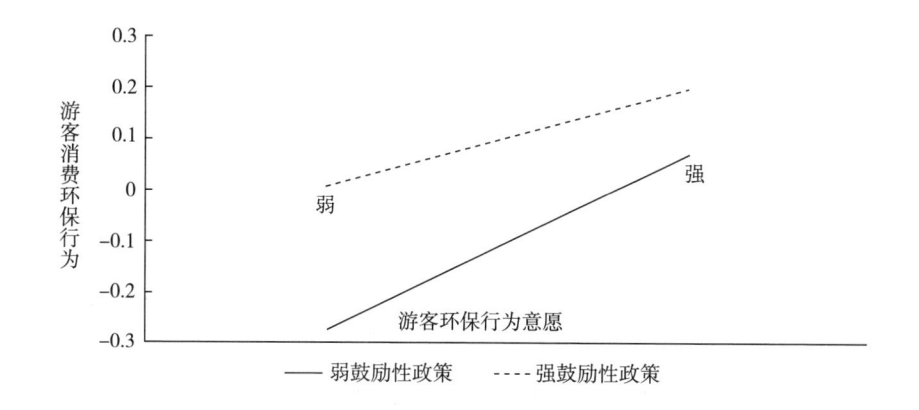

图 5-38　鼓励性政策对行为意愿和游客消费环保行为的调节效应

（3）鼓励性政策对环保意愿作用于游客劝导环保行为路径的调节效应显著。由表 5-69 和图 5-39 可知，多层回归分析模型 3 的 F=

72.303，P=0<0.001，统计意义明显，且 R2 和调整后的 R2 相比模型 1 和模型 2 都有较大的提高，游客环保行为意愿和鼓励性政策的交互项作用显著；交互项系数为 0.037，鼓励性政策的系数为正，表明鼓励性政策会增强环保意愿作用于游客劝导环保行为的正向影响。

表 5-69　鼓励性政策对行为意愿和游客劝导环保行为的调节效应

TPEB	进入变量	B	Beta	T	Sig.	R^2	调整后的 R^2	F	Sig.
Model1	TEBI	0.324	0.334	12.725	0	0.112	0.111	161.917	0.000[b]
Model2	TEBI	0.262	0.27	9.284	0	0.128	0.127	94.563	0.000[b]
	EP	0.173	0.143	4.927	0				
Model3	TEBI	0.297	0.306	10.288	0	0.145	0.143	72.303	0.000[b]
	EP	0.211	0.176	5.937	0				
	EP * TEBI	0.037	0.14	4.934	0				

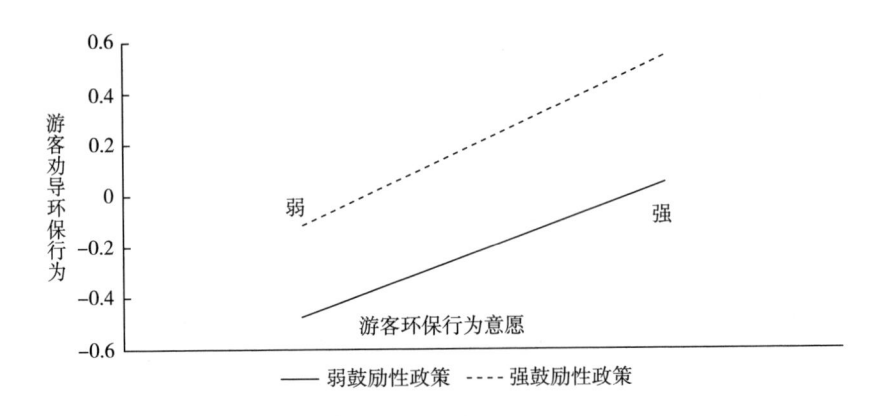

图 5-39　鼓励性政策对行为意愿和游客劝导环保行为的调节效应

（4）鼓励性政策对环保意愿作用于游客呼吁环保行为的调节效应显著。由表 5-70 和图 5-40 可知，模型 3 的 F=84.107，统计意义明显，且 R^2 和调整后的 R^2 相比模型 1 和模型 2 都有较大提高，说明游客环保行为意愿和鼓励性政策的交互项作用显著，系数为 0.048，鼓励性政策的系数为正，表明鼓励性政策会增强环保意愿作用于游客呼吁环保行为的正向影响作用。

表 5-70　鼓励性政策对行为意愿和游客呼吁环保行为的调节效应

TAEB	进入变量	B	Beta	T	Sig.	R^2	调整后的 R^2	F	Sig.
Model1	TEBI	0.39	0.343	13.112	0	0.118	0.117	171.937	0.000[b]
Model2	TEBI	0.298	0.263	9.109	0	0.144	0.143	108.059	0.000[b]
	EP	0.254	0.18	6.252	0				
Model3	TEBI	0.344	0.303	10.297	0	0.164	0.162	84.107	0.000[b]
	EP	0.305	0.216	7.399	0				
	EP * TEBI	0.048	0.156	5.58	0				

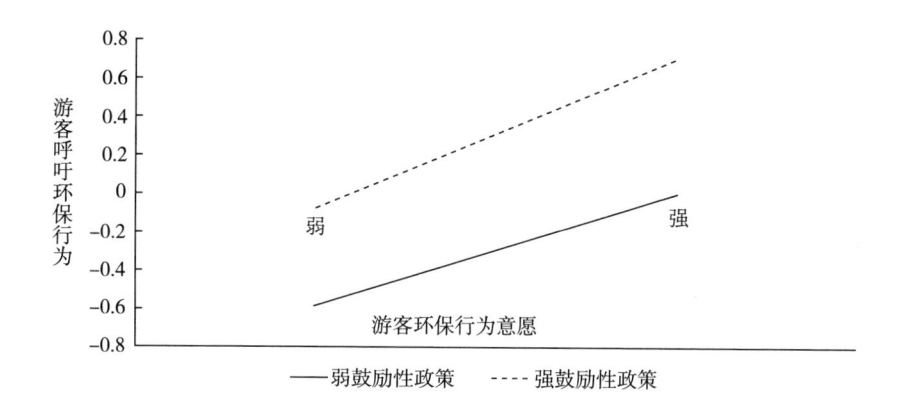

图 5-40　鼓励性政策对行为意愿和游客呼吁环保行为的调节效应

整体来看，鼓励性政策对环保意愿作用于游客劝导环保行为和游客呼吁环保行为路径的调节效应显著，即鼓励性政策强化了游客环保行为意愿向游客环保行为的转化。结论证实了鼓励性环境政策对游客环保行为的影响，对游客环保行为给予强化（奖励），其环保行为将得以保持。

五　信息干预的调节效应检验

把信息干预（II）作为促进性条件，单独分析其对环保意愿作用于四类游客环保行为的调节效应。多层回归分析结果表明：

（1）信息干预对环保意愿作用于游客遵守环保行为的负向调节效应显著。由表5-71和图5-41可知，模型3的F=213.465，统计意义明显，且R^2和调整后的R^2相比模型1和模型2都有较大的提高，游客环保行为意愿和信息干预的交互项作用显著；交互作用的系数为-0.022，表明信息干预对环保意愿作用于游客遵守环保行为起到负向调节作用。

表5-71　信息干预对行为意愿和游客遵守环保行为的调节效应

TOEB	进入变量	B	Beta	T	Sig.	R^2	调整后的R^2	F	Sig.
Model1	TEBI	0.265	0.440	17.550	0.000	0.193	0.193	307.990	0.000[b]
Model2	TEBI	0.148	0.245	9.117	0.000	0.306	0.305	283.775	0.000[b]
	II	0.211	0.389	14.478	0.000				
Model3	TEBI	0.118	0.196	7.186	0.000	0.333	0.331	213.465	0.000[b]
	II	0.190	0.350	13.022	0.000				
	II * TEBI	-0.022	-0.179	-7.130	0.000				

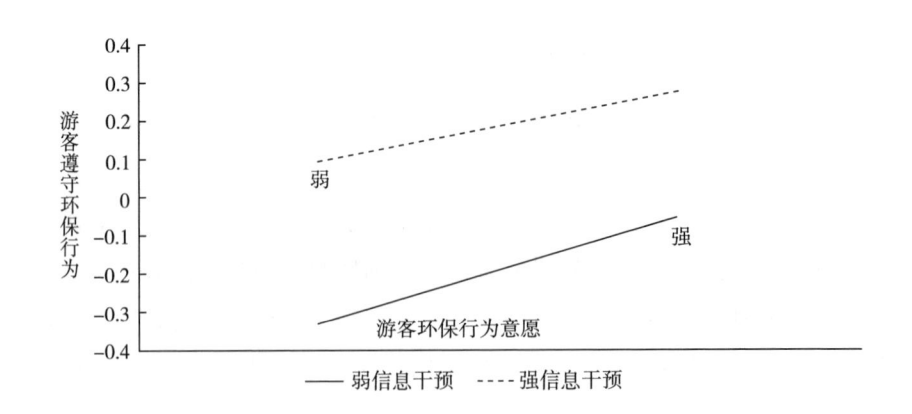

图5-41　信息干预对行为意愿和游客遵守环保行为的调节效应

（2）信息干预对环保意愿作用于游客消费环保行为路径的负向调节效应显著。由表5-72和图5-42可知，模型3的F=89.199，统计意义明显，且R^2和调整后的R^2相比模型1和模型2都有较大的提高，游客环保行为意愿和信息干预的交互项作用显著；交互作用的系数为-0.037，表明信息干预对环保意愿作用于游客消费环保行为起到负向调节作用。

表5-72　信息干预对行为意愿和游客消费环保行为的调节效应

TCEB	进入变量	B	Beta	T	Sig.	R^2	调整后的R^2	F	Sig.
Model1	TEBI	0.223	0.294	11.034	0.000	0.086	0.086	121.748	0.000[b]
Model2	TEBI	0.137	0.180	5.985	0.000	0.125	0.124	91.765	0.000[b]
	II	0.154	0.227	7.518	0.000				
Model3	TEBI	0.087	0.115	3.780	0.000	0.172	0.171	89.199	0.000[b]
	II	0.119	0.175	5.846	0.000				
	II * TEBI	-0.037	-0.241	-8.584	0.000				

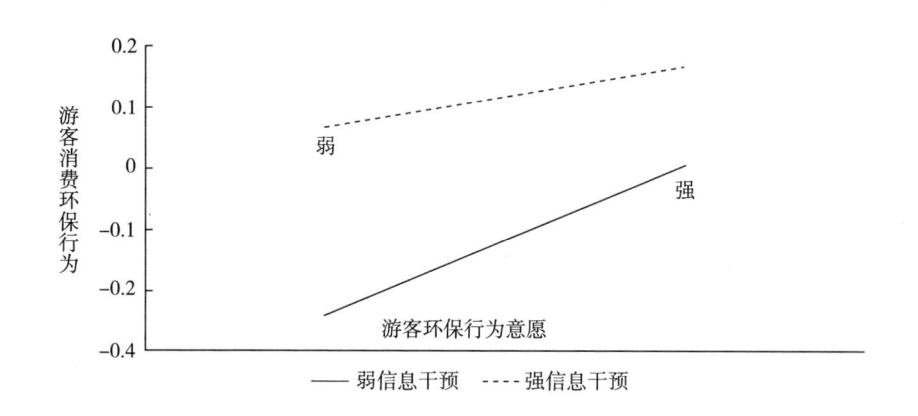

图5-42　信息干预对行为意愿和游客消费环保行为的调节效应

（3）信息干预对环保意愿作用于游客劝导环保行为的正向调节效应显著。由表5-73和图5-43可知，模型3的F=75.628，统计意义明显，且R^2和调整后的R^2相比模型1和模型2都有较大的提高，游客环保行为意愿和信息干预的交互项作用显著；交互作用的系数为0.031，表明信息干预对环保意愿作用于游客劝导环保行为的路径有正向调节作用。

表5-73　信息干预对行为意愿和游客劝导环保行为的调节效应

TPEB	进入变量	B	Beta	T	Sig.	R^2	调整后的R^2	F	Sig.
Model1	TEBI	0.324	0.334	12.725	0.000	0.112	0.111	161.917	0.000[b]
Model2	TEBI	0.249	0.257	8.537	0.000	0.130	0.128	95.862	0.000[b]
	II	0.135	0.155	5.156	0.000				
Model3	TEBI	0.291	0.300	9.756	0.000	0.150	0.148	75.628	0.000[b]
	II	0.165	0.189	6.223	0.000				
	II * TEBI	0.031	0.157	5.543	0.000				

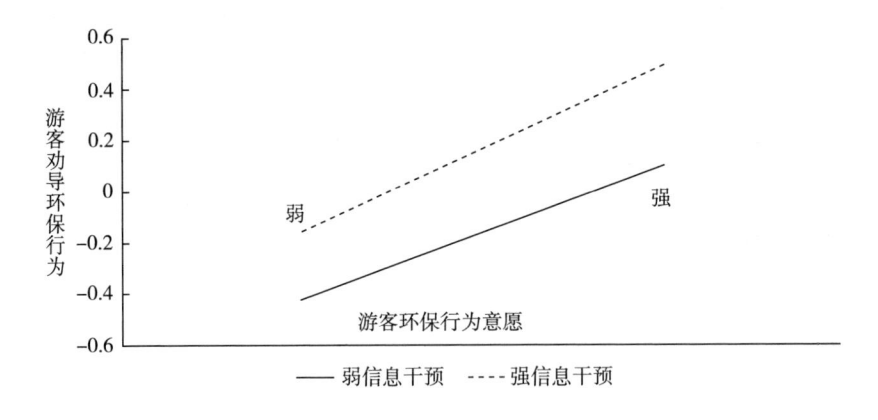

图5-43　信息干预对行为意愿和游客劝导环保行为的调节效应

（4）信息干预对环保意愿作用于游客呼吁环保行为的正向调节效应显著。由表5-74和图5-44可知，模型3的F=92.724，统计意义明显，且R^2和调整后的R^2相比模型1和模型2都有较大的提高，游客环保行为意愿和信息干预的交互项作用显著；交互作用的系数为0.040，表明信息干预对环保意愿作用于游客呼吁环保行为起到正向调节作用。

表 5-74　信息干预对行为意愿和游客呼吁环保行为的调节效应

TAEB	进入变量	B	Beta	T	Sig.	R²	调整后的 R²	F	Sig.
Model1	TEBI	0.390	0.343	13.112	0.000	0.118	0.117	171.937	0.000^b
Model2	TEBI	0.266	0.235	7.913	0.000	0.153	0.152	116.181	0.000^b
Model2	II	0.221	0.217	7.309	0.000	0.153	0.152	116.181	0.000^b
Model3	TEBI	0.321	0.282	9.347	0.000	0.178	0.176	92.724	0.000^b
Model3	II	0.259	0.254	8.518	0.000	0.178	0.176	92.724	0.000^b
Model3	II * TEBI	0.040	0.174	6.241	0.000	0.178	0.176	92.724	0.000^b

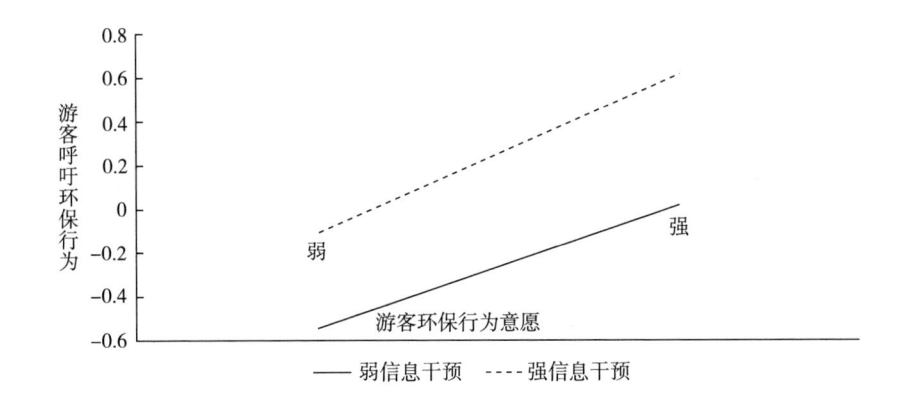

图 5-44　信息干预对行为意愿和游客呼吁环保行为的调节效应

综上所述，信息干预对游客环保行为意愿作用于游客遵守环保行为和游客呼吁环保行为的调节效应显著，即信息干预强化了游客环保行为意愿向游客环保行为的转化。结论说明了游客获取的环境知识和旅游地信息越多，其行为越环保。

六　促进性条件的调节效应假设检验

根据上述实证结果，下面分别对前文提出的假设进行检验。

（1）便利条件对游客环保行为意愿作用于游客遵守环保行为有正向调节作用，假设 H36a 成立；景区环境质量对游客环保行为意愿作用于游客遵守环保行为有正向调节作用，假设 H36b 成立。惩罚性政策对游客环保行为意愿作用于游客遵守环保行为有负向调节作用,假设H36c不成立;鼓励性政策对游客环保行为意愿作用于游客遵守环保行为有负向调节作用,假设H36d不成立;信息干预对游客环保行为意愿作用于游客遵守环保行为有负向调节作用,假设H36e不成立。综上,促进性条件部分显著调节游客环保行为意愿与游客遵守环保行为的关系,假设H36部分成立。

(2)便利条件对游客环保行为意愿作用于游客消费环保行为有负向调节作用,假设H37a不成立;景区环境质量对游客环保行为意愿作用于游客消费环保行为有负向调节作用,假设H37b不成立;惩罚性政策对游客环保行为意愿作用于游客消费环保行为有负向调节作用,假设H37c不成立;鼓励性政策对游客环保行为意愿作用于游客消费环保行为有负向调节作用,假设H37d不成立;信息干预对游客环保行为意愿作用于游客消费环保行为有负向调节作用,假设H37e不成立。综上,促进性条件显著调节游客环保行为意愿与游客消费环保行为的关系,假设H37不成立。

(3)便利条件对游客环保行为意愿作用于游客劝导环保行为有正向调节作用,假设H38a成立;景区环境质量对游客环保行为意愿作用于游客劝导环保行为有正向调节作用,假设H38b成立;惩罚性政策对游客环保行为意愿作用于游客劝导环保行为有正向调节作用,假设H38c成立;鼓励性政策对游客环保行为意愿作用于游客劝导环保行为有正向调节作用,假设H38d成立;信息干预对游客环保行为意愿作用于游客劝导环保行为有正向调节作用,假设H38e成立。综上,促进性条件显著调节游客环保行为意愿与游客劝导环保行为的关系,假设H38成立。

(4)便利条件对游客环保行为意愿作用于游客呼吁环保行为有正向调节作用,假设H39a成立;景区环境质量对游客环保行为意愿作用于游客呼吁环保行为调节效应不显著,假设H39b不成立;惩罚性政策对游客环保行为意愿作用于游客呼吁环保行为有正向调节作用,假设H39c成立;鼓励性政策对游客环保行为意愿作用于游客呼吁环保行为有正向调节作用，假设 H39d 成立；信息干预对游客环保行为意愿作用于游客呼吁环保行为有正向调节作用，假设 H39e 成立。综上，部分促进性条件显著调节游客环保行为意愿与游客呼吁环保行为的关系，假设 H39 部分成立。

第七节 不同信息传播渠道效果的量化分析

随着科技的发展，信息化程度不断加深，旅游行业已经进入到智慧旅游发展阶段，微博、微信等自媒体的发展使得信息传递更加畅通。然而，在自媒体时代，要做到精准营销宣传，必须了解信息传播渠道对不同人群的影响。为实证分析信息传播渠道对不同游客的影响力，精确信息传播的效果，正式问卷设计除了对信息干预的效果（PE）进行考察外，正式问卷中还加入了 10 项关于信息传播渠道（Information Dissemination Channel，IDC）的测量题项（见表 5-75）。采用独立样本 T 检验、单因素方差检验和均值比较，量化分析信息传播渠道在个人传记特征上的具体差异。

表 5-75　　　　　　信息传播渠道的测量题项

序号	题项	均值
IDC1	导游员环境讲解及景区环境保护标识牌会影响我保护景区环境	3.525
IDC2	街头横幅、（电子）广告牌信息影响我，使我更愿意保护景区环境	4.016
IDC3	电视信息影响我，使我更愿意保护景区环境	4.085
IDC4	广播信息影响我，使我更愿意保护景区环境	3.939
IDC5	报纸信息影响我，使我更愿意保护景区环境	3.901
IDC6	杂志信息影响我，使我更愿意保护景区环境	3.889
IDC7	网站信息影响我，使我更愿意保护景区环境	4.011
IDC8	微信信息影响我，使我更愿意保护景区环境	4.000
IDC9	微博信息影响我，使我更愿意保护景区环境	3.946
IDC10	QQ 空间信息影响我，使我更愿意保护景区环境	3.905

一 性别

独立样本 T 检验（见表 5-76）和均值比较（见表 5-77）结果表明，性别因素对微博和 QQ 传播的信息效果影响显著，对其他渠道传播的信息影响不显著。也就是说，在其他传播途径上，男女没有显著的差别，但是女性更容易受到微博和 QQ 传播信息的影响，可能的原因是女性游客对微博和 QQ 信息的关注度要高于男性游客，且容易受到影响。

表 5-76　　信息传播渠道在性别上的单因素方差分析结果

		平方和	df	均方	F	显著性
IDC1	组间	1.021	1	1.021	0.617	0.432
	组内	2128.184	1286	1.655		
	总数	2129.205	1287			
IDC2	组间	0.223	1	0.223	0.346	0.557
	组内	831.466	1286	0.647		
	总数	831.689	1287			
IDC3	组间	0.681	1	0.681	1.142	0.285
	组内	767.094	1286	0.596		
	总数	767.776	1287			
IDC4	组间	0.464	1	0.464	0.592	0.442
	组内	1007.690	1286	0.784		
	总数	1008.155	1287			
IDC5	组间	0.099	1	0.099	0.115	0.735
	组内	1105.181	1286	0.859		
	总数	1105.280	1287			
IDC6	组间	0.109	1	0.109	0.116	0.734
	组内	1211.015	1286	0.942		
	总数	1211.123	1287			
IDC7	组间	1.388	1	1.388	1.739	0.187
	组内	1026.460	1286	0.798		
	总数	1027.848	1287			

续表

		平方和	df	均方	F	显著性
IDC8	组间	0.386	1	0.386	0.467	0.495
	组内	1063.614	1286	0.827		
	总数	1064.000	1287			
IDC9	组间	3.501	1	3.501	3.822	0.051
	组内	1177.803	1286	0.916		
	总数	1181.304	1287			
IDC10	组间	4.257	1	4.257	4.469	0.035
	组内	1224.997	1286	0.953		
	总数	1229.254	1287			

表 5-77　信息传播渠道在性别上的组间均值比较（性别）

分组依据	均值									
	IDC1	IDC2	IDC3	IDC4	IDC5	IDC6	IDC7	IDC8	IDC9	IDC10
男性	3.492	4.000	4.058	3.961	3.911	3.900	3.972	3.980	3.885	3.837
女性	3.549	4.027	4.104	3.923	3.893	3.881	4.039	4.015	3.991	3.953

二　年龄

从单因素方差分析（见表 5-78）结果可以看出，年龄对信息传播渠道中的街头横幅、（电子）广告牌、杂志、网站、微信、微博、QQ 等传播的信息有显著效应，但对导游、电视、广播、报纸等传播渠道的信息无显著影响。均值比较（见表 5-79）发现年长的游客群体更容易受到街头横幅、（电子）广告牌、杂志、网站、微信、微博、QQ 等途径传播信息的影响，实施环保行为。

表 5-78　信息传播渠道在年龄上的单因素方差分析结果

		平方和	df	均方	F	显著性
IDC1	组间	8.086	6	1.348	0.814	0.559
	组内	2121.119	1281	1.656		
	总数	2129.205	1287			

续表

		平方和	df	均方	F	显著性
IDC2	组间	7.248	6	1.208	1.877	0.082
	组内	824.442	1281	0.644		
	总数	831.689	1287			
IDC3	组间	5.279	6	0.880	1.478	0.182
	组内	762.497	1281	0.595		
	总数	767.776	1287			
IDC4	组间	4.746	6	0.791	1.010	0.417
	组内	1003.408	1281	0.783		
	总数	1008.155	1287			
IDC5	组间	1.843	6	0.307	0.357	0.906
	组内	1103.437	1281	0.861		
	总数	1105.280	1287			
IDC6	组间	42.294	6	7.049	7.726	0.000
	组内	1168.829	1281	0.912		
	总数	1211.123	1287			
IDC7	组间	82.897	6	13.816	18.729	0.000
	组内	944.951	1281	0.738		
	总数	1027.848	1287			
IDC8	组间	93.751	6	15.625	20.630	0.000
	组内	970.249	1281	0.757		
	总数	1064.000	1287			
IDC9	组间	98.175	6	16.362	19.352	0.000
	组内	1083.129	1281	0.846		
	总数	1181.304	1287			
IDC10	组间	80.031	6	13.339	14.868	0.000
	组内	1149.223	1281	0.897		
	总数	1229.254	1287			

表 5-79　　　　信息传播渠道在年龄上的组间均值比较

分组依据	均值									
	IDC1	IDC2	IDC3	IDC4	IDC5	IDC6	IDC7	IDC8	IDC9	IDC10
18 岁以下	3.371	4.075	4.057	4.013	3.969	4.013	4.069	4.044	4.006	3.950
18~30 岁	3.559	4.072	4.127	3.954	3.899	3.991	4.124	4.110	4.104	3.994
31~45 岁	3.517	4.014	4.090	3.955	3.910	3.945	4.093	4.076	4.100	4.024
46~55 岁	3.617	4.004	4.108	3.917	3.906	3.845	4.040	4.094	3.910	3.960
55 岁以上	3.423	3.927	4.044	3.861	3.839	3.818	3.942	3.876	3.752	3.745

三　受教育水平

从单因素方差分析（见表 5-80）看出受教育水平对导游、电视、广播、报纸、网站、微信等途径传播信息有显著性影响，而对街头广告牌、杂志、微博、QQ 等途径传播的信息无显著效应。均值比较结果（见表 5-81）表明，学历高的游客更容易受到导游、电视、广播、报纸、网站、微信等途径传播信息的影响，实施环保行为。

表 5-80　　　信息传播渠道在受教育水平上的单因素方差分析结果

		平方和	df	均方	F	显著性
IDC1	组间	51.534	4	12.883	7.956	0.000
	组内	2077.671	1283	1.619		
	总数	2129.205	1287			
IDC2	组间	2.593	4	0.648	1.003	0.405
	组内	829.097	1283	0.646		
	总数	831.689	1287			
IDC3	组间	6.835	4	1.709	2.881	0.022
	组内	760.941	1283	0.593		
	总数	767.776	1287			
IDC4	组间	12.371	4	3.093	3.985	0.003
	组内	995.784	1283	0.776		
	总数	1008.155	1287			

续表

		平方和	df	均方	F	显著性
IDC5	组间	12.938	4	3.235	3.799	0.004
	组内	1092.341	1283	0.851		
	总数	1105.280	1287			
IDC6	组间	7.250	4	1.813	1.932	0.103
	组内	1203.873	1283	0.938		
	总数	1211.123	1287			
IDC7	组间	10.770	4	2.693	3.397	0.009
	组内	1017.077	1283	0.793		
	总数	1027.848	1287			
IDC8	组间	6.458	4	1.615	1.959	0.099
	组内	1057.542	1283	0.824		
	总数	1064.000	1287			
IDC9	组间	6.907	4	1.727	1.886	0.110
	组内	1174.397	1283	0.915		
	总数	1181.304	1287			
IDC10	组间	2.716	4	0.679	0.710	0.585
	组内	1226.538	1283	0.956		
	总数	1229.254	1287			

表5-81　信息传播渠道在受教育水平上的组间均值比较

分组依据	均值					均值				
	IDC1	IDC2	IDC3	IDC4	IDC5	IDC6	IDC7	IDC8	IDC9	IDC10
初中及以下	3.232	3.904	3.928	3.784	3.768	3.824	3.816	3.856	3.776	3.768
高中或中专	3.398	3.990	4.025	3.965	4.025	3.940	3.970	3.940	3.940	3.915
大专	3.371	4.000	4.058	4.027	3.949	3.908	3.949	3.959	3.946	3.912
本科	3.609	4.050	4.159	3.975	3.919	3.928	4.104	4.066	4.014	3.930
硕士及以上	3.947	4.053	4.093	3.735	3.689	3.702	4.026	4.053	3.868	3.901

四 职业类型

从单因素方差分析（见表5-82）结果可以看出，职业类型对导游、杂志、网站、微信、微博、QQ等途径传播的信息影响显著，而对街头广告牌、电视、广播、报纸等途径传播的信息影响不显著。通过进一步均值比较（见表5-83），可以看出公务员或事业单位、服务人员更容易受到导游、杂志、网站、微信、微博、QQ等途径传播的环境信息的影响，在旅游过程中实施环保行为。

表5-82　信息传播渠道在职业类型上的单因素方差分析结果

		平方和	df	均方	F	显著性
IDC1	组间	28.200	9	3.133	1.906	0.047
	组内	2101.005	1278	1.644		
	总数	2129.205	1287			
IDC2	组间	8.724	9	0.969	1.505	0.141
	组内	822.965	1278	0.644		
	总数	831.689	1287			
IDC3	组间	3.835	9	0.426	0.713	0.698
	组内	763.941	1278	0.598		
	总数	767.776	1287			
IDC4	组间	9.100	9	1.011	1.293	0.236
	组内	999.055	1278	0.782		
	总数	1008.155	1287			
IDC5	组间	10.378	9	1.153	1.346	0.208
	组内	1094.902	1278	0.857		
	总数	1105.280	1287			
IDC6	组间	24.777	9	2.753	2.966	0.002
	组内	1186.347	1278	0.928		
	总数	1211.123	1287			
IDC7	组间	32.797	9	3.644	4.680	0.000
	组内	995.051	1278	0.779		
	总数	1027.848	1287			

续表

		平方和	df	均方	F	显著性
IDC8	组间	34.165	9	3.796	4.711	0.000
	组内	1029.835	1278	0.806		
	总数	1064.000	1287			
IDC9	组间	35.835	9	3.982	4.442	0.000
	组内	1145.469	1278	0.896		
	总数	1181.304	1287			
IDC10	组间	25.203	9	2.800	2.972	0.002
	组内	1204.051	1278	0.942		
	总数	1229.254	1287			

表 5-83　　信息传播渠道在职业类型上的组间均值比较

分组依据	均值									
	IDC1	IDC2	IDC3	IDC4	IDC5	IDC6	IDC7	IDC8	IDC9	IDC10
工人	3.021	3.875	4.000	3.833	3.792	3.875	3.792	3.917	3.792	3.854
农民	3.536	3.964	4.083	3.802	3.745	3.703	3.891	3.891	3.745	3.797
专业技术人员	3.471	4.088	4.126	4.003	3.978	4.044	4.134	4.093	4.030	3.942
学生	3.582	3.995	4.089	3.930	3.889	3.860	4.058	4.053	4.048	3.969
企业管理人员	3.481	3.909	3.987	3.974	3.961	3.922	4.013	4.039	3.922	3.948
企业普通员工	3.833	4.097	4.069	4.014	3.917	3.597	3.500	3.417	3.458	3.417
机关事业单位	3.587	3.933	4.013	3.920	3.880	3.920	4.040	4.067	4.040	4.013
服务业人员	3.737	4.421	4.316	4.316	4.263	4.263	4.316	4.316	4.263	4.263
私营业主	2.714	4.143	4.143	3.857	4.000	4.000	3.714	3.857	3.857	3.857
其他人员	3.316	3.947	3.895	3.842	3.895	3.895	4.000	3.895	3.842	3.895

五　年收入

从单因素方差分析（见表5-84）结果看出，年收入对杂志、网站、微信、微博、QQ等渠道传播的信息有显著效应，而对导游、街头广告、电视、广播、报纸等渠道传播的信息无显著影响。通过均值比较（见表5-85），收入越高的游客越容易受到杂志、网站、微信、微博、QQ等渠道传播的信息的影响，实施环保行为。

表5-84　　信息传播渠道在年收入上的单因素方差分析结果

		平方和	df	均方	F	显著性
IDC1	组间	7.739	6	1.290	0.779	0.587
	组内	2121.465	1281	1.656		
	总数	2129.205	1287			
IDC2	组间	3.921	6	0.653	1.011	0.416
	组内	827.769	1281	0.646		
	总数	831.689	1287			
IDC3	组间	2.473	6	0.412	0.690	0.658
	组内	765.302	1281	0.597		
	总数	767.776	1287			
IDC4	组间	6.396	6	1.066	1.363	0.226
	组内	1001.758	1281	0.782		
	总数	1008.155	1287			
IDC5	组间	6.949	6	1.158	1.351	0.231
	组内	1098.331	1281	0.857		
	总数	1105.280	1287			
IDC6	组间	17.103	6	2.850	3.058	0.006
	组内	1194.021	1281	0.932		
	总数	1211.123	1287			
IDC7	组间	9.849	6	1.642	2.066	0.055
	组内	1017.999	1281	0.795		
	总数	1027.848	1287			
IDC8	组间	12.850	6	2.142	2.610	0.016
	组内	1051.150	1281	0.821		
	总数	1064.000	1287			
IDC9	组间	10.977	6	1.830	2.003	0.062
	组内	1170.326	1281	0.914		
	总数	1181.304	1287			
IDC10	组间	9.593	6	1.599	1.679	0.122
	组内	1219.661	1281	0.952		
	总数	1229.254	1287			

表 5-85　　信息传播渠道在年收入上的组间均值比较

分组依据	均值									
	IDC1	IDC2	IDC3	IDC4	IDC5	IDC6	IDC7	IDC8	IDC9	IDC10
1万以下	3.457	4.075	4.094	4.007	3.947	4.007	4.070	4.072	4.048	3.976
1万—3万	3.538	3.951	4.027	3.853	3.777	3.717	3.870	3.859	3.826	3.870
3万—5万	3.472	4.007	4.086	3.914	3.876	3.821	3.941	3.900	3.859	3.769
5万—10万	3.605	3.957	4.055	3.867	3.879	3.828	4.012	4.004	3.914	3.910
10万—20万	3.632	4.011	4.168	3.989	3.958	3.979	4.179	4.179	4.032	3.968
20万以上	3.757	4.162	4.243	4.081	4.162	4.000	4.108	4.162	4.027	4.081

　　根据信息传播渠道在人口学变量的差异性分析结果，信息传播渠道在个人传记特征上呈现不同的效果：第一，传播渠道的传播效果在不同性别之间存在显著差异，其中女性更容易受到微博和 QQ 信息的影响，进而实施环保行为，而男性受这些渠道的影响相对较弱；第二，传播渠道的传播效果在不同年龄之间存在显著差异，其中 35 岁以下的游客群体更容易受到街头横幅、（电子）广告牌、杂志、网站、微信、微博、QQ 等渠道传播信息的影响，实施环保行为，而年龄越大的游客群体，受这些渠道信息的影响越弱；第三，传播渠道的传播效果在不同学历之间存在显著差异，其中学历高的游客群体更容易受到导游、电视、广播、报纸、网站、微信等渠道传播信息的影响，实施环保行为，学历越低的游客受这些渠道信息的影响越弱；第四，传播渠道的传播效果在不同职业类型之间存在显著差异，其中职业为公务员或事业单位、服务人员的游客群体更容易受到导游、杂志、网站、微信、微博、QQ 等渠道传播信息的影响，实施环保行为，而企业员工、工人、农民则受这些渠道信息的影响较弱；第五，传播渠道的传播效果在年收入上存在显著差异，其中收入越高的游客群体越容易受到杂志、网站、微信、微博、QQ 等渠道传播信息的影响，实施环保行为，低收入群体则不容易受到这些传播渠道信息的影响。

第八节　游客环保行为影响机理综合模型的修正

基于实证分析结论，对游客环保行为影响因素综合理论模型进行修正，修正后形成的最终模型如下图 5-45 所示。由图 5-45 可知，个人传记特征对游客遵守环保行为、游客消费环保行为、游客劝导环保行为和游客呼吁环保行为产生影响，游客出游特征对游客消费环保行为、游客劝导环保行为和游客呼吁环保行为产生影响。

一般环境知识、环境责任感、自我概念部分通过行为意愿作用于游客遵守环保行为，群体一致性、榜样效应、社会规范完全通过行为意愿作用于游客遵守环保行为，旅游环境知识、环境敏感度、地方认同、地方依赖直接影响游客遵守环保行为，习惯因素和促进性条件对行为意愿与游客遵守环保行为的调节效应显著。

利他价值观、环境责任感、环境敏感度、群体一致性、自我概念、地方依赖完全通过行为意愿作用于游客消费环保行为，旅游环境知识、社会规范、榜样效应部分通过行为意愿作用于游客消费环保行为，利己价值观、地方认同直接作用于游客消费环保行为，习惯因素和促进性条件对行为意愿与游客消费环保行为的调节效应显著。

利他价值观、环境责任感、社会规范、榜样效应、自我概念、地方依赖等完全通过行为意愿作用于游客劝导环保行为，一般环境知识、环境敏感度、群体一致性部分通过行为意愿作用于游客劝导环保行为，利己价值观直接作用于游客劝导环保行为，习惯因素和促进性条件对行为意愿与游客劝导环保行为的调节效应显著。

环境敏感度、群体一致性、自我概念、社会规范、榜样效应等完全通过行为意愿作用于游客呼吁环保行为，利他价值观、一般环境知识、环境责任感、地方依赖部分通过行为意愿作用于游客呼吁环保行为，生态价值观直接作用于游客呼吁环保行为，习惯因素和促进性条件对行为意愿与游客呼吁环保行为的调节效应显著。

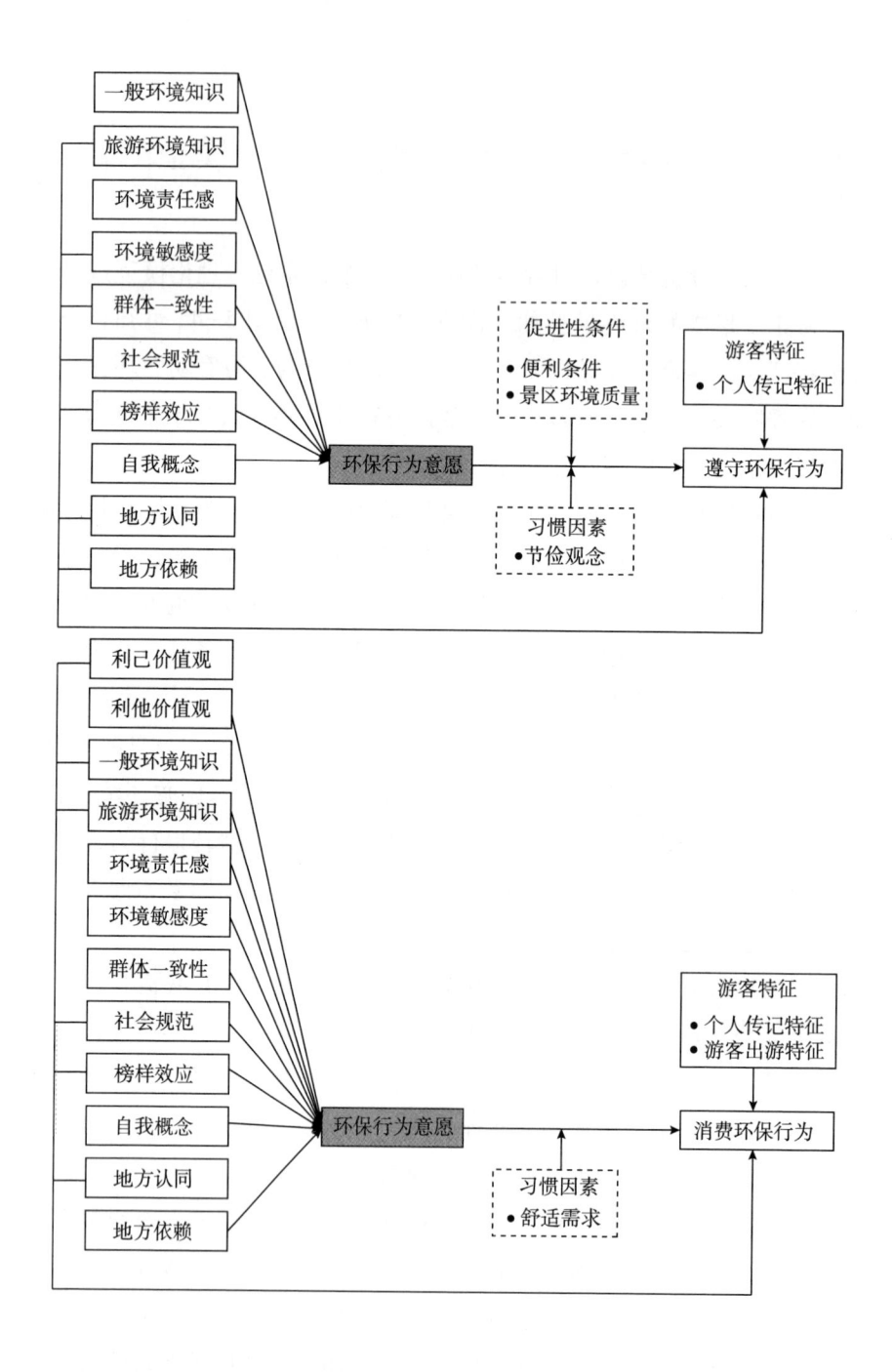

216 / 游客环保行为影响机理及引导政策研究

```
一般环境知识 ┐
旅游环境知识 │
环境责任感   │
环境敏感度   │
群体一致性   ├──→ 环保行为意愿 ──→ 遵守环保行为
社会规范     │          ↑↓              ↑
榜样效应     │   ┌──────────┐    ┌──────────┐
自我概念     │   │ 促进性条件 │    │ 游客特征  │
地方认同     │   │ •便利条件  │    │ •个人传记 │
地方依赖     ┘   │ •景区环境  │    │  特征    │
                 │  质量     │    └──────────┘
                 └──────────┘
                 ┌──────────┐
                 │ 习惯因素  │
                 │ •节俭观念 │
                 └──────────┘

利己价值观   ┐
利他价值观   │
一般环境知识 │
旅游环境知识 │
环境责任感   │
环境敏感度   ├──→ 环保行为意愿 ──→ 消费环保行为
群体一致性   │          ↑              ↑
社会规范     │   ┌──────────┐    ┌──────────┐
榜样效应     │   │ 习惯因素  │    │ 游客特征  │
自我概念     │   │ •舒适需求 │    │ •个人传记 │
地方认同     │   └──────────┘    │  特征    │
地方依赖     ┘                    │ •游客出游 │
                                  │  特征    │
                                  └──────────┘
```

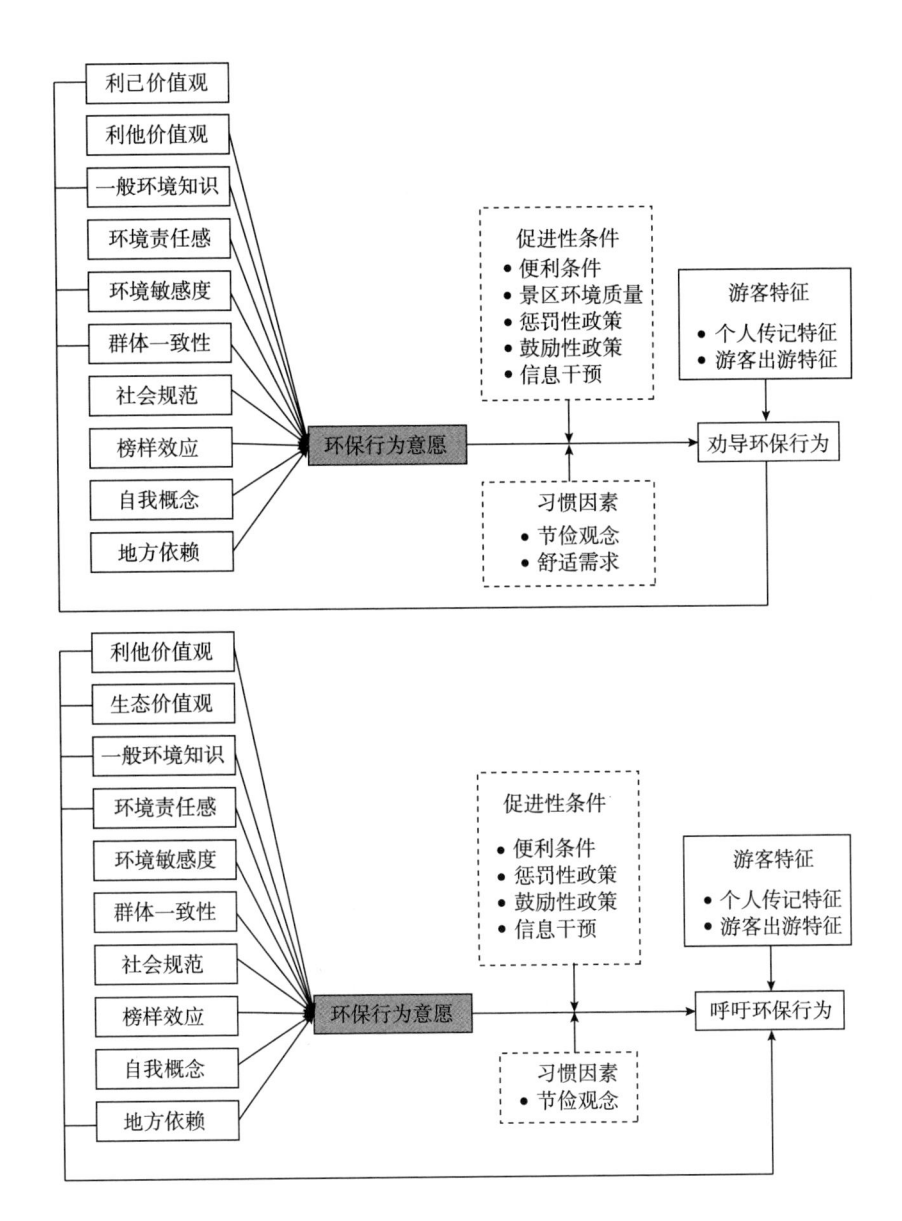

第五章　游客环保行为作用机制实证分析 / 217

图 5-45　修正后的游客环保行为影响机理模型

实证研究发现价值观不是直接对游客环保行为产生影响,而是通过意愿来间接影响,特别是证实了自我概念、群体一致性、榜样效应对游客环保行为有显著正向影响,这是人际行为理论在旅游领域的拓展;充分说明游客对自我的认知会对其环保行为产生影响，群体一致性对游客环保行为有显著正向影响，符合中国人的特征，个体会屈从于大多数的行为和心理；榜样力量对游客环保行为的正向影响，是社会学习理论在游客环保领域的拓展。

第九节　本章小结

本章首先对数据进行了描述性统计分析；运用方差检验和均值对比，分析了游客环保行为在结构因素上的差异，探讨了游客特征因素对游客环保行为的影响；其次，对游客环保行为及其影响因素之间的相关性进行了分析；第三，检验了中介变量游客环保行为意愿对因变量游客环保行为，自变量游客环保行为影响因素对因变量游客环保行为，自变量游客环保行为影响因素对中介变量游客环保行为意愿的直接效应，并对相应的假设进行了检验；第四，运用 Bootstrap 方法对中介变量游客环保行为意愿对自变量与因变量游客环保行为之间的中介效应及假设进行了检验；第五，运用多层回归分析法，检验了习惯因素和促进性条件对游客环保行为意愿作用于游客环保行为的调节效应；第六，分析了不同信息传播渠道在个人传记特征上的影响效应；最后，根据实证分析结果，修正了游客环保行为影响机理综合理论模型。

第六章　情景因素干预下的游客环保行为演化仿真

　　由前文第五章分析可知，4类游客环保行为的均值呈阶梯状递减，游客遵守环保行为、游客消费环保行为、游客劝导环保行为、游客呼吁环保行为的均值分别为4.04、3.92、3.13、3.00，游客遵守环保行为和消费环保行为的实施情况稍好，游客劝导环保行为和呼吁环保行为实施情况最差。而相对的四种行为劣性值（得分值<3）分别为5.201%、11.853%、34.136%、35.928%，其中游客劝导和呼吁环保行为的劣性值偏低，整体游客环保行为的发生率处于偏低水平。因此，游客劝导和呼吁环保行为称为影响整体游客环保行为的决定行为。相对而言，劝导环保行为是游客不仅自己注重环保，实施环保行为，更重要的是要劝导周围的游客共同环保，从这个角度来看，劝导环保行为是游客环保认知内化为理念、又外化为环保行为的重要体现。因此，提升游客劝导环保行为是促进游客环保行为整体提升的关键。

　　根据前文实证结果，游客环保行为不仅受到游客特征因素、游客态度因素（价值观、环境敏感度、环境责任感、环境知识）、社会因素（社会规范、群体一致性、自我概念、榜样效应）、情感因素（地方依恋）等影响，还受到习惯因素（节俭观念和舒适需求）、促进性条件（景区环境质量、便利条件、惩罚性政策、鼓励性政策和信息干预）等情景因素的制约。这些为劝导环保行为的提升提供了外部引导政策的构建基础。在游览过程中，游客不是孤立的个体，游客与游客之间彼此相互影响相互作用，形成交互效应的非正式组织，游客之间的相互作用在一定程度上会影响游客劝导环保行为的提升。前文实证分析也证实群体一致性同样也是影响游客环保行为的因素。

鉴于上述实证分析仅限于对游客环保行为的静态分析，难以准确判断游客之间关系以及影响因素各种变量之间的复杂动态关系，无法对比分析不同情境因素对游客环保行为的干预效果。因此，本章将根据前文游客环保行为影响因素理论模型以及实证研究结论，以游客劝导环保行为为例，假设其他三种行为并不对游客劝导环保行为产生交互影响的基础上，基于小世界网络，构建游客环保行为的仿真模型，模拟不同情境因素对游客劝导环保行为的影响，为提出科学有效的管理政策与建议提供仿真依据。

第一节　基于关系的游客环保行为选择

游客劝导环保行为本质上属于公民行为，是相对高级的行为，劝导环保行为不仅体现在自身的遵守环保行为上，还会劝导他人共同参与环境保护等公民行为（陈飞宇，2018）。根据社会学习理论，个体的行为是通过环境的影响后天习得的。个体所处的环境对个体影响非常关键，前文中环境责任感、社会规范、群体一致性、榜样效应、自我概念等对游客环保行为的影响也得到了证实，这也是游客实施劝导环保行为的基础。游客在旅游过程中，看到其他游客有环境破坏的行为，受社会规范的制约，会对这些游客采取劝导行为，引导其实施环保行为。而且环境破坏越严重的行为，被劝导的可能性越大。因此，将劝导方与接收方的环保行为差距作为控制变量纳入到模型中来。

此外，根据霍兰德的态度改变-劝导模型，劝导的核心是外部刺激，包括劝导者、劝导信息和劝导情景，态度主体主要是在外部刺激的作用下通过信息学习、情感转移等干预过程发生态度转变（Hovland，2017）。由此可知，游客劝导环保行为本身就是一种交互行为，这种交互行为是一种信息交互，通过环境知识的传递来改变其他游客的想法和行为，也可以理解为，劝导环保行为的发生同时也是环境知识转移传递的过程，即拥有更多知识的游客向知识少的游客传递环境知识，借此来改变其非环保行为。如前所述，旅游是一种非惯常环境，游客群体属于非正式群体。游客之间信息的传递，则需要借助这种非正式关系。影响非正式群体之间个体知识传递的因素主要有三类，个体特征（个人基本信息、社会职务等）、知识特征（知识种类、知识编码程度等）、个体之间的联系（关系强度、关系属性等）（魏佳，2017）。社会学交换理论认为，"社会人"之间的知识扩散更多地依赖于个体之间的信任度和熟悉程度。因此，游客在选择劝导环保行为的对象时，有可能会优先选择与自己联结关系密切的对象。

在旅游过程中，对游客而言，其他游客可能是你的家人、朋友、同事，也有很多陌生人，这些群体之间由于情感、血缘、工作等需要而存在一定的联系，而这些关系就组成了复杂的人际网络。而对社会系统中的人际关系网络结构，小世界网络有着良好的刻画功能。小世界网络是复杂网络的一种，是指"具有较短平均路径长度和较高聚类系数的网络类型"（Strogatz，2011）。由于小世界网络被公认为是最公平、最有效的网络结构，因此，在对相关知识传递和行为扩散的仿真研究中，小世界网络的方法应用相对较多。

在游客的复杂网络节点中，节点之间的联系不只是有或无，更涉及关系联结的紧密程度，也就是游客之间关系的紧密还是疏离。因此，研究加权小世界网络结构下的游客环保行为选择和演变规律，更具有现实价值。基于此，本研究选用加权小世界网络来构建游客劝导环保行为选择模型，运用 Matlab 软件进行模拟仿真，探索情景因素干预下的游客劝导环保行为选择的规律。

第二节　基于情景因素的游客劝导环保行为的仿真模型构建

运用加权小世界网络构建游客劝导环保行为网络时，重点要考虑游

客节点之间的关系联结密度，联结密度越高，游客之间的亲密度、情感、互动、互惠程度等（Granovetter，1977）。游客之间的关系联结密度会随着时间推移而发生改变，可能的情况是变得更加紧密（Morone，2004）。运用加权小世界网络构建游客劝导环保行为网络B。B＝(N，S，R)。其中，N＝(1, 2, 3…, n)，表示网络中的所有节点的集合，n为节点个数；$S=\{(i) | \in N\}$，表示网络中所有边的集合。$R=\{r_{ij} | i, j \in N\}$，为网络中游客之间关系联结密度的集合。$r_{ij}$表示游客$i$与游客$j$的关系联结密度，本书假设游客节点之间的关系联结密度是对称的，也就是说，$r_{ij}=r_{ji}$。

游客劝导环保行为小世界网络中，网络节点数N取值500，节点临接点数k取值8，断边重连概率p取0.09，仿真步长T取值20万次，当前步长为1。

在游客劝导环保行为网络中，每个游客节点拥有多种行为，能够准确判定自己的行为。游客劝导环保行为的问卷共包含3个题项，测量3个方面的行为。基于此，假设游客劝导环保行为网络中每个节点最多只能拥有3种不同类型的行为。以此来构建游客劝导环保行为的网络。其中，i为游客节点，$i=1, 2, 3…, N$；c为行为种类，$c\in[1, 3]$；$v[i, c]$代表节点i在c类行为上的行为选择值，t时刻网络中节点的劝导环保行为等于在上述3类行为上的均值。

游客劝导环保行为的实施对象可分为劝导方和接收方。在游客劝导环保行为的实施过程中，劝导方和接收方都有一定的选择策略，不同的选择策略会导致不同的实施效果，也会影响整个网络的均衡性。为方便比较，本书将游客劝导环保行为的选择方式设定为三种：随机选择、密度优先和差异优先模式。

随机选择模式设定为：在游客劝导环保行为的选择过程中，游客劝导环保行为网络中的任一接收方节点j与其相邻的某一节点i发生扩散的基本条件是存在一个差环保行为发生类c。使得劝导方节点i的环保行为实施频率要大于接收方节点j。

密度优先选择的设定原则是：在整个劝导环保行为选择过程中，在满足"差环保行为"这一基本条件的所有相邻节点集合中,劝导方 i 基于"密度优先"的原则,选择与自身联结密度最大的点 j 作为接收方。劝导方 i 与接收方 j 发生劝导行为的条件为 $v[i,c]>v[j,c]$ 且 $r_{ij}=Max\{r_{ij}\}$。

差距优先的设定原则是:在整个劝导环保行为选择过程中,在满足"环保行为不一致"这一基本条件的所有相邻节点集合中,劝导方 i 基于"差异优先"的原则,选择与自身环保行为差异最大的点 j 作为接收方。劝导方 i 与接收方 j 发生劝导行为的条件为 $v[i,c]>v[j,c]$ 且 $v[i,c]=Max\{v[i,c]\}$。

相对劝导方的三种选择方式,接受方的选择则主要是随机选择。游客劝导环保行为的发生,要满足"差环保行为"条件的所有游客节点中随机选取任一游客节点作为接收方,因此,接收方要满足其环保行为差于劝导方。

对于游客劝导环保行为节点的选择机制,本书主要考虑在关系联结密度影响下的行为选择规律变化,不考虑经济等其他因素。在网络中,行为选择的每个仿真步长(以 t 表示)下,劝导方 i 的与发送方的行为选择公式为:

$$v[j,c](t+1)=v[j,c](t)+w[j]\times r_{ij}\times\{v[j,c](t)-v[j,c](t)\} \quad (1)$$

$$v[j,c](t+1)=v[j,c](t) \quad (2)$$

其中,$w[j]$ 为节点的劝导行为选择系数,将其赋值为 [0,0.2] 之间的随机数,r_{ij} 为劝导行为实施双方节点之间的关系联结密度,将其随机赋值为 [0,1] 之间的任何数。

网络中 t 时刻的游客平均劝导环保行为选择取平均值计算,见公式(3)。

$$u(t)=\frac{1}{n}\sum_{n}^{1}v_i(t) \quad (3)$$

前文实证分析证明,游客环保行为包括习惯因素和促进性条件两种情景因素,习惯因素(节俭观念和舒适需求)和促进性条件(景区环境质量、便利条件、惩罚性政策、鼓励性政策和信息干预)均对游客环保行为意愿作用于游客劝导环保行为的路径有一定的干预作用，且均为正向促进作用。不同情景变量的干预系数，选用前文调节效应分析的结果。

第三节 基于关系的情景因素干预下的仿真结果分析

本书运用 Matlab（R2014a）对构建的情景因素干预下的游客劝导环保行为选择模型进行系统仿真。考虑关系密度、行为差距和情景因素对游客劝导环保行为选择的影响是同步产生的，为了使游客劝导环保行为的变化规律更易于观察，将分两步进行分析，先分析基于游客之间关系联结密度的游客劝导环保行为的选择规律，再进一步讨论不同情景因素干预下的游客劝导环保行为的选择规律。

一 随机联结密度模式的干预效果分析

1. 无情境因素的干预效果

为了更好地展示节点间关系对游劝导环保行为选择的影响，加入关系联结密度和行为差距进行对比分析，网络中所有节点之间的关系联结密度在 [0，1] 之间随机选取。仿真结果如图 6-1 所示。

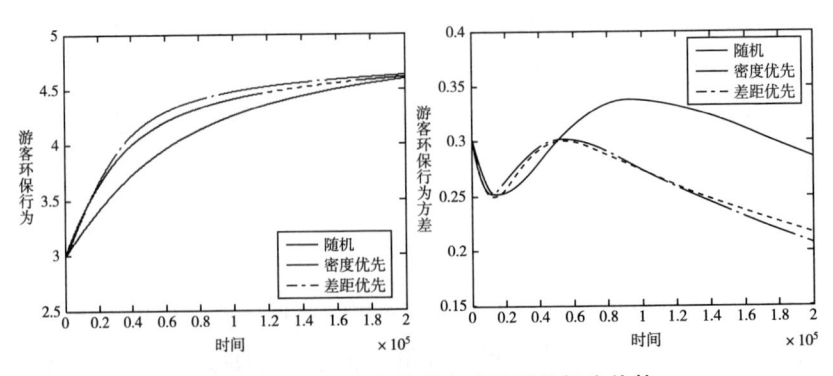

图 6-1 无情景因素的游客劝导环保行为趋势

由图 6-1 可知，仿真初期密度优先模式、差距优先模式的影响比较接近，但仍然明显高于随机模式。仿真中期三种模式的差距加大，但最终呈现趋同趋势。差距优先模式给游客劝导环保行为带来的增长趋势，主要是在行为扩散过程中，接收方作为与劝导方"环保行为差"会越来越少，因此，差距模式的优势不断降低，最终与密度优先的影响趋同。此外，随着仿真步长的增加，随机模式的方差大于密度优先和差距优先模式，说明随机模式下行为选择的离散型较高，符合随机性特征。而且，随着仿真步长的增加，三种模式下网络中游客劝导行为方差逐渐减少，网络中游客劝导行为逐渐趋向均衡。

对游客劝导环保行为变化趋势和网络均衡综合分析可知，在加权小世界网络结构下的游客劝导环保行为网络中，依照密度优先选择与接收方发生劝导环保行为的发送方会使网络中所有游客的劝导环保行为选择最快达到最优。

2. 情景因素的综合干预效果

前文实证结果，节俭观念越强、舒适需求越高、景区环境质量越好、便利条件越好、惩罚性政策越强、鼓励性政策越强和信息干预越强，对游客劝导环保行为的促进程度越高，因此，加入七种情境因素的干预影响，探究游客劝导环保行为变化情况。由于七种情景因素均为正向影响，假设节俭观念、舒适需求、景区环境质量、便利条件、惩罚性政策、鼓励性政策和信息干预均取最大值 5，生成游客劝导环保行为变化曲线如图 6-2。

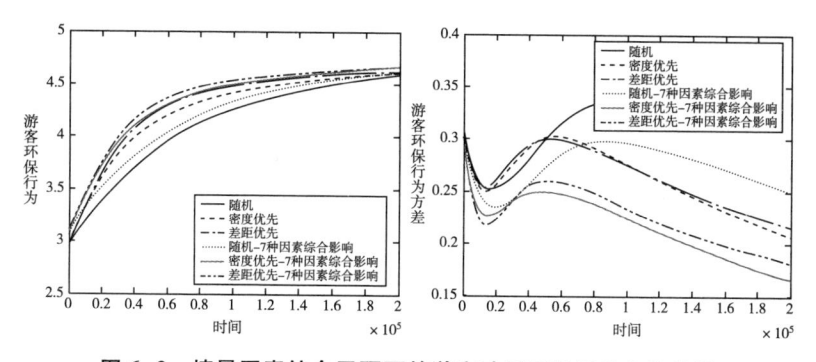

图 6-2　情景因素综合干预下的游客劝导环保行为变化趋势

由图 6-2 可知，在七种情景因素综合干预下，游客劝导环保行为得到了明显提升，这种变化在仿真初期尤为明显。而随着仿真步长的增加，情景因素的影响逐渐趋于稳定。差距优先模式影响效果要大于密度优先模式，且无情景因素干预的联结密度模式的影响效果要优于七种情景因素综合的随机模式。

3. 舒适需求干预效果分析

根据前文实证分析结果，游客习惯因素中舒适需求要求越高，对游客劝导环保行为选择的促进程度越高，因此，假设舒适需求程度为最大值 5，其他情景因素都为最小值 1，生成的游客劝导环保行为变化曲线如图 6-3 所示。

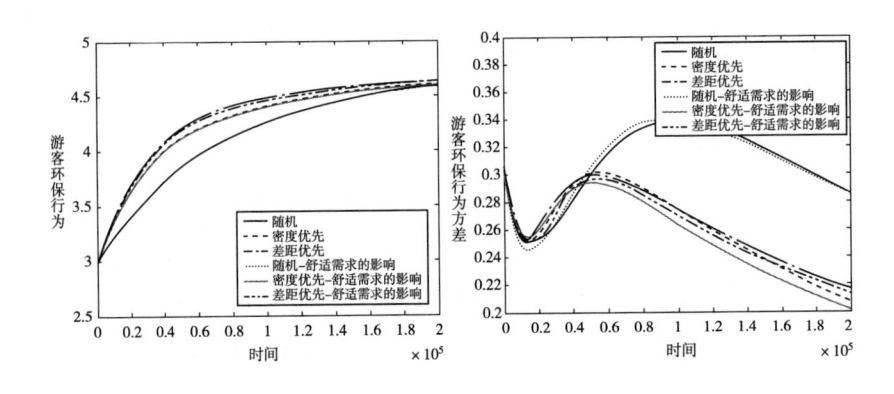

图 6-3 舒适需求干预下的游客劝导环保行为变化趋势

由图 6-3 可知，加入舒适需求的影响，游客劝导环保行为得到小幅提高，差距优先模式下，游客会更多选择劝导环保行为。随着仿真步长的增加，越来越多的游客选择实施劝导环保行为，"环保行为差"的游客越来越少；差距优先模式下，游客的劝导环保行为方差不断降低，最终呈现趋同模式；同时，密度优先模式下所有游客节点的环保行为方差最小，并逐渐减少，网络均衡优于其他模式。

将舒适需求程度的值从 1 调整到 5，探究不同模式下，游客劝导环保行为的变化趋势。由于干预效果在仿真步长小于 1 万时更加明显，因此在输出结果时将步长调整为 1 万，结果如图 6-4 至图 6-6 所示。由图 6-4 和图

6-6可知，无论是随机模式、密度优先模式还是差距优先模式，随着舒适需求程度的增强，游客选择劝导环保行为的频率增加，方差变小。从游客劝导环保行为在整个仿真过程的增量来看，随机模式的增长率最低。

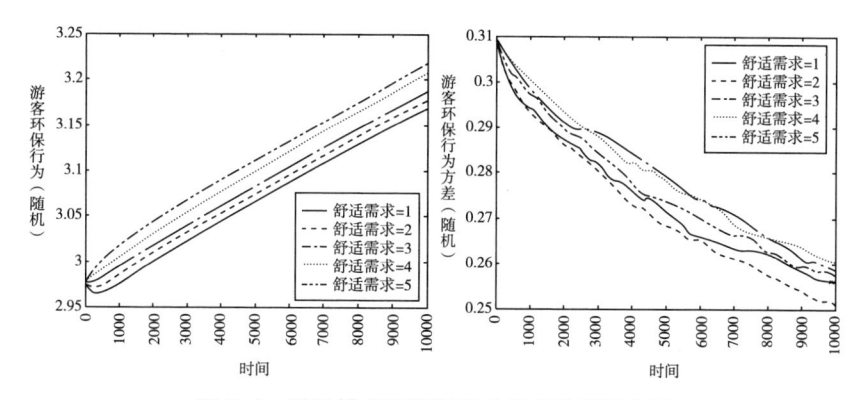

图 6-4 随机模式下舒适需求程度的干预效果

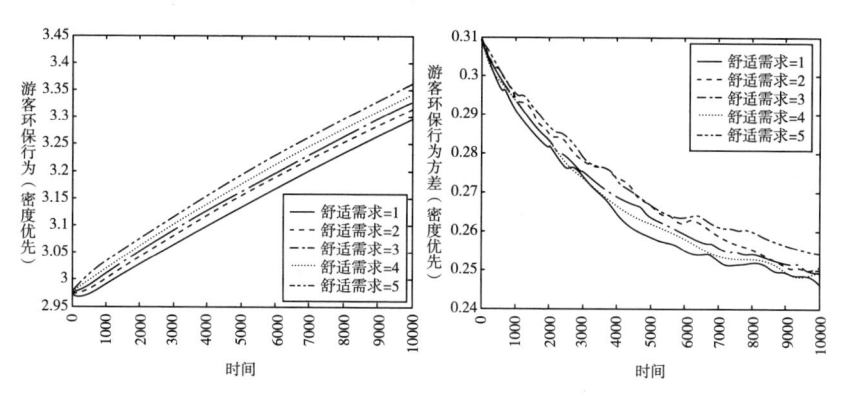

图 6-5 密度优先模式下不同舒适需求程度的干预效果

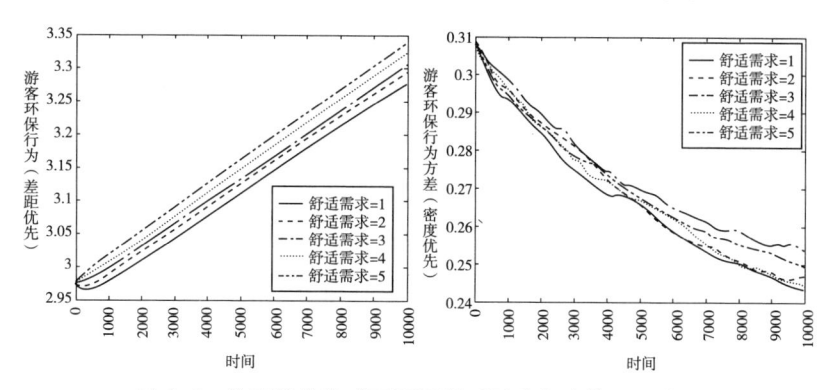

图 6-6 差距优先模式下不同舒适需求程度的干预效果

4. 节俭观念干预效果分析

根据前文实证分析结果，节俭观念越深，对游客选择环保行为的促进程度越高。因此，假设节俭观念为最大值5，其余情境因素为最小值1，生成的游客环保行为的变化曲线图如图6-7所示。

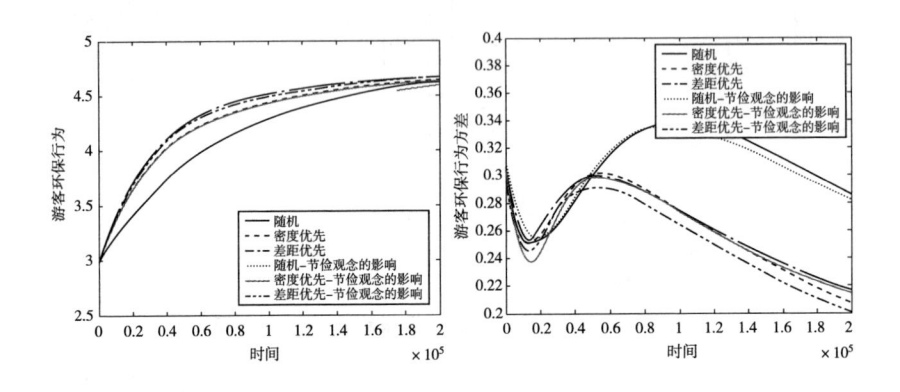

图6-7 节俭观念干预下的游客劝导环保行为变化趋势

由图6-7可知，加入节俭观念的影响，网络内的游客劝导环保行为的选择得到小幅提高，密度优先模式和差距优先模式的增长率并无明显差别，但差距优先模式下，网络劝导环保行为的方差最小。随着仿真步长的增加，密度优先模式下，网络内全部节点的游客劝导环保行为逐渐小于差距优先模式下，最短时间达到网络均衡，这主要是由游客节点之间的"环保行为差"越来越小。

进一步地，将节俭观念的值从1调整到5，探究不同选择策略下的游客劝导环保行为变化规律，仿真结果如图6-8、图6-9和图6-10所示。由图6-8、图6-9和图6-10可知，无论是随机模式、密度模式还是差距优先模式，随着节俭观念的增强，网络内的游客劝导环保行为选择均得到明显的增多，方差变小，特别是在仿真初期，这种提升表现得更为明显。从整个仿真过程的增量来看，游客劝导环保行为在密度优先下的增量要比在差距模式下的增量稍多。

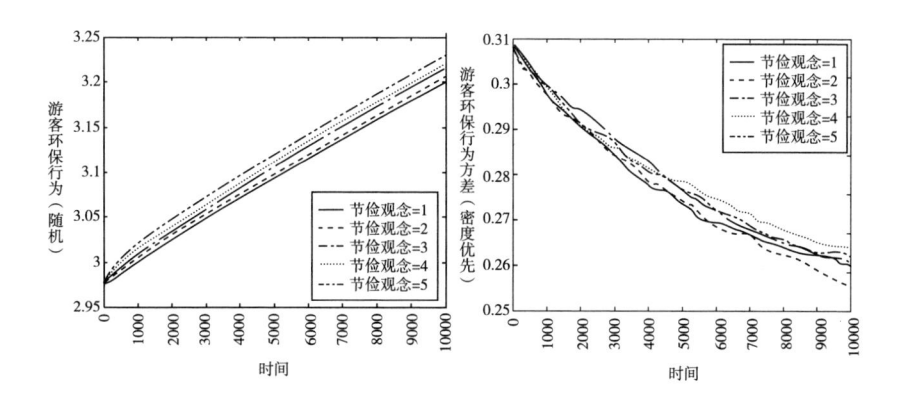

第六章　情景因素干预下的游客环保行为演化仿真 / 229

图 6-8　随机模式下不同节俭观念程度的干预效果

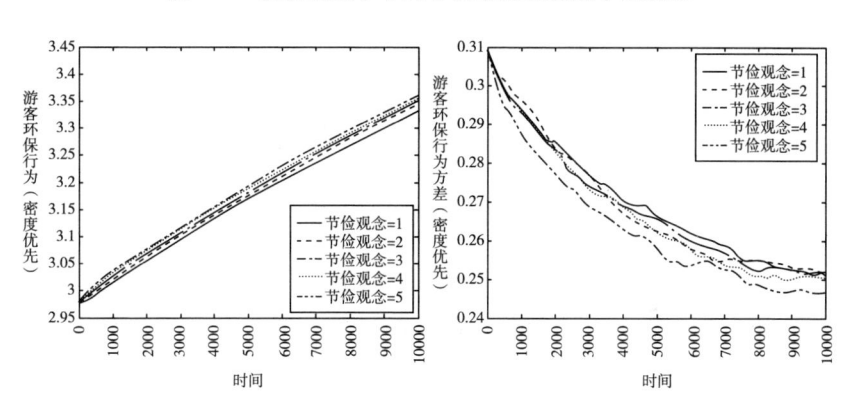

图 6-9　密度优先模式下不同节俭观念程度的干预效果

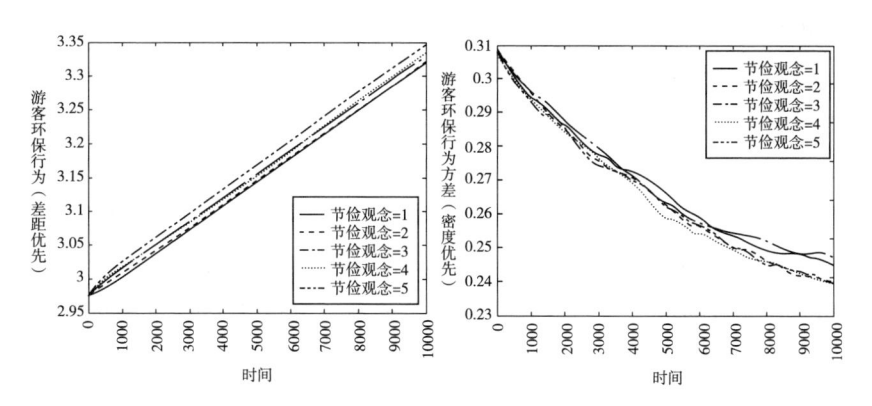

图 6-10　差距优先模式下不同节俭观念程度的干预效果

5. 景区便利条件干预效果分析

根据前文实证分析结果，景区便利条件越好，对游客选择劝导环保行为的促进程度越高，便利条件越差，对游客选择劝导环保行为的抑制作用越高。因此，假设景区便利条件为最大值5，其余情境因素为最小值1，生成的游客劝导环保行为的变化曲线图如图6-11所示。

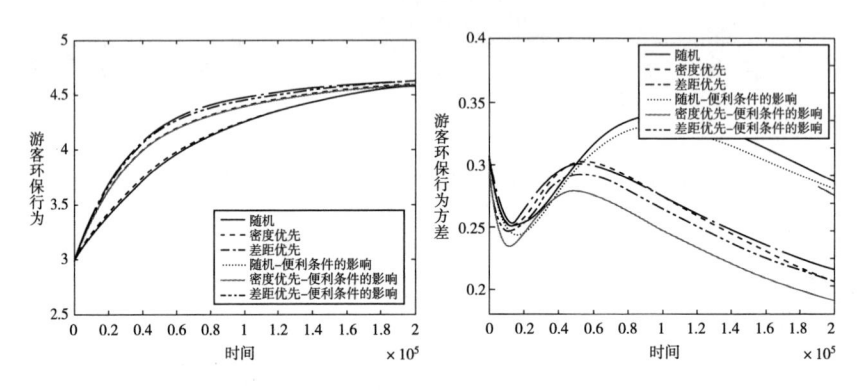

图6-11　便利条件干预下的游客劝导环保行为变化趋势

由图6-11可知，加入干预因素-便利条件之后，网络内的游客选择劝导环保行为得到小幅度提高，同样在仿真初期增长率变化最为明显，而且密度优先模式下和差距优先模式下的增长率并无明显差别。随着仿真步长的增加，差距优先模式下，网络内全部节点的劝导环保行为的选择逐渐优于密度模式下，到仿真后期，呈现趋同的态势。

进一步地，将便利条件的值从1调整到5，探究不同选择策略下，游客劝导环保行为的变化规律，仿真结果如图6-12、图6-13和图6-14所示。由图6-12、图6-13和图6-14可知，无论是随机模式、差距优先模式还是密度优先模式，随着便利程度的改善，网络内的劝导环保行为均会有所增加，特别是在仿真初期，这种干预影响提高表现得更为明显。从劝导环保行为在整个仿真过程的增量来看，密度优先下的劝导环保行为增长最多，受便利程度的干预影响最弱。从网络中全部节点劝导环保行为的方差来看，差距优先模式下，当便利程度为5时，全部节点的劝导环保行为方差减少率最大，网络达到均衡的时间较快。在差距优先模式下，当便利程度为1时，网络达到均衡的时间较其他情景会更快。

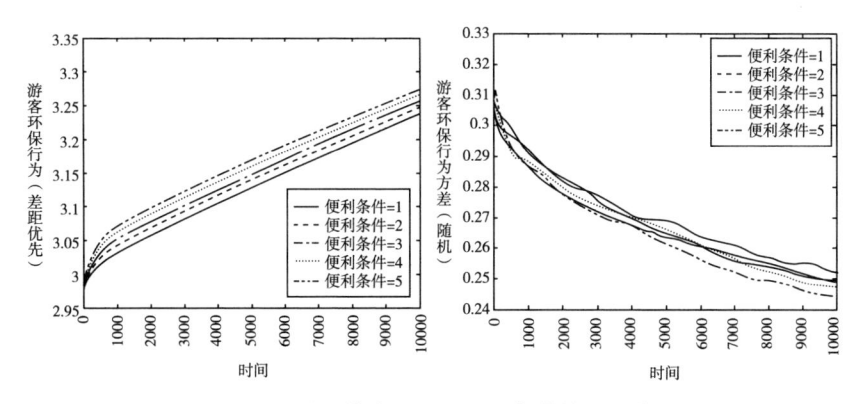

图 6-12 随机模式下不同便利条件的干预效果

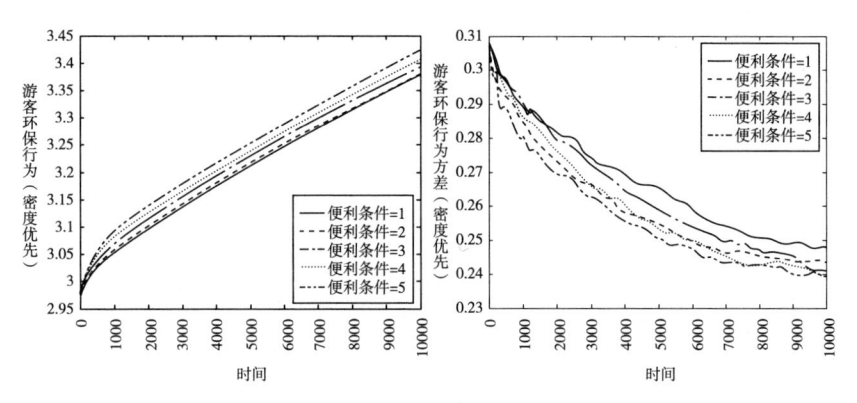

图 6-13 密度优先模式下不同景区便利条件的干预效果

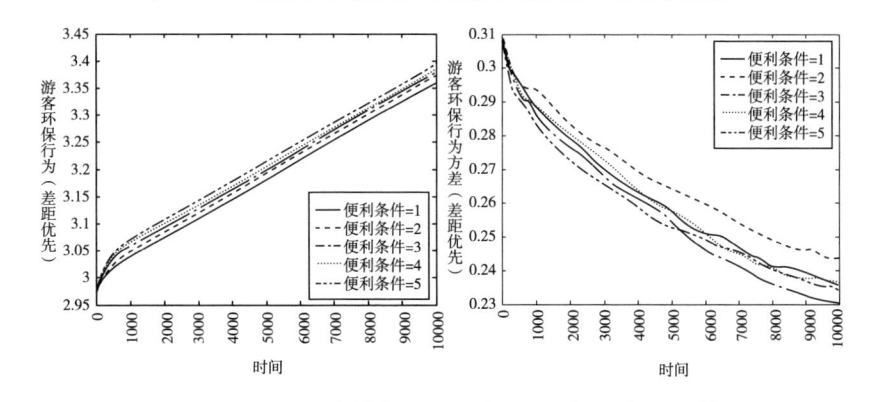

图 6-14 差距优先模式下不同景区便利条件的干预效果

6. 景区环境质量干预效果分析

根据前文实证分析结果，景区环境质量越好，对游客劝导环保行为的促进程度越高,质量越差,对游客劝导环保行为的抑制作用越高。因此,假设景区环境质量为最大值5,其余情境因素为最小值1,生成的游客劝导环保行为的变化曲线图如图6-15所示。

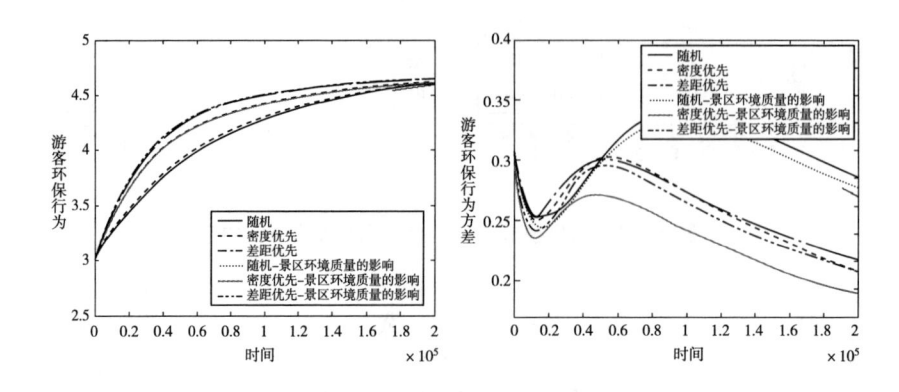

图6-15 景区环境质量干预下的游客劝导环保行为变化趋势

由图6-15可知,加入干预因素-景区环境质量之后,网络内的游客劝导环保行为选择频率得到明显提高,同样在仿真初期增长率变化最为明显,而且密度优先模式的增长率并无明显差别。仿真中期,密度优先和差距优先模式下,网络内游客选择劝导环保行为的频率逐渐大于随机模式下,差距优先模式稍优于密度模式。随着仿真步长的增加,三种模式开始趋同。

进一步地,将景区环境质量的值从1调整到5,探究不同选择策略下,游客劝导环保行为的变化规律,仿真结果如图6-16、图6-17和图6-18所示。由图6-16、图6-17和图6-18可知,无论是随机模式、密度优先模式还是差距优先模式,随着景区环境质量的改善,网络内的游客劝导环保行为水平均得到提高。同样地,从游客劝导环保行为在整个仿真过程的增量来看,密度优先模式的游客劝导环保行为增量稍多,差距优先模式次之,最后是随机模式。

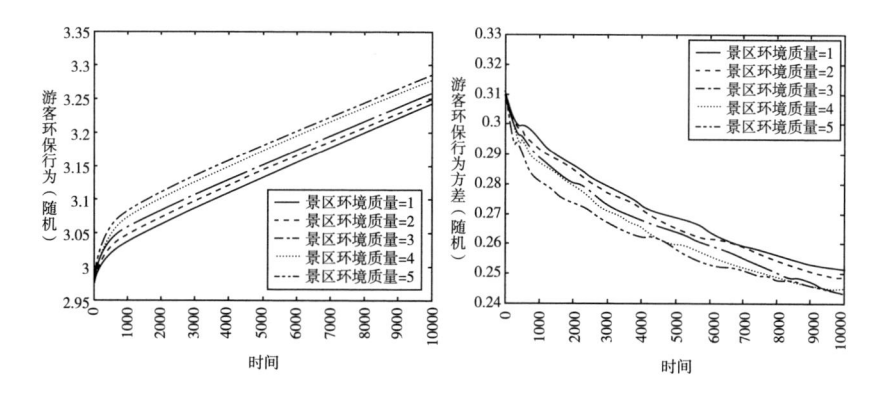

第六章 情景因素干预下的游客环保行为演化仿真 / 233

图 6-16 随机模式下不同景区环境质量的干预效果

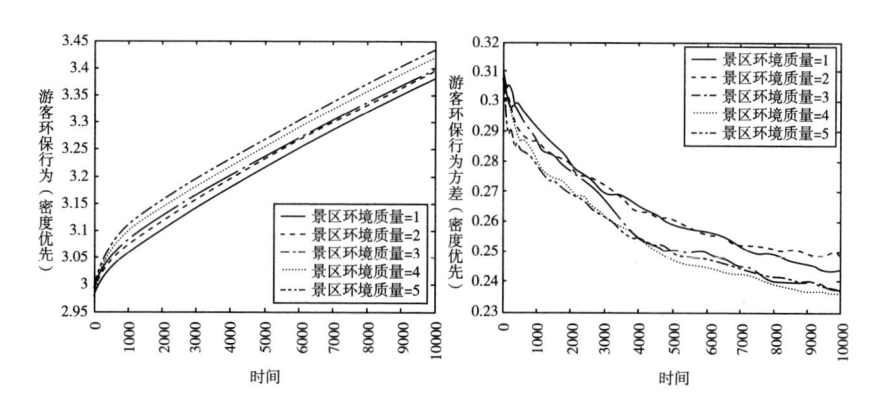

图 6-17 密度优先模式下不同环境质量的干预效果

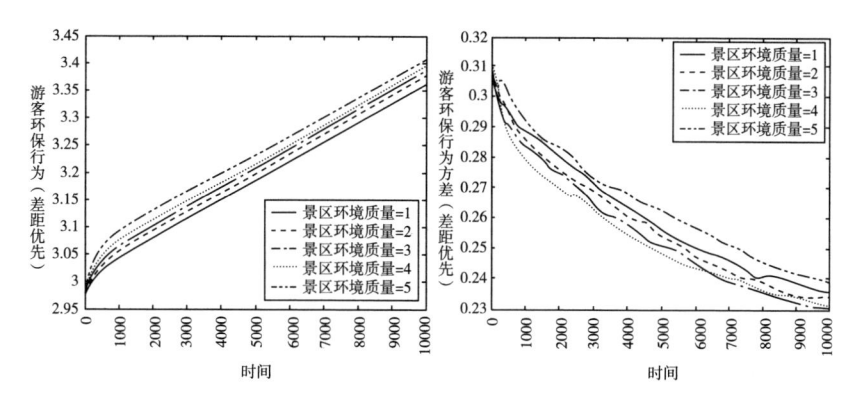

图 6-18 差距优先模式下不同环境质量的干预效果

7. 惩罚性政策干预效果分析

根据前文实证分析结果，惩罚性政策执行效度越高，对游客劝导环保行为的促进程度越高，其效度越低，对游客劝导环保行为的抑制作用越高。因此，假设惩罚性政策执行效度为最大值5，其余情境因素为最小值1，生成的游客劝导环保行为的变化曲线图如图6-19所示。

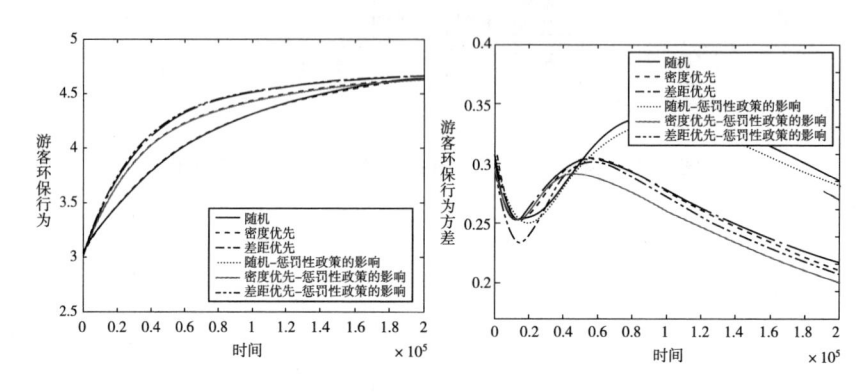

图6-19 惩罚性政策干预下的游客劝导环保行为变化趋势

由图6-19可知，加入干预因素-惩罚性政策之后，网络内游客劝导环保行为的选择频率得到小幅度提升。在仿真初期，劝导环保行为的增长率变化最为明显，而且密度优先模式与差距优先模式的增长率并无明显差别，但二者要优于随即模式。随着仿真步长的增加，网络内游客劝导环保行为选择的频率增大，三种模式的差距逐渐拉开，差距优先模式优于密度优先模式，随机模式最次。到仿真后期，三种模式逐渐呈现趋同态势，达到网络均衡。

进一步地，将惩罚性政策的值从1调整到5，探究不同选择策略下，游客劝导环保行为的变化规律，仿真结果如图6-20、图6-21、图6-22所示。由图6-20、图6-21、图6-22可知，无论是随机模式、密度优先模式还是差距优先模式，随着惩罚性政策的加强，网络内的游客劝导环保行为选择频率得到小幅提升。同样地，从游客劝导环保行为在整个仿真过程的增量来看，密度优先模式下的游客劝导环保行为增量稍多，随机模式次之，最后是差距优先模式。

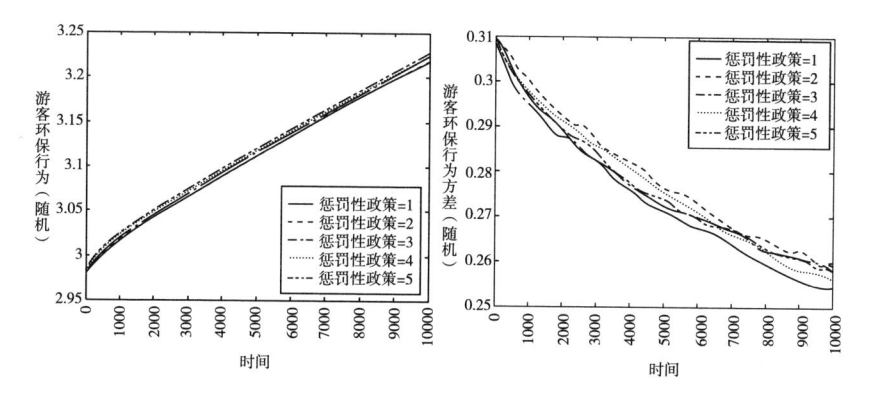

图 6-20 随机模式下不同惩罚性政策程度的干预效果

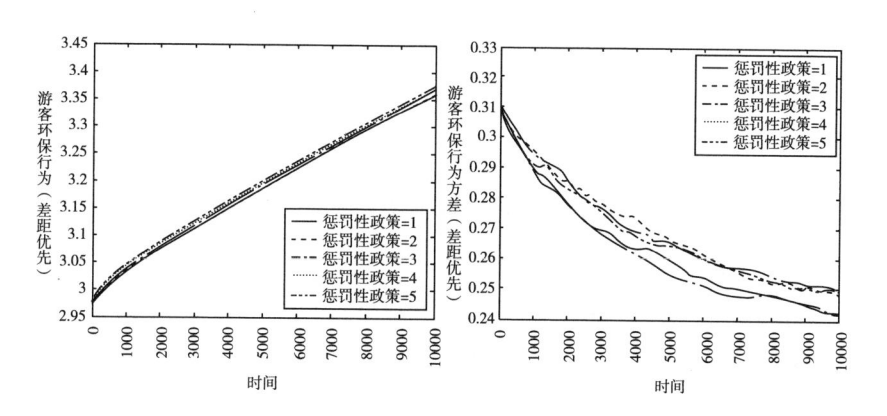

图 6-21 密度优先模式下惩罚性政策的干预效果

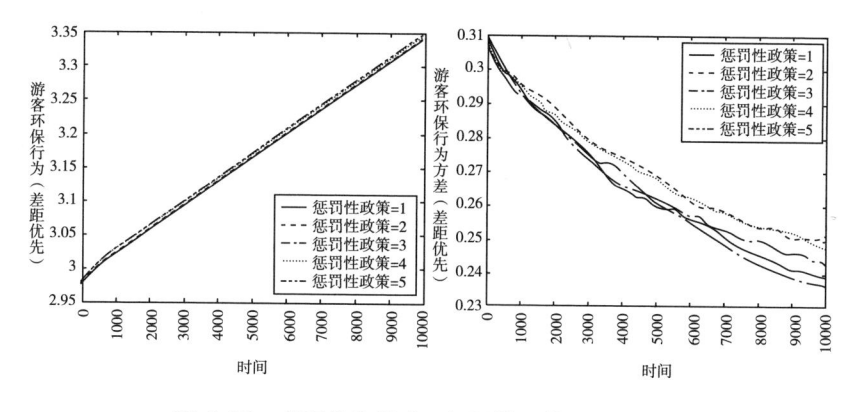

图 6-22 差距优先模式下惩罚性政策的干预效果

8. 鼓励性政策干预效果分析

根据前文实证分析结果，鼓励性政策执行效度越好，对游客劝导环保行为的促进程度越高。因此，假设鼓励性政策为最大值5，其余情境因素为最小值1，生成的游客劝导环保行为的变化曲线图如图6-23所示。

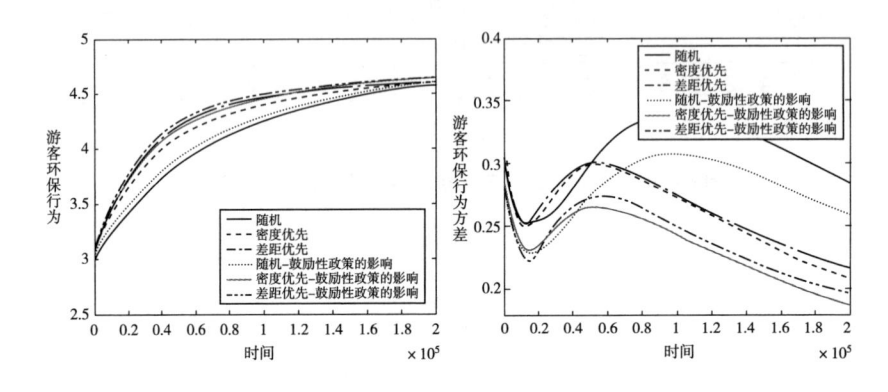

图6-23 鼓励性政策干预下的游客劝导环保行为变化趋势

由图6-23可知，加入鼓励性政策因素之后，网络内的游客劝导环保行为选择频率得到很大提高。同样在仿真初期增长率变化最为明显，而且密度优先模式和差距优先模式的增长率并无明显差别。随着仿真步长的增加，差距优先模式下的游客劝导环保行为的选择逐渐大于密度模式。同样地，到仿真后期，三者呈现出趋同的趋势，网络达到均衡。

进一步地，将鼓励性政策的值从1调整到5，探究不同选择策略下的游客劝导环保行为变化规律，仿真结果如图6-24、图6-25、图6-26所示。由图6-24、图6-25、图6-26可知，无论是随机模式、密度优先模式还是差距优先模式，随着鼓励性政策的加强，网络内的游客劝导环保行为选择频率得到提升。同样地，从游客劝导环保行为在整个仿真过程的增量来看，密度优先模式的游客劝导环保行为增量稍多，差距优先模式次之，最后是随机模式。

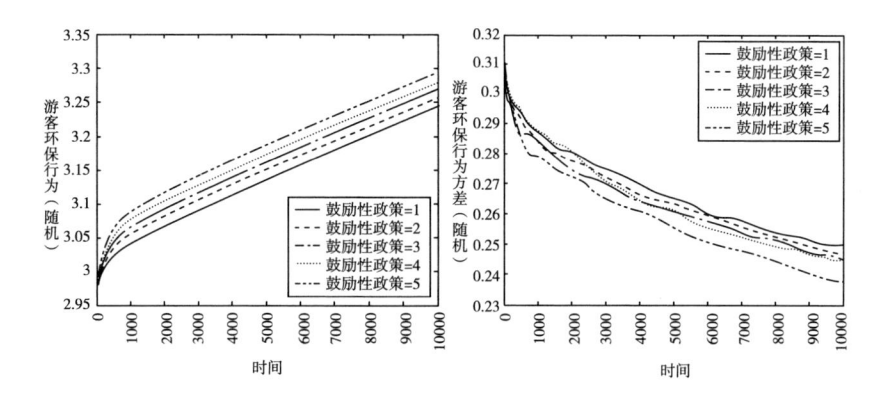

第六章 情景因素干预下的游客环保行为演化仿真 / 237

图 6-24 随机模式下不同鼓励性政策的干预效果

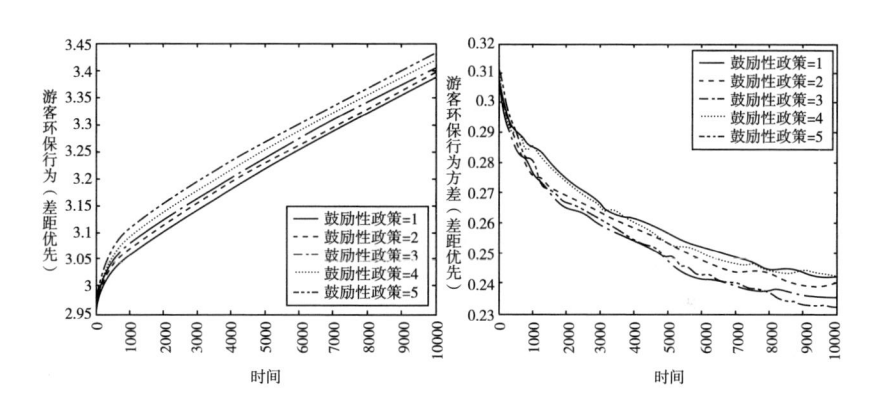

图 6-25 密度优先模式下不同鼓励性政策的干预效果

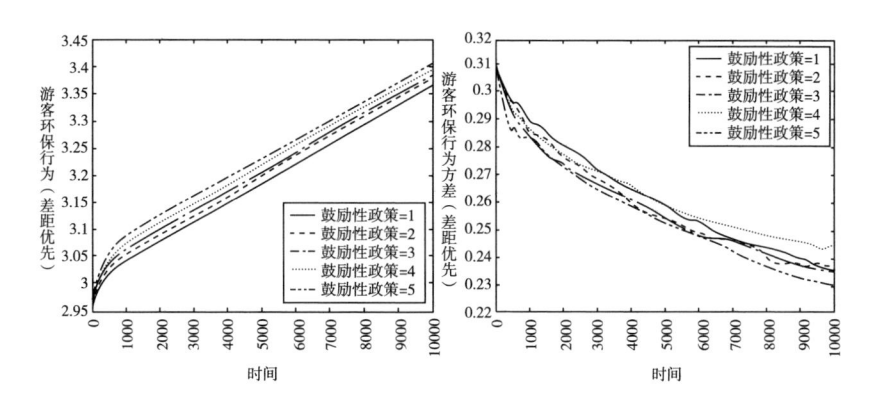

图 6-26 差距优先模式下不同鼓励性政策的干预效果

9. 信息干预效果分析

根据前文实证分析结果，信息干预越强，对游客劝导环保行为的促进程度越高。因此，假设信息干预为最大值5，其余情境因素为最小值1，生成的游客劝导环保行为的变化曲线图如图6-27所示。由图6-27可知，加入信息干预因素之后，网络内的游客劝导环保行为选择频率得到很大提高，同样在仿真初期增长率变化最为明显，而且密度优先模式和差距优先模式的增长率并无明显差别。随着仿真步长的增加，差距优先模式下的游客劝导环保行为选择逐渐大于密度模式。同样地，到仿真后期，三者呈现出趋同的趋势，网络达到均衡。

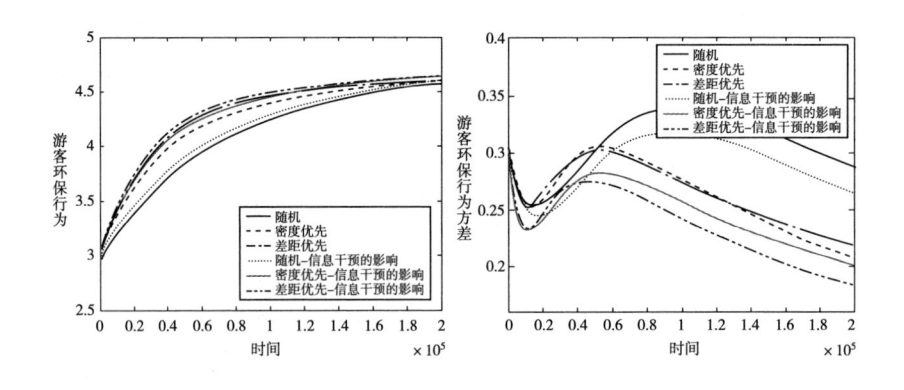

图6-27　信息干预下的游客劝导环保行为变化趋势

进一步地，将信息干预的值从1调整到5，探究不同选择策略下的游客劝导环保行为的变化规律，仿真结果如图6-28、图6-29、图6-30所示。由图6-28、图6-29、图6-30可知，无论是随机模式、密度优先模式还是差距优先模式，随着鼓励性政策的加强，网络内的游客劝导环保行为选择频率得到提升。同样地，从游客劝导环保行为在整个仿真过程的增量来看，密度优先模式的游客劝导环保行为增量稍多，差距优先模式次之，最后是随机模式。

二　不同联结密度的结果分析

游客关系联结密度对游客劝导环保行为的影响的研究，前面的内容将游客劝导环保行为所有节点之间的关系强度值设为［0，1］之间的随机数。然而现实生活中，网络内游客节点的关系复杂，游客之间的关系联结密度存在高低之分，因此，将网络中游客之间关系联结密度的高密度设定为［0.7，0.9］，低密度设定为［0.1，0.3］，分别对"高密度""低密度"影响下的游客劝导环保行为选择规律进行分析。

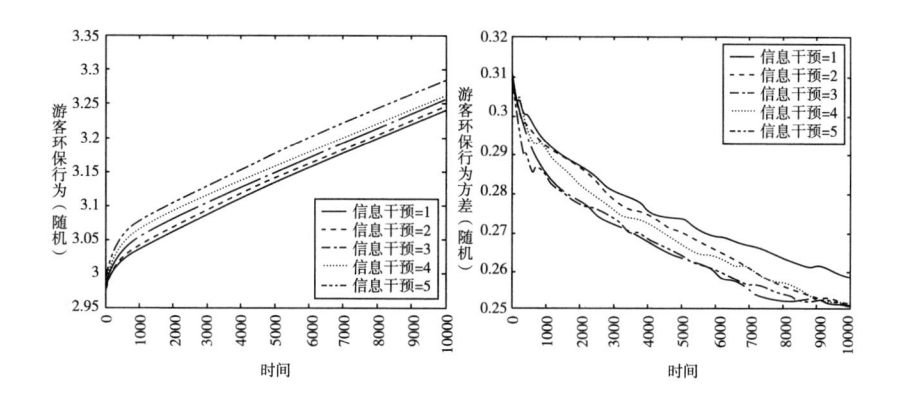

图 6-28　随机模式下信息干预的效果

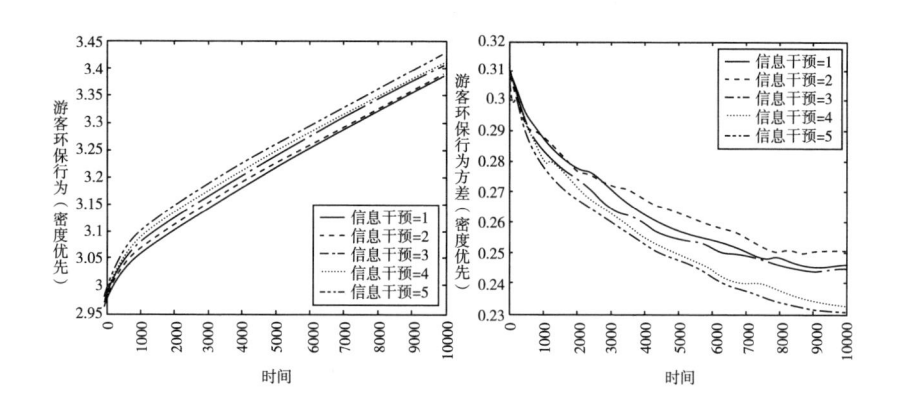

图 6-29　密度优先模式下信息干预程度的效果

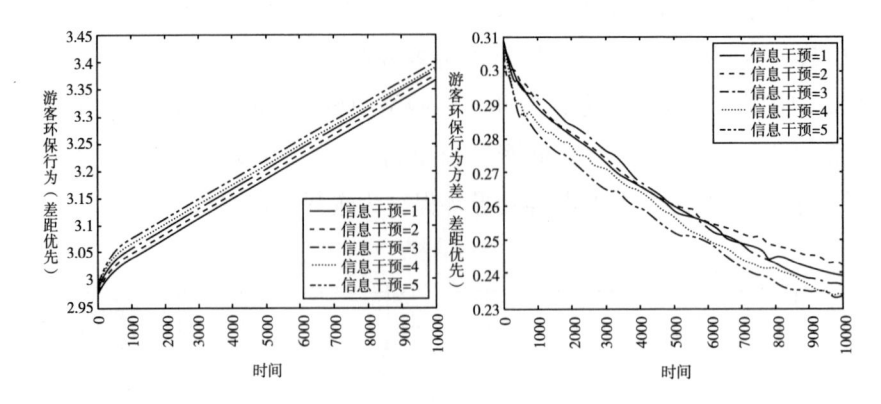

图 6-30　差距优先模式下信息干预程度的效果

1. "低密度"对游客劝导环保行为选择的影响

设定劝导环保行为网络中节点之间的关系联结密度为 [0.1, 0.3] 之间的随机数，代表节点之间存在"低联结密度"，不考虑情景因素的影响，仿真结果见图 6-31。由图 6-31 可知，在整个仿真过程中，差距有限模式下与密度优先模式下对的游客节点劝导环保行为的影响相差不大，但要高于随机模式。在仿真前期，差距优先模式的节点劝导环保行为选择最多，其次是差距优先模式。仿真进入中后期之后，差距优先模式的优势逐渐减少，密度优先模式下节点的劝导环保行为选择最多。差距模式下节点游客劝导环保行为方差最小，即网络中游客劝导环保行为选择的均衡性最好，而随机模式下的网络行为选择均衡性最差。

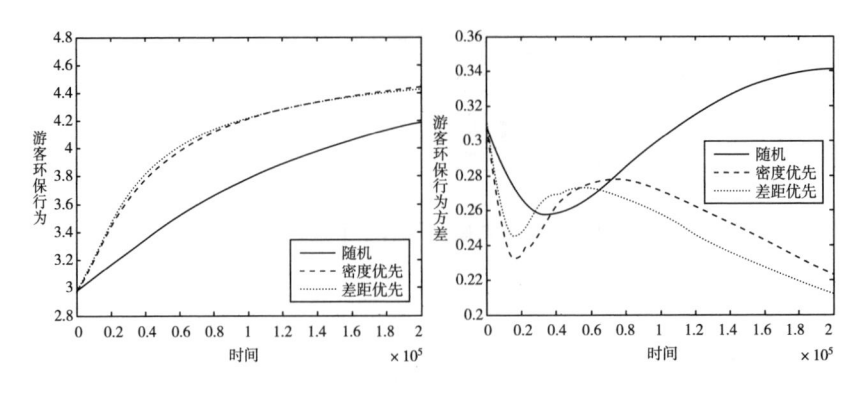

图 6-31　"低密度"网络对游客劝导环保行为选择的影响

进一步地加入外部情境因素的干预，所有干预因素取最大值5，探究"低密度"网络游客劝导环保行为的变化趋势，仿真结果如图6-32所示。

由图6-32和图6-33可知，加入舒适需求和节俭观念的影响，将其取值为5，网络内的游客劝导环保行为选择均有一定的提升，但是提升程度并不明显，特别是舒适需求和节俭观念因素干预后的结果。在仿真前期，差距优先模式下的行为选择略高于密度优先模式，但两者的差距不大，且明显优于随机模式。随着仿真步长的增加，密度优先的优势逐渐凸显，劝导环保行为选择高于差距优先模式。

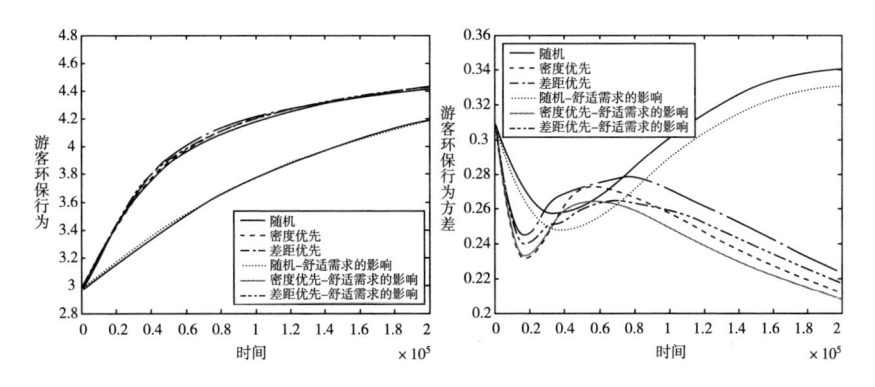

图6-32 舒适需求干预下的游客劝导环保行为变化趋势（"低密度"网络）

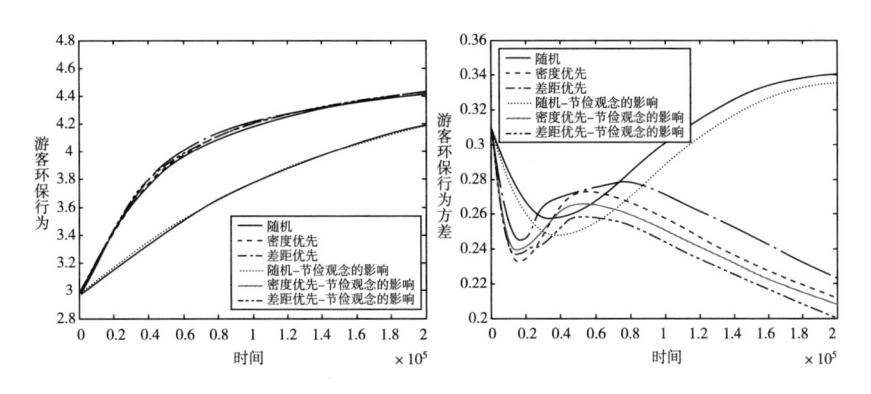

图6-33 节俭观念干预下的游客劝导环保行为变化趋势（"低密度"网络）

由图6-34和图6-35可知，加入便利条件和景区环境质量的影响，网络内的游客劝导环保行为选择均有明显提高。在仿真前期，差距优先模式下的行为选择略高于密度优先模式，但两者的差距不大，但明显优于随机模式。随着仿真步长的增加，密度优先模式的优势逐渐凸显，劝导环保行为选择高于差距优先模式。

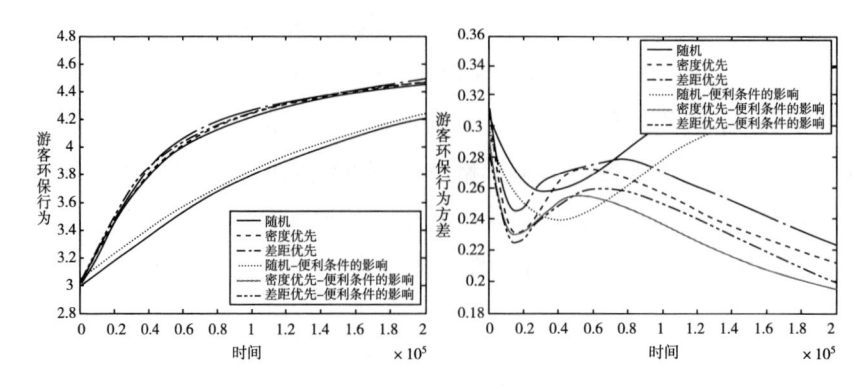

图 6-34 便利条件干预下的游客劝导环保行为变化趋势（"低密度"网络）

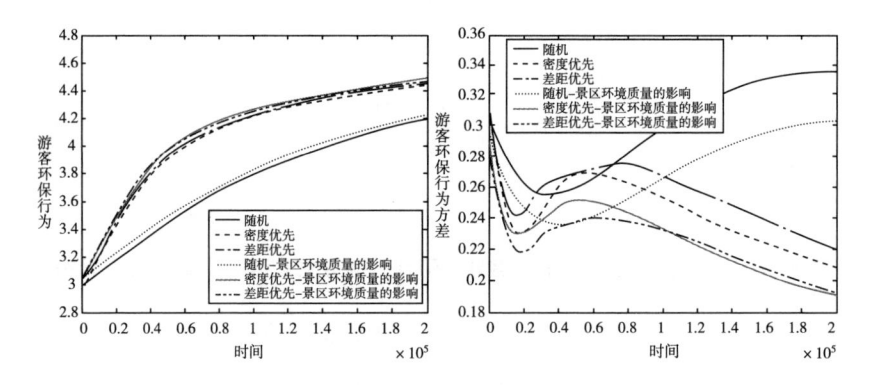

图 6-35 景区环境质量干预下的游客劝导环保行为变化趋势（"低密度"网络）

由图 6-36、图 6-37、图 6-38 可知，加入惩罚性政策、鼓励性政策和信息干预的影响，网络内的游客劝导环保行为选择均有一定的提高，惩罚性政策的影响比较小。在仿真前期，差距优先模式下的行为选择略高于密度优先模式，但两者的差距不大，且明显优于随机模式。随着仿真步长的增加，密度优先模式的优势逐渐凸显，劝导环保行为选择稍高于差距优先模式。从整个仿真过程来看，无论是否加入这些正向干预因素，密度优先模式的网络中劝导环保行为的方差最小，网络均衡性明显优于其他模式。

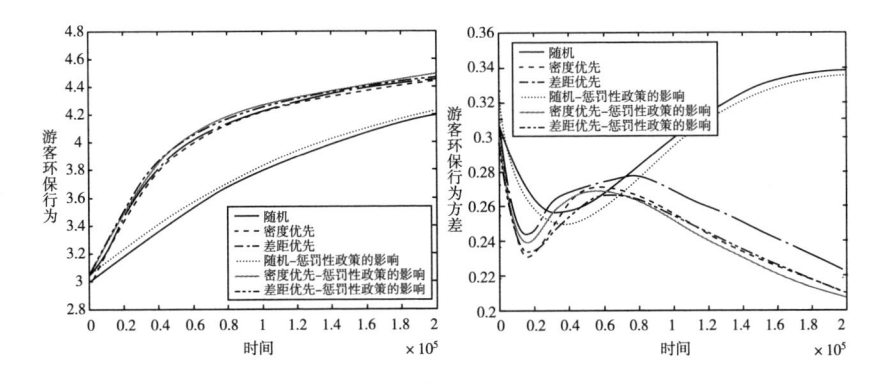

第六章　情景因素干预下的游客环保行为演化仿真 / 243

图 6-36　惩罚性政策干预下的游客劝导环保行为变化趋势（"低密度"网络）

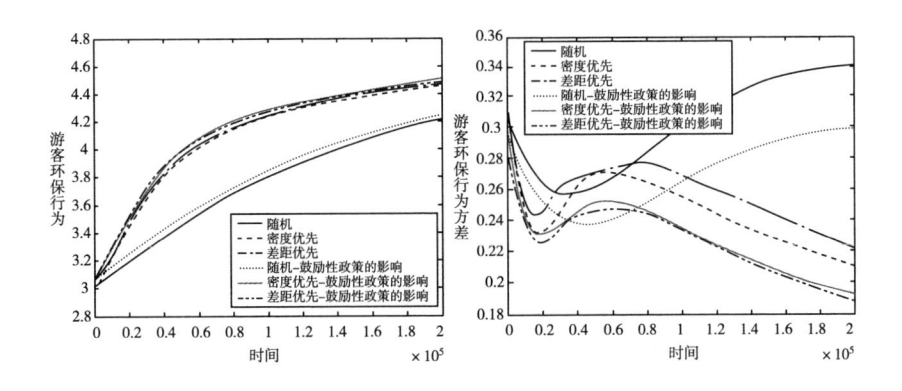

图 6-37　鼓励性政策干预下的游客劝导环保行为变化趋势（"低密度"网络）

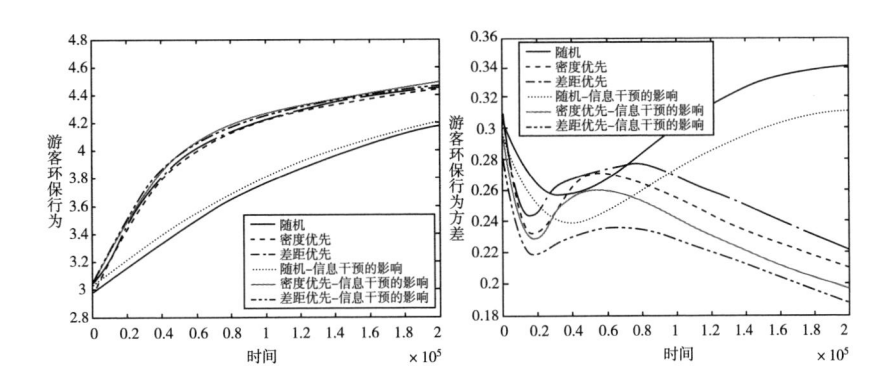

图 6-38　信息干预下的游客劝导环保行为变化趋势（"低密度"网络）

2. "高密度"对游客劝导环保行为的影响

设定游客劝导环保行为网络中节点之间的关系联结密度为[0.7，0.9]之间的随机数，代表游客节点之间存在"高密度"联结关系，仿真结果见图6-39。由图6-39可知，在整个仿真过程中，"高密度"网络中，差异优先模式具有明显的优势，主要表现为该模式下的劝导环保行为增长率明显高于密度优先模式和随机模式，且在仿真的中前期，劝导环保行为网络的均衡性最好。

进一步地加入外部情境因素的干预，所有干预因素取最大值5，探究"高密度"网络游客劝导环保行为的变化趋势，仿真结果如图6-39所示。

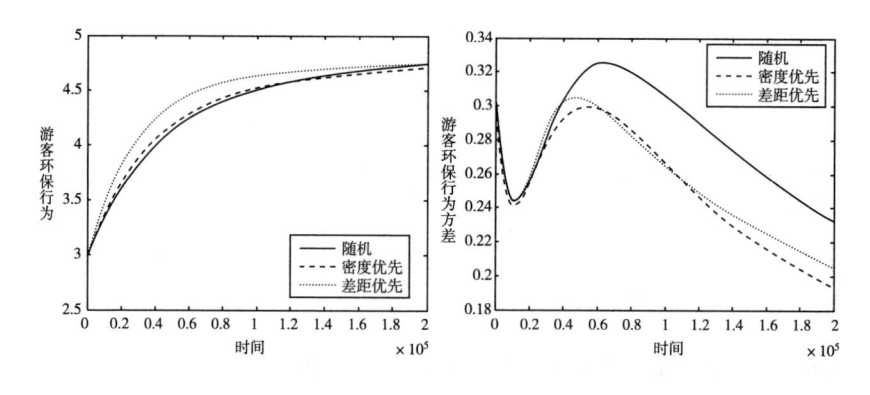

图6-39 "高密度"网络对游客劝导环保行为的影响

由图6-40和图6-41可知，加入舒适需求和节俭观念的影响，网络内的游客劝导环保行为选择均有一定的提高。在仿真前期，差距优先模式下的行为选择略高于密度优先模式，但两者的差距不大，且明显优于随机模式。随着仿真步长的增加，密度优先模式的优势逐渐凸显，劝导环保行为选择高于差距优先模式，到仿真后期，三者呈现趋同。从整个仿真过程来看，无论是否加入这些正向干预因素，密度优先模式中劝导环保行为的方差最小，网络均衡性明显优于其他模式。

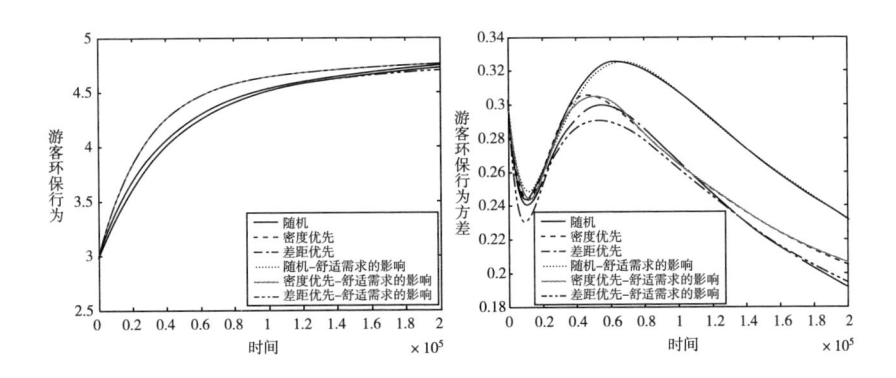

图 6-40 舒适需求干预下的游客劝导环保行为变化趋势（"高密度"网络）

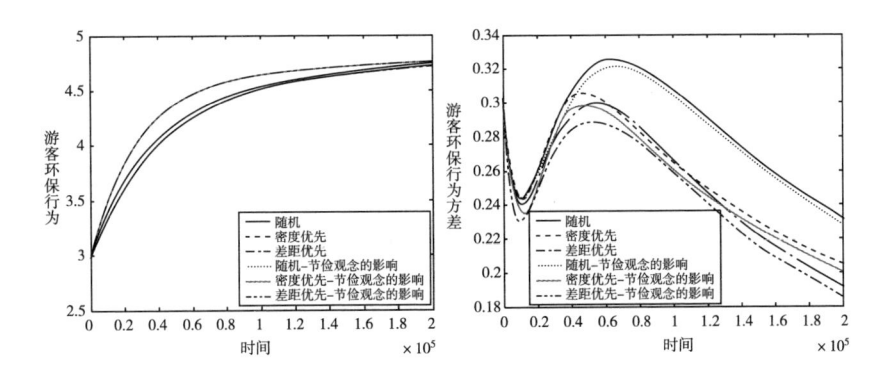

图 6-41 节俭观念干预下的游客劝导环保行为变化趋势（"高密度"网络）

由图 6-42 和图 6-43 可知，加入便利条件和景区环境质量的影响，网络内的游客劝导环保行为选择均有一定的提高。在仿真前期，差距优先模式下的行为选择略高于密度优先模式，但两者的差距不大，且明显优于随机模式。随着仿真步长的增加，密度优先模式的优势逐渐凸显，劝导环保行为选择高于差距优先模式。从整个仿真过程来看，无论是否加入这些正向干预因素，密度优先模式的网络中劝导环保行为的方差最小，网络均衡性明显优于其他模式。

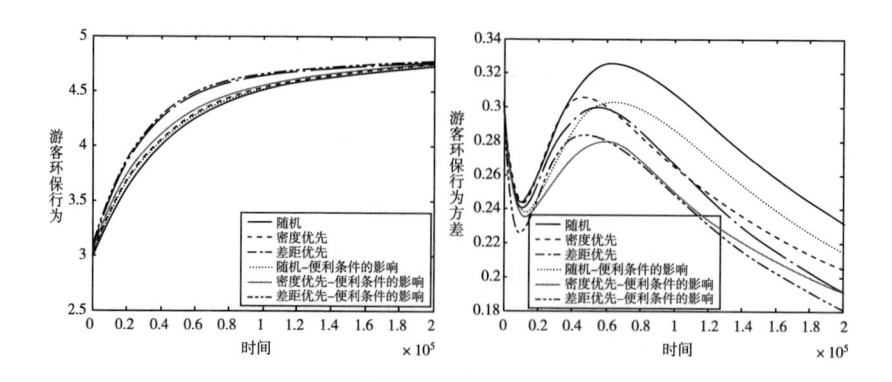

图 6-42 便利条件干预下的游客劝导环保行为变化趋势（"高密度"网络）

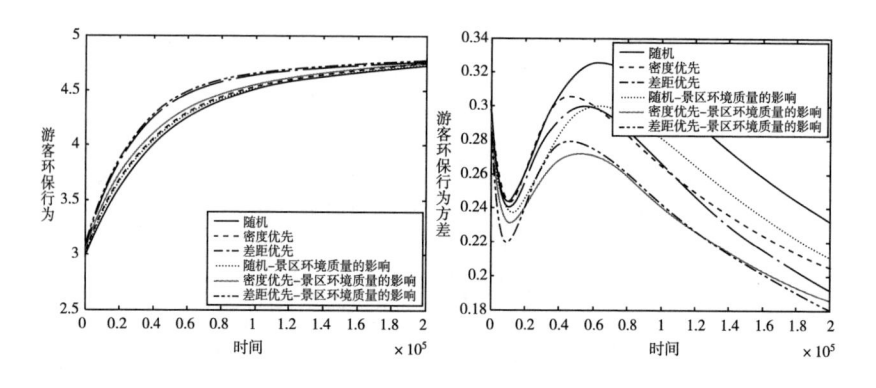

图 6-43 景区环境质量干预下的游客劝导环保行为变化趋势（"高密度"网络）

由图 6-44、图 6-45、图 6-46 可知，加入惩罚性政策、鼓励性政策和信息干预的影响，网络内的游客劝导环保行为选择均有一定的提高。在仿真前期，差距优先模式下的行为选择略高于密度优先模式，但两者的差距不大，且明显优于随机模式。随着仿真步长的增加，密度优先模式的优势逐渐凸显，劝导环保行为选择高于差距优先模式。从整个仿真过程来看，无论是否加入这些正向干预因素，密度优先模式的网络中劝导环保行为的方差最小，网络均衡性明显优于其他模式。

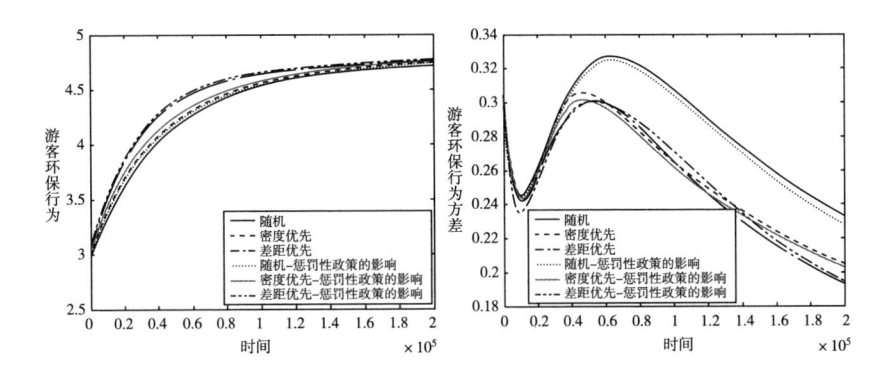

图 6-44 惩罚性政策干预下的游客劝导环保行为变化趋势（"高密度"网络）

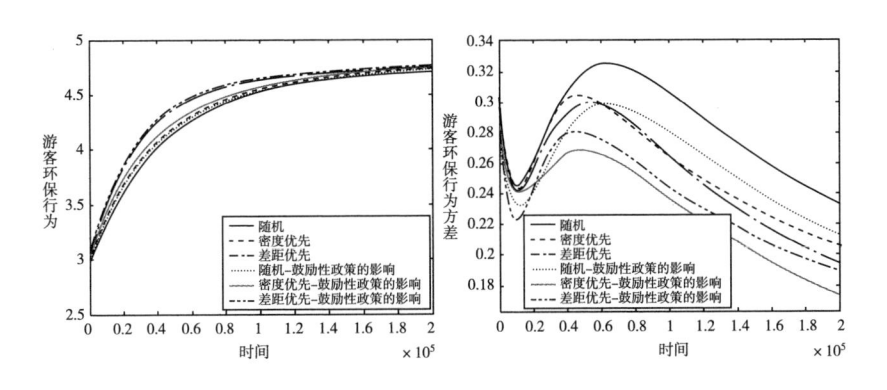

图 6-45 鼓励性政策干预下的游客劝导环保行为变化趋势（"高密度"网络）

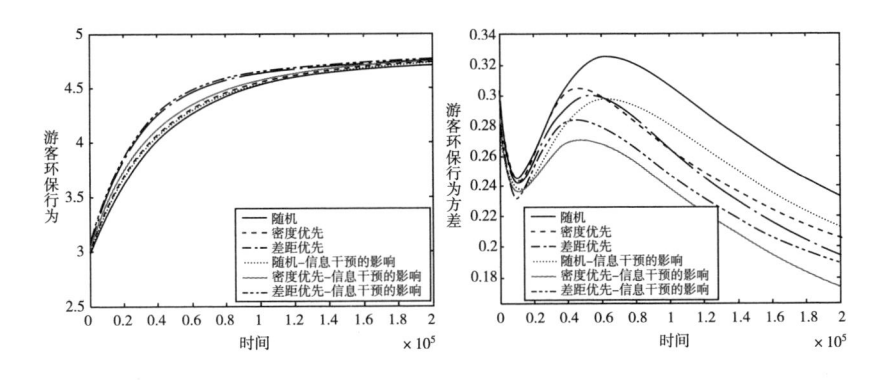

图 6-46 信息干预下的游客劝导环保行为变化趋势（"高密度"网络）

第四节 本章小结

本书运用加权小世界理论，构建游客间的游客环保行为选择模型，借助 Matlab 仿真平台对模型进行仿真分析，研究网络中节点之间的关系联结密度强度、外界情境因素干预下的游客环保行为演化规律，为游客环保行为的引导政策设计提供依据。

第七章 促进我国游客环保行为的政策建议

第一节 国内游客环境行为引导政策梳理

近年来,我国开始重视游客行为,相继出台了一些政策措施,加强对游客环保宣传教育等,但是,目前我国旅游行业的行政监管和法律法规,还存在一些不容忽视的问题。为便于了解我国游客行为管理的现状,对涉及游客行为管理的法律法规、规章制度进行了归类整理,主要内容如表7-1所示。

表7-1　　　　　　　我国游客行为相关管理法律法规

类型	名称	出台机构	发布时间
法律	《中华人民共和国旅游法》	人大常委会	2013年4月25日发布,自2013年10月1日起施行,2016年11月7日第一次修订,2018年10月26日第二次修订
	《中华人民共和国森林法》	人大常委会	1984年9月20日通过,2009年8月27日第二次修订2009年8月27日施行
	《中华人民共和国环境保护法》	人大常委会	2014年4月24日修订,2015年1月1日起施行
	《中华人民共和国野生动物保护法》	人大常委会	1988年11月8日通过,自1989年3月1日起施行
	《治安管理处罚法》	人大常委会	2005年8月28日公布,自2006年3月1日起施行,2012年10月26日修订

续表

类型	名称	出台机构	发布时间
法律	《文物保护法》	人大常委会	1982年11月19日通过，自1982年11月19日起施行，2017年11月4日修订
行政法规	《旅行社条例》	国务院	2009年1月21日，2009年5月1日起施行
	《风景名胜区管理条例》	国务院	2006年9月6日通过，自2006年12月1日起施行
	《导游人员管理条例》	国务院	1999年5月14日通过，自1999年10月1日起施行
	《中国公民出国旅游管理办法》	国务院	2001年12月12日通过，自2002年7月1日起施行
	《游客不文明行为记录管理暂行办法》	国家旅游局	2015年5月起施行，2016年5月26日修订
公约	《中国公民国内旅游文明行为公约》	中央文明办联合国家旅游局	2006年10月2日
	《中国公民出国（境）旅游文明行为指南》	中央文明办联同国家旅游局	2006年10月01日公布
国家标准及行业标准	导游人员管理实施办法	国家旅游局	2001年12月27日公布
	《旅游饭店星级的划分与评定》	国家旅游局	2011年1月1日实施
	《旅行社出境旅游服务质量》	国家旅游局	2002年7月27日发布，2002年7月27日实施

第一，大部分政策措施出台的目的是规范市场和保障旅游者基本权利，较为笼统，只是禁止性规定或者强调游客义务，缺乏可操作性。例如《旅游法》第十三条："旅游者在旅游活动中应当遵守社会公共秩序和社会公德，尊重当地的风俗习惯、文化传统和宗教信仰，爱护旅游资源，保护生态环境，遵守旅游文明行为规范。"《风景名胜区管理条例》

中规定：禁止在风景名胜区中在景物或者设施上刻画、涂污；禁止乱扔垃圾。

第二，相关法律法规以惩罚性为主，惩罚力度小，游客违规的经济成本、道德成本和信用成本低，约束效果不佳。《游客不文明行为记录管理暂行办法》（简称黑名单）就是针对游客行为的惩罚性规定，自2015年5月7日公布施行后共有35人被纳入旅游"黑名单"。"黑名单"以信息曝光为主，确定后要与公安、海关、边检、交通、人民银行征信机构等其他部门，一起联合执法。例如2018年3月，湖北游客彭某在洱海边游玩时，用儿童玩具击打红嘴鸥，并致其受伤。大理市森林公安局对其非法猎捕国家重点保护动物的行为，处没收猎捕工具，并1500元罚款的行政处罚；经旅游不文明行为记录评审委员会审定，将彭某纳入旅游不文明行为记录，记录期限为3年，自2018年9月27日至2021年9月26日。

第三，对游客环保行为的宣传教育，仅限于单向式说教，通过电视、广播、广告牌、网络等媒体或途径传递环保信息，游客参与互动的活动较少，双向对称式的方式没有形成，宣传教育实施效果有待考证。且不同宣传途径的效果不同，在智慧旅游时代，如何针对不同群体，进行内容和途径的针对性设计，精准营销宣传，既满足游客个性化、差异化、定制化的需求，又保证宣传教育的效果，还较少有人涉及，是游客环保行为研究亟须解决的现实问题。

第二节　促进游客环保行为的相关政策建议

旅游问题尤其是游客不当行为引发的环境问题日益受到社会各界的关注。2018年我国人均出游4.1次，在人人都有可能成为旅游者的背景之下，游客在旅游过程中的行为至关重要，游客环保行为的内化和引导迫在眉睫，构建一套既注重管理策略又注重激励方法的游客环保行为内化和提升引导体系势在必行。根据前文的实证分析，游客态度因素、社会因素、情感因素不仅显著影响游客环保行为，还通过游客环保行为意愿显著影响游客环保行为；习惯因素和促进性条件对环保行为意愿向行为的转化有显著的调节作用。结合游客行为现状、影响因素，以及现有政策，从游客环保行为内化、态度强化、氛围营造、情感培养、习惯养成、情景促进六个方面出发，构建了游客环保行为引导政策体系（如图 7-1 所示）。该体系共包含"六类"引导策略：游客环保行为内化策略、游客环境态度强化策略、环保社会氛围营造策略、主客情感培养策略、游客习惯养成策略、旅游情景促进策略。具体内容如下。

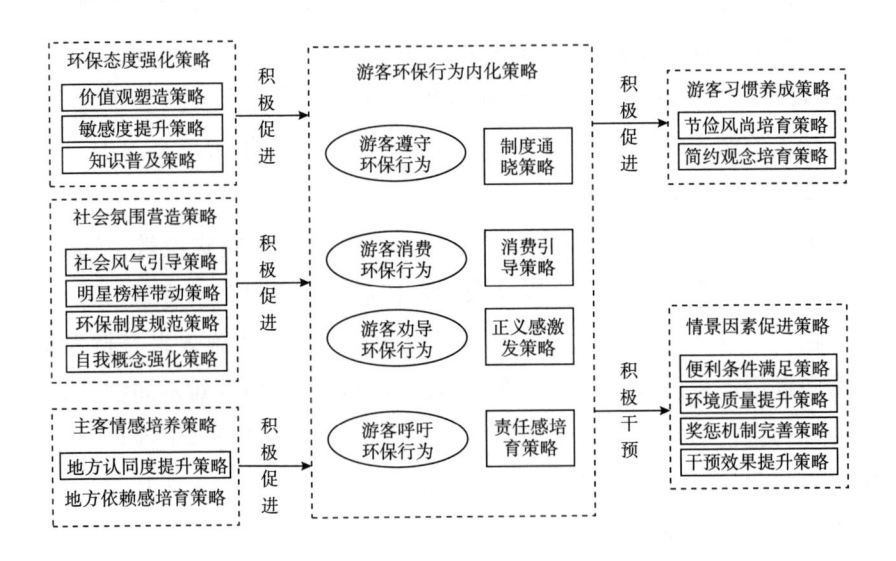

图 7-1 游客环保行为引导政策体系

一 环保行为内化策略

游客环保行为包括游客遵守环保行为、游客消费环保行为、游客劝导环保行为和游客呼吁环保行为，除了对影响因素的引导，游客自身环保行为的内化和提升也至关重要，但是由于四种行为内化提升收效差异，具体策略如下。

1. 制度通晓策略

根据实证结果，遵守环保行为属于游客支出成本最低的一种行为，其均值（4.04）最高，也是游客最容易忽视的问题。结合访谈结果，遵守环保行为很大程度上取决于游客对相关政策制度的了解程度，例如很多人认为"到此一游"是自吴承恩以来得到公认的很正常的行为，也有一些人看到别人做一些事情会跟风去做。因此，有针对性地普及旅游相关的规章制度能快速提升游客环保行为的内化效果。前文可知，环境知识、价值观都与教育水平密切关系。鉴于此，政府相关部门应完善教育机制，基础教育与环保并行。特别对18岁以下、农民和私营业主的群体给予重点关注。

2. 消费引导策略

根据实证结果，消费环保行为属于游客支出成本较低的一种行为，其均值（3.92）较高。结合访谈结果，游客消费行为凭借个人喜好进行旅游消费。有很多游客吃不惯旅游地的食物，或者为了省钱直接购买方便面和饮料，不购买旅游地的土特产品，这是对旅游地文化不认同的表现，这些表现会引起旅游地居民文化自信的丧失，加上大众文化的趋同和外来文化的入侵，是对旅游地文化生态和可持续发展造成伤害。当然也有一些人反其道而行之，消费太多也会引起消费观念的改变，超出旅游地消费供给的能力，必然会变相地减少成本，对金钱的追逐会冲淡当地文化生态和自然生态的承载力。因此，游客消费环保行为的内化策略，首先要提倡在旅游地适度消费的观念。其次，对年龄55岁以上、农民和私营业主、远距离游客群体给予重点关注，通过有针对性的宣传给予信息干预，以求达到消费环保行为的引导和内化。

3. 正义感激发策略

根据实证结果，劝导环保行为属于游客支出成本较高的一种行为，其均值（3.13）较低。结合访谈结果，分值低的原因是很多游客有"出门在外不容易""事不关己高高挂起"的态度，自己做好了就行也有一些人有思想顾虑，怕得罪人怕被打击报复。因此，劝导环保行为的内化主要从环保宣传教育入手，使人人都认识到环保和环保行为的重要性，培育环保正义感，提升捍卫环保的自豪感。劝导环保行为应重点关注的人群为55岁以上、受过高等教育和首次在旅游地游览的游客群体，针对不同的群体，有针对性进行宣传途径和信息内容的选择，以求达到最佳效果。

4. 责任感培育策略

根据实证结果，呼吁环保行为属于游客支出成本最高的一种行为，其均值（3.00）最低。结合访谈结果，分值低的原因是很多游客觉得环保是政府部门要做的事情，与游客本身无关；也有的游客认为我自己都缺钱，不会捐钱进行环保。因此，呼吁环保行为的内化主要是培育游客的环境责任感，让其意识到环境问题人人有责。强调解决环境问题，人人有责，不应全部推给政府或他人，同时，教育并引导游客勇于承担起自身的义务和责任，从我做起，从现在做起。呼吁环保行为应重点关注年收入20万元以上高收入群体、注重低碳出行的群体以及首次游览旅游地的游客群体，同样要注意针对不同的群体，有针对性进行宣传途径和信息内容的选择，以求达到最佳效果。

二 环保态度强化策略

由结果可知，游客的态度因素中利己价值观、利他价值观、生态价值观、环境知识、环境敏感度、主观规范均对环保行为有显著影响。但是，很多游客对环保有很多共性的认知：缺乏环境知识和旅游环境知识；漠不关心环境问题，认为是政府需要关心的问题，与自己无关；利他价值观和生态价值观尚未形成。因此，针对以上问题，本书提出游客环保态度的政策建议，具体如下。

1. 环保价值观塑造策略

根据实证结果，利己价值观对游客消费环保行为（-0.085）和游客劝导环保行为（-0.105）影响显著，利他价值观对游客消费环保行为（0.103）影响显著，生态价值观对游客呼吁环保行为（0.082）影响显著。价值观是影响环保行为最基础也最关键的因素，但是价值观的塑造是一项长期系统的工程，需要国家教育、经济、法律体系的长期配合。政府、旅游景区、旅游企业和游客等各方利益相关者均应将环保利益最大化作为自身价值观，不仅要关注生态环保，还要鼓励全民生态环保。具体来看，为塑造生态价值观，需要政府管理部门以身作则，引导旅游企业、游客共同参与环保，联合行动，营造生态环保的社会氛围。

政府必须通过法律保障、经济激励和教育培养多手段协同推进，提升全民生态价值观念，营造全民环保的社会氛围。此外，企业应将环保利益最大化作为企业价值观和企业文化的一部分，将绿色生态引入生产线，减排降污，生产生态产品和服务等，潜移默化影响企业内部员工的价值观；参与捐款、慈善等生态环保相关的活动，提升生态环保社会影响力。

2. 环境敏感度提升策略

根据实证检验结果，环境敏感度对游客消费环保行为（0.067）影响显著。因此，通过多种宣传渠道和引导方式，增加游客对环境保护重要性的认同，引导游客加强对环境问题的心理投入，继而关注旅游环境问题。

3. 环保知识普及策略

实证结果显示，一般环境知识对游客遵守环保行为（0.079）、游客消费环保行为（0.133）、游客劝导环保行为（0.22）、游客呼吁环保行为（0.251）以及游客环保行为意愿（0.15）影响显著，旅游环境知识对游客遵守环保行为（0.259）、游客消费环保行为（0.092）、游客环保行为意愿（0.095）影响显著；游客环保行为和信息传播渠道在游客特征上的差异性显著。可以针对不同的人群，开展有针对性的宣传教育，做到精准信息干预。加强生态文明的宣传教育，倡导文明、绿色的旅游消费方式。在继续推行不文明游客黑名单的基础上，鼓励设立垃圾兑换银行、碳排放置换。加强旅游环境知识的普及教育和宣传，运用公益广告、电台广播、网络或户外媒体等各种媒体向游客传播旅游环境知识，系统统筹、反复操作，持续发力，形成影响力，与旅游者共同努力，提升生态责任意识，促进旅游者提升保护生态环境的共同责任意识，引导和鼓励文明、低碳的旅游方式，减少不必要的物品消耗，选择简约自然的旅游方式，减少对生态环境的影响，创新游客行为方式，包括旅游消费过程中的衣食住行等方面，倡导从我做起，从现在做起，从身边做起。

三 社会氛围营造策略

实证结果显示，社会规范、自我概念、群体一致性、榜样效应等社会学习因素会显著影响游客环保行为，且对游客环保行为意愿-游客环保行为有明显的中介效应。可以看出，我国居民跟风、随大流、盲从现象严重，且环保氛围不够浓厚，甚至部分环保人士，为了跟大家保持一致，会做出不环保的一些行为。例如在旅游景区，看到别人随手扔垃圾，跟着随手扔垃圾的游客大有人在，原因是如果自己拎着垃圾放到垃圾桶，担心会被别人笑话鄙视。因此，针对以上问题，应改变不良的社会氛围，培育积极环保的群体参照规范。

1. 社会风气引导策略

根据实证检验结果，社会规范对游客遵守环保行为（0.259）、游客消费环保行为（0.108）以及游客环保行为意愿（0.152）影响均显著。因此，通过宣传教育，正确引导环保社会风气。宣传媒介的选择上，不仅注重电视、广播等传统媒体，也要注重网络媒体如抖音、快手等自媒体的生态环境宣传。在这些大众宣传媒体上适当增加绿色旅游、生态旅游、文明旅游等相关的公益广告；增加对政府官员、娱乐明星等公众人物支持环保、生态的相关报道，培育公众环保、生态、文明的良好社会风气。应加强对公众人物道德、行政、法律和经济的约束，突出游客环境行为的表率和标杆作用，表彰、奖励表现突出者，曝光、批评违反者，以此来引导整个社会的环境保护行为模式。

2. 明星榜样带动策略

根据实证检验结果，榜样效应对游客遵守环保行为（0.229）、游客消费环保行为（0.224）以及游客环保行为意愿（0.203）影响均显著。因此，可以通过树立知名人士、领袖、明星为环保行为"明星榜样"，通过知名人士、领袖和明星的晕轮效应，来扩散旅游环境知识，强化宣传效果，来影响和增强游客遵守环保行为内化。

3. 环保制度规范策略

根据实证检验结果，群体一致性对游客遵守环保行为（0.122）、旅游消费环保行为（0.099）、游客劝导环保行为（0.125）和游客环保行为意愿（0.11）影响均显著。因此，政府应将生态环保发展纳入到国家的长期发展规划当中，不断健全生态环保制度和经济激励政策体系，完善环保立法。不断完善教育体系，积极推进学校生态环保教育的同时，也倡导家庭生态环保教育和社会生态环保教育，在不忽视利己价值观对游客环保行为影响基础上，应重视对游客利他和生态价值观的引导和培育，塑造积极健康的价值观。

4. 自我概念强化策略

自我概念是个体对自我的认知，根据实证检验结果，自我概念对游客遵守环保行为（0.065）、游客劝导环保行为（0.078）以及游客环保行为意愿（0.237）影响均显著。因此，应注重对游客自我概念的强化，培育生态游客。政府应该开展全民生态教育，培养生态公民。结合环境责任感、环境敏感度、主观规范等对游客环保行为的重要影响，在生态教育和生态宣传的同时，也要注重游客环境责任感、环境敏感度等环境特质，塑造真正意义上的生态旅游者。

四 主客情感培养策略

实证结果显示，游客对旅游地的情感—地方依恋会促使游客实施环保行为，结合访谈发现，当人们对旅游地的自然环境或者其他资源产生感情后，会表现出积极的负责任的环境行为，不仅自己不会破坏环境，甚至还会说服劝导他人参与保护旅游地的环境。因此，旅游地可以从地方依恋入手，来预测、引导、管理游客对旅游地的情感，从而达到对旅游地环境保护的目的。

1. 地方认同度提升策略

根据实证检验结果，地方认同对游客遵守环保行为（0.173）、游客消费环保行为（0.197）影响均显著。因此，应注重提升地方特征，增强游客地方认同度。分析发现，地方认同会影响游客对旅游地的环境态度和行为，结合旅游者猎奇的心理，旅游地管理人员应充分挖掘旅游地的特色旅游资源，提升旅游地的地方特征，改善景区自然环境、保护好人文景观、提高服务质量，增强游客对旅游地的认同感，进而增强对旅游地的地方依恋。

2. 地方依赖感培育策略

根据实证检验结果，地方依赖对游客遵守环保行为（0.203）、游客呼吁环保行为（0.094）影响均显著。因此，应注重加强与游客情感联系，培育地方依赖感。旅游地可以通过微信、微博等现代营销工具，建立于游客之间的联系，通过软文推送等方式，拉近游客和旅游地之间的情感；通过环境教育和旅游地的知识普及，使游客更加了解旅游地，珍惜旅游地；此外，可以策划举办一些游客参与互动性强的活动项目，例如志愿者俱乐部，让游客组织、参与、策划活动，不仅可以满足游客参与感，培养游客认同感，也会升华其对旅游地的情感依赖，进而促进其保护旅游地行为的产生。

五 游客习惯养成策略

实证结果显示，节俭观念和舒适需求对游客环保行为意愿-游客环保行为有明显的调节效应。生活中，不乏有人抱有多吃多占，占到就是赚到的观念，不管有没有消费能力，都要享受高品质生活的观念。因此，可以通过对游客节俭观念和适度舒适习惯的养成培育，来提升其环保观念，进而促进环保行为实施。

1. 节俭风尚培育策略

根据实证检验结果，节俭习惯对游客环保行为意愿和游客遵守环保行为、游客消费环保行为、游客劝导环保行为、游客呼吁环保行为的调节效应显著。因此，政府应努力建设节约型社会，形成崇尚节俭、厉行节约的社会风尚。通过机制健全、结构调整，以及推进技术创新、加强管理等手段，激励全社会节约资源，实现可持续发展（Granovetter, 1977）。

2. 简约观念培育策略

根据实证检验结果，舒适需求对游客环保行为意愿和游客遵守环保行为、游客消费环保行为、游客劝导环保行为、游客呼吁环保行为的调节效应显著。因此，政府应综合运用多种媒体传播途径，大力宣传低碳环保的生活，引导社会舆论对环境问题、可持续发展问题、生活环境质量问题的关注，最终在全社会形成以适度、节约、循环、保护为核心的后物质主义观念。应注重广告媒体对相关信息的宣传，限制广告媒体中对"奢华、尊贵、独享"等物欲消费主义的宣扬，甚至可酌情予以惩罚；对公众人物的相关消费报道予以限制，并加强舆论监督，限制明星对奢侈品的宣传，降低物欲消费对大众的刺激，引导社会舆论导向，形成关注生态环境，简约适度的环保消费风气。

六 情景因素促进策略

实证结果显示，景区环境质量和便利条件对游客环保行为意愿-游客环保行为有明显的调节效应，仿真结果也证实了这一点。因此，可以优化情景因素，对游客实施干预，促进其环保行为的产生和实施。

1. 便利条件满足策略

根据实证检验结果，便利条件对游客环保行为意愿和游客遵守环保行为、游客消费环保行为、游客劝导环保行为、游客呼吁环保行为的调节效应显著。在实际中如果景区环境质量不好，或者垃圾桶设置不合理，游客会随手扔垃圾，而且很多景区垃圾桶没有垃圾分类的标识，或者只有一个垃圾桶，无法实现垃圾分类。因此，旅游目的地（旅游景区）应完善景区基础设施和公共服务设施，杜绝设施障碍，满足游客便利条件，消灭游客环保行为的外在障碍，促进其环保行为。

2. 景区环境质量提升策略

根据实证检验结果，景区环境质量对游客环保行为意愿和游客遵守环保行为、游客消费环保行为、游客劝导环保行为的调节效应显著，高质量的景区环境会积极影响游客环保意愿转向环保行为。根据破窗效应，如果景区环境卫生整洁，游客就会自觉维护这种情景，如果景区环境卫生差，垃圾满地，到处乱涂乱画，游客也会做出类似的行为。因此，加强旅游地管理，从制度建设、奖惩制度等入手，提升景区环境质量，营造干净卫生、舒适轻松的氛围，以此来干预游客环保行为的产生和实施。

3. 奖惩机制完善策略

根据实证检验结果，惩罚性政策和鼓励性政策对环保意愿作用于游客遵守环保行为、游客消费环保行为、游客劝导环保行为、游客呼吁环保行为路径的调节效应显著，会积极影响游客环保意愿转向环保行为。因此，政策制定者应完善环保行为的奖惩机制。要加重对不环保行为的处罚力度，增强违规游客的经济成本、信用成本和道德成本，真正起到约束游客行为，促进其环保行为的目的。通过奖励性政策，例如奖励劝导游客、奖励检举环保事件游客、奖励环保志愿者，颁发环保卫士奖章，甚至免门票等相应政策，来鼓励游客积极参与环保。

4. 干预效果提升策略

根据实证检验结果，信息干预对环保意愿作用于游客遵守环保行为、游客消费环保行为、游客劝导环保行为、游客呼吁环保行为路径的调节效应显著，信息干预会正向影响游客环保意愿向环保行为的转变，结合游客环保行为和信息传播渠道效果在游客特征上的显著性差异，对不同的人群，有针对性地采取不同的宣传途径，做到精准信息干预。根据不同信息传播渠道效果的分析结果，对女性群体应多采用微博和 QQ 等宣传途径，对 35 岁以下的群体应采用街头横幅、（电子）广告牌、杂志、网站、微信、微博、QQ 等宣传途径，对学历高的群体采用导游、电视、广播、报纸、网站、微信等宣传途径，对公务员或事业单位、服务人员等采用导游、杂志、网站、微信、微博、QQ 等宣传途径，对年收入 20 万元以上的高收入群体采用杂志、网站、微信、微博、QQ 等宣传途径，会有更好的效果。

第三节　本章小结

本章梳理国内游客行为相关的政策法规，根据前文构建的游客环保行为影响因素模型的实证结果和信息传播渠道的量化结果，从游客环保行为内化、态度强化、氛围营造、情感培养、习惯养成、情景促进六个方面，构建了游客环保行为引导政策体系，提出有针对性政策建议：环保行为内化、环境态度强化、社会氛围营造、主客情感培养、游客习惯养成、情景促进等策略。

第八章 研究结论与展望

第一节 研究结论

第一，明确了游客环保行为的划分维度。结合扎根理论对游客环保行为进行了维度划分，将其分为游客遵守环保行为、游客消费环保行为、游客劝导环保行为、游客呼吁环保行为四个维度，并通过实证分析验证了四维度划分的合理性。

第二，明确了游客环保行为的关键影响因素及其影响路径。通过扎根理论分析，将影响游客环保行为主要因素确定为游客特征因素、态度因素、社会因素、情感因素、习惯因素和促进性条件六大因素，以及这六大因素对游客环保行为的影响机理和路径。游客特征因素是游客环保行为的内因，不同的属性特征使得游客表现出不同的环保态度，直接影响环保行为的产生。社会因素和情感因素，是游客环保行为的前置因素，决定游客环保行为以及通过心理因素对行为产生中介效应。节俭观念和舒适需求作为意识特征，会影响游客环保意识向环保行为的转化。促进性条件是影响游客环保行为的情景因素，是游客环保行为的强化因素。

第三，不同类型的环保行为游客实施情况存在差异。4 类游客环保行为的均值呈阶梯状递减，其中游客遵守环保行为得分均值最高（4.04），其次是游客消费环保行为（3.92），然后是游客劝导环保行为（3.13），游客呼吁环保行为得分最少（3.00），表明游客遵守环保行为和消费环保行为实施情况较好，游客劝导环保行为和呼吁环保行为实施情况差。

第四，游客环保行为因游客个人传记特征和出游特征的不同而存在差异。游客环保行为因个人传记特征存在差异。性别对四种游客环保行为的效应不显著，男女对环保行为的差异不明显。年龄对四种游客环保行为中的游客遵守环保行为、游客消费环保行为以及游客劝导环保行为有显著效应；年长的群体更加关注环保。受教育水平对游客遵守环保行为和游客劝导环保行为有显著性影响；学历越高的群体更加关注环保。职业类型对遵守环保行为和消费环保行为的影响显著；企业人员、公务员或事业单位、离退休人员实施遵守环保行为的频度较高。年收入对游客呼吁环保行为有显著效应；年收入1万—3万元收入阶层的人实施呼吁环保行为的频度最高。游客环保行为因游客出游特征存在差异。游客类型对游客消费环保行为的效应显著；省外游客的消费环保行为实施的最好。景区游览次数对游客劝导环保行为、游客呼吁环保行为有显著效应；景区游览次数越多，越注重游客环保行为的实施。旅游方式对游客呼吁环保行为有显著效应；旅游方式越低碳的游客，越注重呼吁环保行为的实施。旅游动机对游客呼吁环保行为有显著效应；休闲度假和游览观光的游客更注重呼吁环保行为的实施。

第五，对于不同类型的环保行为，游客环保行为意愿的中介效应差异明显。一般环境知识、环境责任感、自我概念部分通过行为意愿作用于游客遵守环保行为，群体一致性、榜样效应、社会规范完全通过行为意愿作用于游客遵守环保行为；利他价值观、环境责任感、环境敏感度、群体一致性、自我概念、地方依赖完全通过行为意愿作用于游客消费环保行为，旅游环境知识、社会规范、榜样效应部分通过行为意愿作用于游客消费环保行为；利他价值观、环境责任感、社会规范、榜样效应、自我概念、地方依赖等完全通过行为意愿作用于游客劝导环保行为，一般环境知识、环境敏感度、群体一致性部分通过行为意愿作用于游客劝导环保行为；环境敏感度、群体一致性、自我概念、社会规范、榜样效应等完全通过行为意愿作用于游客呼吁环保行为，利他价值观、一般环境知识、环境责任感、地方依赖部分通过行为意愿作用于游客呼吁环保行为。

第六,习惯因素和促进性条件对游客环保行为意愿—游客环保行为的调节效应明显,调节方向存在显著差异。习惯因素中舒适需求和节俭习惯对环保意愿作用于四类环保行为的调节效应均显著。促进性条件中,景区环境质量对环保意愿作用于游客呼吁环保行为的路径调节效应不显著,对环保意愿作用于游客遵守环保行为、游客消费环保行为和游客劝导环保行为的调节效应显著;便利条件、惩罚性政策、信息干预对环保意愿作用于四类游客环保行为的调节效应均显著。

第七,信息传播渠道在个人传记特征上呈现不同的效果。传播渠道的传播效果在不同性别之间存在显著差异,其中女性更容易受到微博和QQ信息的影响,进而实施环保行为。传播渠道的传播效果在不同年龄之间存在显著差异,其中35岁以下的游客群体更容易受到街头横幅、(电子)广告牌、杂志、网站、微信、微博、QQ等渠道传播信息的影响,实施环保行为。传播渠道的传播效果在不同学历之间存在显著差异,其中学历高的游客群体更容易受到导游、电视、广播、报纸、网站、微信等渠道传播信息的影响,实施环保行为。传播渠道的传播效果在不同职业类型之间存在显著差异,其中职业为公务员或事业单位、服务人员的游客群体更容易受到导游、杂志、网站、微信、微博、QQ等渠道传播信息的影响,实施环保行为。传播渠道的传播效果在年收入上存在显著差异,其中收入越高的游客群体越容易受到杂志、网站、微信、微博、QQ等渠道传播信息的影响,实施环保行为。

第八,游客环保行为的仿真分析。运用加权小世界理论构建基于关系的游客环保行为选择模型,借助Matlab对模型进行仿真分析,研究情境因素干预下游客环保行为选择的规律。研究表明:①节点联结密度分别为[0,1]的加权小世界网络结构中,相比较于密度优先和随机选择,以行为差距优先策略来确定实施劝导环保行为的接收方,能够为网络中的节点带来更高的行为发生率,并且在仿真前期会使网络均衡性达到最好。然而,在仿真中后期时,"环保行为差"的优势逐渐消亡,密度优先模式的优势开始凸显，整个网络均衡性最好。当外界情境因素均取最优值，在七类情境因素的综合干预下，劝导环保行为实施频率明显上升，且以差距优先策略来确定接受方，能够为个体网络中的节点带来更高的劝导环保行为增长率，并且在仿真前期会使整个网络的均衡性最好。分别加入不同情境因素的干预作用，游客劝导环保行为整体上有一定提升，与七类因素的综合作用类似。②在节点联结密度为［0.1，0.3］的"低密度"网络下，以差距优先和密度优先确定接收方时，网络中节点的行为增长率差距甚微，但密度优先下的网络节点劝导环保行为均衡性则明显优于差距优先策略。在节点关系强度分别为［0.7，0.9］的"高密度"网络下，以差距优先确定接收方时，网络中节点的劝导环保行为增长率明显高于密度优先模式和随机模式，且网络均衡性最好，这种优势一直持续到仿真的中后期。相比于"高密度"网络，"低密度"网络更容易受到外界情境因素的干预影响。

第二节　主要创新点

一是对游客环保行为重新进行了概念界定和维度划分，提出将其划分为游客遵守环保行为、游客消费环保行为、游客劝导环保行为、游客呼吁环保行为四类游客环保行为，并验证了其合理性，丰富了绿色旅游研究的相关内涵。

二是引入环境敏感度、群体一致性、自我概念、榜样效应、节俭观念等变量，将影响游客环保行为的影响因素分为游客特征、态度因素、社会因素、情感因素、习惯因素和促进性条件，构建了游客环保行为影响因素综合理论模型，丰富了绿色旅游的相关理论体系。

三是借鉴信息干预的思想和方法，验证了信息干预对意识-行为的调节效应，发现了信息干预效果在不同游客特征上存在差异性，为设计游客环保行为的相关信息干预方案提供了新思路。

四是基于游客复杂关系，运用加权小世界理论，构建游客环保行为选择模型，并借助 Matlab 仿真演化了不同情境因素干预下的游客环保行为选择的规律，为游客行为的研究提供了新的研究思路和方法。

第三节 研究局限与展望

一 本书研究存在的局限

本书在理论分析和实证研究中，力求科学严谨，但是由于诸多因素的限制仍然存在一定的不足之处，主要体现在以下3个方面。

一是影响因素局限。游客环保行为的发生是一个复杂的过程，影响因素众多，行为的发生可能由某个因素单独作用，也可能是多因素的综合作用。本书是在相关文献的基础上，运用扎根理论的方法进行影响因素的筛选，难以排除主观性，不能完全保证涵盖了所有的影响因素，对游客环保行为的解释力可能存在不足。

二是研究方法局限。游客心理和动机复杂，游客在填写问卷的过程中，由于受到情绪、情景等条件的限制，可能会故意隐瞒或夸大行为倾向，不能准确反映游客的真实想法，从而对研究结果产生影响。

三是调研样本局限。由于调查条件和时间的限制，本书通过纸质问卷和网络问卷相结合的方式，最终在问卷回收期限内回收有效样本共1288份，虽然能够较好地满足多元统计分析和结构方程模型方法对数据和样本量的要求，但调研样本在地区分布上还存在一定的不足。

二 未来研究展望

基于本书研究的现状，未来可以在以下几个方面进行更加深入的研究。

第一，扩大调研范围，完善调查数据。通过广泛的分布均匀的调研，提高调研数据的代表性和覆盖面，进行游客环保行为空间差异分析，探讨不同地区游客环保行为的差异，为有地区差异和特点的环保政策制定提供理论依据。

第二，拓展影响因素的筛选方法。以理论文献综述和旅游专家访谈为基础，结合实验经济学实时情景模拟的研究方法，设计实验情景，在游客中开展实验研究，挖掘行为影响因素，完善调查分析量表。

第三，丰富实证研究方法。开展纵向跟踪研究，获取更加符合游客实际富有阶段性变化的游客环保行为相关数据，同时结合实验经济学研究结果，设计更加贴近真实环境，更加深入地探讨游客环保行为各影响因素的作用机理，游客环保行为意愿和环保行为选择的形成机理，探究游客环保行为引导政策的响应机制。

参考文献

白长虹、刘欢：《旅游目的地精益服务模式：概念与路径——基于扎根理论的多案例探索性研究》，《南开管理评论》2019年第3期。

陈飞宇：《城市居民垃圾分类行为驱动机理及政策仿真研究》，博士学位论文，中国矿业大学，2018年。

陈虎、梅青、王颖超等：《历史街区旅游意象对环境责任行为的驱动性研究——以满意度为中介变量》，《中国人口·资源与环境》2017年第12期。

陈秋香：《酒店旅客亲环境行为影响因素研究》，硕士学位论文，湖南师范大学，2016年。

陈蔚：《生态旅游社区居民参与对环境态度影响机制研究》，《安徽工业大学学报（社会科学版）》2017年第6期。

陈奕霏：《基于地方理论的古镇游客环境责任行为的影响机制研究》，硕士学位论文，浙江工商大学，2017年。

代祺、胡培、周庭锐：《参照群体压力下的不从众与反从众消费行为的实证研究》，《消费经济》2007年第6期。

代祺、周庭锐、胡培：《情境视角下从众与反从众消费行为研究》，《管理科学》2007年第4期。

窦璐：《旅游者感知价值、满意度与环境负责行为》，《干旱区资源与环境》2016年第1期。

范钧、邱宏亮、吴雪飞：《旅游地意象、地方依恋与旅游者环境责任行为——以浙江省旅游度假区为例》，《旅游学刊》2014年第1期。

冯智恩：《旅游者环境责任行为评估模型及干预策略研究》，博士学位论文，燕山大学，2018年。

高静、洪文艺、李文明等：《自然保护区游客环境态度与行为初步研究——以鄱阳湖国家级自然保护区为例》，《经济地理》2009年第11期。

龚文娟：《当代城市居民环境友好行为之性别差异分析》，《中国地质大学学报（社会科学版）》2008年第6期。

顾久贤：《2022年冬奥会的举办对区域消费需求与行为影响的研究——以河北冰雪体育旅游为分析个案》，《体育与科学》2016年第3期。

管婧婧、董雪旺、鲍碧丽：《非惯常环境及其对旅游者行为影响的逻辑梳理》，《旅游学刊》2018年第4期。

韩璐、金永生：《移动增值业务消费者动机实证研究》，《北京邮电大学学报（社会科学版）》2009年第6期。

何吴明、郑剑虹：《心理学质性研究：历史、现状和展望》，《心理科学》2019年第4期。

洪学婷、张宏梅、黄震方等：《旅游体验前后日常环境行为对具体地点环境行为的影响——以大学生黄山旅游体验为例》，《人文地理》2019年第3期。

洪学婷、张宏梅、张业臣：《旅游体验对旅游者环境态度和环境行为影响的纵向追踪研究》，《自然资源学报》2018年第9期。

侯杰泰、温忠麟、成子娟：结构方程模型及其应用（附光盘），教育科学出版社2006年版。

胡华：《中国游客不文明行为归类及归因研究》，《生态经济》2014年第7期。

黄芳铭：《结构方程模式》，中国税务出版社2005年版。

黄家玲、徐红罡、代姗姗等：《基于社会属性和旅游经历的旅游者生态意识研究——以海南旅游者为例》，《旅游科学》2011年第6期。

黄静波、范香花、黄卉洁：《生态旅游地游客环境友好行为的形成机制——以莽山国家级自然保护区为例》，《地理研究》2017年第

12 期。

黄蕊、李桦、杨扬等：《环境认知、榜样效应对半干旱区居民亲环境行为影响研究》，《干旱区资源与环境》2018 年第 12 期。

黄涛、刘晶岚：《长城国家公园游客环境友好行为意愿的影响研究——地方依恋的中介作用》，《中南林业科技大学学报（社会科学版）》2017 年第 5 期。

黄涛、刘晶岚、唐宁等：《价值观、景区政策对游客环境责任行为的影响——基于 TPB 的拓展模型》，《干旱区资源与环境》2018 年第 10 期。

黄炜、孟霏、徐月明：《游客环境态度对其环境行为影响的实证研究——以世界自然遗产地张家界武陵源风景区为例》，《吉首大学学报（社会科学版）》2016 年第 5 期。

黄雪丽、路正南、Yasong Alex WANG：《基于 TPB 和 VBN 的低碳旅游生活行为影响因素研究模型构建初探》，《科技管理研究》2013 年第 21 期。

黄雪丽、路正南、王健：《基于量表技术的旅游者低碳生活行为倾向的测量工具研究》，《江苏科技大学学报（社会科学版）》2012 年第 2 期。

霍东娇、曲铁华：《21 世纪以来我国教师教育政策的核心要素分析——基于扎根理论的研究》，《广西社会科学》2017 年第 6 期。

贾旭东、谭新辉：《经典扎根理论及其精神对中国管理研究的现实价值》，《管理学报》2010 年第 5 期。

贾衍菊、林德荣：《旅游者环境责任行为：驱动因素与影响机理——基于地方理论的视角》，《中国人口·资源与环境》2015 年第 7 期。

金盛华、郑建君、辛志勇：《当代中国人价值观的结构与特点》，《心理学报》2009 年第 10 期。

黎宏君、甘萌雨、潘浩：《游憩体验与游憩者环境责任行为的相关关系研究——以福州国家森林公园为例》，《重庆科技学院学报（社会科学版）》2018年第2期。

　　李东进、吴波、武瑞娟：《中国消费者购买意向模型——对Fishbein合理行为模型的修正》，《管理世界》2009年第1期。

　　李林、黄希庭：《中国人节俭价值观的结构研究》，《西南大学学报（社会科学版）》2016年第1期。

　　李茂林、刘春莲：《游客低碳旅游的认知、意愿及行为特征分析——以西江苗寨为例》，《广西财经学院学报》2015年第1期。

　　李秋成：《人地、人际互动视角下旅游者环境责任行为意愿的驱动因素研究》，博士学位论文，浙江大学，2015年。

　　李秋成、周玲强：《社会资本对旅游者环境友好行为意愿的影响》，《旅游学刊》2014年第9期。

　　李文明：《生态旅游环境教育效果评价实证研究》，《旅游学刊》2012年第12期。

　　李文明、殷程强、唐文跃等：《观鸟旅游游客地方依恋与亲环境行为——以自然共情与环境教育感知为中介变量》，《经济地理》2019年第1期。

　　李燕琴：《基于EI、NEP和VIS相互作用的生态旅游者培育模型探析》，《地理研究》2009年第6期。

　　李志飞、李天骄：《旅游者环境责任行为研究——基于国内外文献的比较分析》，《旅游研究》2018年第5期。

　　廖冰、张晓琴：《引入中介与调节变量的生态认知对生态行为作用机理实证研究》，《资源开发与市场》2018年第4期。

　　林明水、赵东喜、刘丽华：《游客不文明行为的改善路径——基于计划行为理论视角》，《福建师范大学学报（自然科学版）》2016年第3期。

　　刘心怡：《游客环境意识、低碳旅游态度与行为关系研究》，硕士学位论文，辽宁师范大学，2011年。

　　罗芬、陈朝、李文明：《世界自然遗产地游客环境态度与行为调查——以湖南武陵源风景名胜区为例》，《中南林业科技大学学报（社会科学版）》2008年第6期。

罗丽艳、姚芊：《从节俭悖论到消费悖论：幸福指数下降与宏观经济面临的挑战——警惕凯恩斯主义再次大行其道》，《现代财经（天津财经大学学报）》2009 年第 11 期。

罗艳菊、黄宇、毕华等：《基于环境态度的城市居民环境友好行为意向及认知差异——以海口市为例》，《人文地理》2012 年第 5 期。

骆泽顺、林璧属：《旅游情境下内隐-外显地方依恋模型研究——基于心理学视角》，《旅游学刊》2014 年第 12 期。

毛燕凌：《社会学视野下的单身女性——对单身女性的质性研究》，《理论界》2009 年第 6 期。

芈凌云：《城市居民低碳化能源消费行为及政策引导研究》，博士学位论文，中国矿业大学，2011 年。

芈凌云、杨洁、俞学燕等：《信息型策略对居民节能行为的干预效果研究——基于 Meta 分析》，《软科学》2016 年第 04 期。

戚海峰：《中国人从众消费行为问题探究——基于控制的视角》，《经济与管理研究》2011 年第 1 期。

祁秋寅、张捷、杨旸等：《自然遗产地游客环境态度与环境行为倾向研究——以九寨沟为例》，《旅游学刊》2009 年第 11 期。

邱宏亮：《道德规范与旅游者文明旅游行为意愿——基于 TPB 的扩展模型》，《浙江社会科学》2016 年第 3 期。

邱宏亮：《基于 TPB 拓展模型的出境游客文明旅游行为意向影响机制研究》，《旅游学刊》2017 年第 06 期。

邱宏亮、周国忠：《旅游者环境责任行为：概念化、测量及有效性》，《浙江社会科学》2017 年第 12 期。

沈端民：《简析古代节俭消费文化抑制消费的实质》，《消费经济》1999 年第 5 期。

沈茜、卢立涛：《扎根理论在我国教育研究中的应用与反思——基于文献和实证研究的分析》，《全球教育展望》2018 年第 6 期。

石晓宁：《基于计划行为理论的低碳旅游行为意向影响因素研究》，硕士学位论文，华南理工大学，2013 年。

孙岩：《居民环境行为及其影响因素研究》，博士学位论文，大连理工大学，2006年。

孙拥军、李倩、吴秀峰：《运动与锻炼心理学中的质性研究：反思与展望》，《体育科学》2014年第11期。

孙中伟、黄时进：《中产更环保吗？城市居民的低碳行为及态度——以上海市黄浦区为例》，《人口与发展》2015年第3期。

唐承财、于叶影、杨春玉等：《张家界国家森林公园游客低碳认知、意愿与行为分析》，《干旱区资源与环境》2018年第4期。

万基财、张捷、卢韶婧等：《九寨沟地方特质与旅游者地方依恋和环保行为倾向的关系》，《地理科学进展》2014年第3期。

汪卓群、梅凤乔：《环境满意度与环境负责行为关系研究——以深圳市红树林海滨生态公园为例》，《北京大学学报（自然科学版）》2018年第6期。

王纯、侯一蕾、温亚利：《基于ABC理论的游客生物多样性保护支付意愿及影响研究——以秦岭生态旅游区为例》，《林业经济》2018年第8期。

王凤、阴丹：《公众环境行为改变与环境政策的影响——一个实证研究》，《经济管理》2010年第12期。

王建明：《资源节约意识对资源节约行为的影响——中国文化背景下一个交互效应和调节效应模型》，《管理世界》2013年第8期。

王建明、王丛丛：《消费者亲环境行为的影响因素和干预策略——发达国家的相关文献述评》，《管理现代化》2015年第2期。

王建明、王俊豪：《公众低碳消费模式的影响因素模型与政府管制政策——基于扎根理论的一个探索性研究》，《管理世界》2011年第4期。

王凯、李志苗、肖燕：《城市依托型山岳景区游客亲环境行为——以岳麓山为例》，《热带地理》2016年第2期。

王璐、高鹏：《扎根理论及其在管理学研究中的应用问题探讨》，《外国经济与管理》2010年第12期。

王宁、严霞：《两栖消费与两栖认同——对广州市J工业区服务业打工妹身体消费的质性研究》,《江苏社会科学》2011年第4期。

王琪延、侯鹏:《北京城市居民环境行为意愿研究》,《中国人口·资源与环境》2010年第10期。

王申连、郭本禹:《论描述心理学的质性精神》,《华中师范大学学报(人文社会科学版)》2019年第01期。

王晓辉、刘楠楠、张永:《居民低碳消费行为影响因素模型的建构》,《中外企业家》2012年第16期。

王旭瑞:《质性社会学与中国社会发展质量》,《人文杂志》2015年第6期。

王雪萍:《儒家的节俭知足消费观及其现代价值》,《社会科学家》2010年第2期。

魏佳:《城市居民碳能力及其驱动机理研究》,博士学位论文,中国矿业大学,2017年。

吴波:《道德认同与绿色消费—环保自我担当的中介作用》,博士学位论文,南开大学,2014年。

吴晨映:《节俭悖论与建设资源节约型社会》,《中国特色社会主义研究》2011年第5期。

吴明隆:《结构方程模型:AMOS的操作与应用.第2版》,重庆大学出版社2010年版。

吴鹏:《煤矿组织霸凌与员工行为选择关系研究:心理调焦的影响》,博士学位论文,中国矿业大学,2018年。

吴俏:《遗产旅游者地方依恋、满意度和环境责任行为关系研究》,硕士学位论文,陕西师范大学,2017年。

吴霜霜:《航空旅行者碳减排行为及影响因素研究》,硕士学位论文,华东师范大学,2016年。

武瑞娟、王承璐、杜立婷:《沉没成本、节俭消费观和控制动机对积极消费行为影响效应研究》,《南开管理评论》2012年第5期。

夏凌云、于洪贤、王洪成等:《湿地公园生态教育对游客环境行为倾向的影响——以哈尔滨市5个湿地公园为例》,《湿地科学》2016年第 1 期。

谢守红、陈慧敏、王利霞：《城市居民低碳消费行为影响因素分析》，《城市问题》2013 年第 2 期。

谢彦君、樊友猛：《身体视角下的旅游体验——基于徒步游记与访谈的扎根理论分析》，《人文地理》2017 年第 4 期。

徐峰、申荷永：《环境保护心理学：环保行为与环境价值》，《学术研究》2005 年第 12 期。

徐曦：《儒家文化价值观对消费者购买行为模式影响研究》，硕士学位论文，山东大学，2013 年。

徐莹、张雪梅、曹柬：《雾霾背景下政府监管与交通企业低碳行为演化博弈》，《系统管理学报》2018 年第 3 期。

薛晶心：《扎根理论方法与高等教育研究》，《大学教育科学》2011 年第 6 期。

杨东红、王伟、孙彦彬等：《闭环供应链主体低碳行为的影响因素分析》，《资源科学》2012 年第 4 期。

姚丽芬、李庆辰：《基于 IPA 评价的旅游微信营销满意度研究—以微信公众账号 HebeiTourism 为例》，《湖北农业科学》2015 年第 18 期。

姚丽芬、刘爱英、龙如银：《基于中国城镇化水平和居民收入间均衡关系之验证》，《现代财经（天津财经大学学报）》2010 年第 12 期。

姚丽芬、龙如银：《基于扎根理论的游客环保行为影响因素研究》，《重庆大学学报（社会科学版）》2017 年第 1 期。

姚丽芬、龙如银、李庆辰：《中国居民收入与旅游消费关系的协整分析》，《地理与地理信息科学》2010 年第 6 期。

姚丽芬、龙如银、李庆辰等：《美丽旅游评价指标构建及实证研究——以河北省为例》，《城市发展研究》2016 年第 5 期。

于伟：《基于计划行为理论的居民环境行为形成机理研究——基于山东省内大中城市的调查》，《生态经济》2010 年第 6 期。

余福茂：《情境因素对城市居民废旧家电回收行为的影响》，《生态经济》2012 年第 2 期。

余及斌：《生态旅游涉入、地方依恋与环境负责任行为关系研究》，硕士学位论文，浙江大学，2015 年。

余晓婷、吴小根、张玉玲等：《游客环境责任行为驱动因素研究——以台湾为例》，《旅游学刊》2015 年第 7 期。

苑炳慧、辜应康：《基于顾客的旅游目的地品牌资产结构维度——扎根理论的探索性研究》，《旅游学刊》2015 年第 11 期。

岳婷：《城市居民节能行为影响因素及引导政策研究》，博士学位论文，中国矿业大学，2014 年。

张安民、李永文：《游憩涉入对游客亲环境行为的影响研究——以地方依附为中介变量》，《中南林业科技大学学报（社会科学版）》2016 年第 1 期。

张萃平：《自媒体时代旅游者的炫耀性消费心理对其网络信息分享行为的影响研究》，硕士学位论文，四川师范大学，2018 年。

张宏、黄震方、琚胜利：《水乡古镇旅游者低碳旅游行为影响因素分析——以昆山市周庄、锦溪、千灯古镇为例》，《旅游科学》2017 年第 5 期。

张环宙、李秋成、吴茂英：《自然旅游地游客生态行为内生驱动机制实证研究——以张家界景区和西溪湿地为例》，《经济地理》2016 年第 12 期。

张健：《权能锁定视角下的乡镇政府行为研究——YZ 乡个案的质性社会学分析》，《领导科学》2012 年第 23 期。

张健华：《森林公园游客违章行为及其管理策略研究》，博士学位论文，福建农林大学，2008 年。

张敬伟、马东俊：《扎根理论研究法与管理学研究》，《现代管理科学》2009 年第 2 期。

张玲、王尔大：《旅游企业低碳行为的外部影响因素分析》，《科技管理研究》2013 年第 15 期。

张凌云：《旅游学研究的新框架：对非惯常环境下消费者行为和现象的研究》，《旅游学刊》2008 年第 10 期。

张鼐、周年喜、唐亚欧:《基于人际行为模型理论的知识社区共享行为研究》,《情报科学》2014年第5期。

张茜、杨东旭、李文明:《森林公园游客亲环境行为的驱动因素——以张家界国家森林公园为例》,《地域研究与开发》2018年第3期。

张茜、杨东旭、李文明:《森林公园游客亲环境行为的驱动因素——以张家界国家森林公园为例》,《地域研究与开发》2018年第3期。

张琼锐、王忠君:《基于TPB的游客环境责任行为驱动因素研究——以北京八家郊野公园为例》,《干旱区资源与环境》2018年第3期。

张首先:《增强生态责任、促进公民生态行为的养成》,《中国社会科学院研究生院学报》2011年第1期。

张玉玲、张捷、赵文慧:《居民环境后果认知对保护旅游地环境行为影响研究》,《中国人口·资源与环境》2014年第7期。

赵黎明、张海波、孙健慧:《旅游情境下公众低碳旅游行为影响因素研究——以三亚游客为例》,《资源科学》2015年第1期。

赵宗金、董丽丽、王小芳:《地方依附感与环境行为的关系研究——基于沙滩旅游人群的调查》,中国贵州贵阳,2013年。

朱梅:《基于多样本潜在类别的旅游者生态文明行为分析——以苏州市为例》,《地理研究》2016年第7期。

Abrahamse W., Energy conservation through behavioral change: Examining the effectiveness of a tailor-made approach, *university of Groningen*, 2007.

Ajzen I. & Driver B. L., Prediction of leisure participation from behavioral, normative, and control beliefs: An application of the theory of planned behavior, *Lsure*, Vol. 13, No. 3, 1991, pp. 185-204.

Ajzen I., Attitudes personality, and behavior, Milton Keynes: *Open University Press*, 1988.

Ajzen I. , From intentions to actions: a theory of planned behavior: in action control: From cognition to behavior, 1985.

Al-Khatib I. A. , Arafat H. A. & Daoud R. et al. , Enhanced solid waste management by understanding the effects of gender, income, marital status, and religious convictions on attitudes and practices related to street littering in Nablus – Palestinian territory, *Waste management* (Elmsford), Vol. 29, No. 1, 2009, pp. 449-455.

Alessa L. , Bennett S. M. & Kliskey A. D. , Effects of knowledge, personal attribution and perception of ecosystem health on depreciative behaviors in the intertidal zone of Pacific Rim National Park and Reserve, *Journal of environmental management*, Vol. 68, No. 2, 2003, pp. 207-218.

Alibeli M. A. , Environmental Concern: A Cross National Analysis, *Mansoura University Journal of Agricultural ences*, 2009.

Andereck K. L. , Tourists' perceptions of environmentally responsible innovations at tourism businesses, *Journal of sustainable tourism*, Vol. 17, No. 4, 2009, pp. 489-499.

Arcury T. A. & Christianson E. H. , Environmental Worldview in Response to Environmental Problems: Kentucky 1984 and 1988 Compared, *Environment and behavior*, Vol. 22, No. 3, 1990, pp. 387-407.

Asch S. E. , Studies of independence and conformity: I. A minority of one against a unanimous majority, *Psychological monographs*, Vol. 70, No. 9, 1956, pp. 1-70.

Asibey M. O. , Yeboah V. & Poku-Boansi M. et al. , Exploring the use, behaviour and role of urbanites towards management and sustainability of Kumasi Rattray Park, Ghana, *Journal of urban management*, Vol. 8, No. 2, 2019, pp. 182-194.

Ballantyne R. , Packer J. & Falk J. , Visitors' learning for environmental sustainability: Testing short- and long-term impacts of wildlife tourism experiences using structural equation modelling, *Tourism management*, Vol. 32,

No. 6, 2011, pp. 1243-1252.

Baron R. , Neff L. & Van P. T. et al. , Kinetic and cytochemical identification of osteoclast precursors and their differentiation into multinucleated osteoclasts, *American Journal Of Pathology*, Vol. 122, No. 2, 1986, pp. 363-378.

Barr S. , Gilg A. & Ford N. , Defining the multi-dimensional aspects of household waste management: A study of reported behavior in Devon, *Resources, conservation and recycling*, Vol. 45, No. 2, 2005, pp. 172-192.

Barr S. , Gilg A. & Shaw G. , Helping People Make Better Choices': Exploring the behaviour change agenda for environmental sustainability, *Applied Geography*, Vol. 31, No. 2, 2011, pp. 712-720.

Barr S. , Shaw G. & Coles T. et al. , 'A holiday is a holiday': practicing sustainability, home and away, *Journal of transport geography*, Vol. 18, No. 3, 2010, pp. 474-481.

Barr S. , What we buy, what we throw away and how we use our voice. Sustainable household waste management in the UK, *Sustainable development*, Vol. 12, No. 1, 2004, pp. 32-44.

Becken & S. , The role of tourist icons for sustainable tourism, *Journal of Vacation Marketing*, Vol. 11, No. 1, 2005, pp. 21-30.

Brown T. J. , Ham S. H. & Hughes M. , Picking up litter: an application of theory-based communication to influence tourist behaviour in protected areas, *Journal of Sustainable Tourism*, Vol. 18, No. 7, 2010, pp. 879-900.

Buultjens J. , Ratnayake I. & Gnanapala A. et al. , Tourism and its implications for management in Ruhuna National Park (Yala), Sri Lanka, *Tourism management*, Vol. 26, No. 5, 2005, pp. 733-742.

Byerly H. , Balmford A. & Ferraro P. J. et al. , Nudging pro-environmental behavior: evidence and opportunities, *Frontiers in Ecology and the Environment*, 2018.

Campbell M. L. , Paterson De Heer C. & Kinslow A. , Littering dynamics in a coastal industrial setting: The influence of non-resident populations, *Marine pollution bulletin*, Vol. 80, No. 1-2, 2014, pp. 179-185.

Casaló L. V. & Escario J., Heterogeneity in the association between environmental attitudes and pro-environmental behavior: A multilevel regression approach, *Journal of cleaner production*, Vol. 175, 2018, pp. 155-163.

Clarka C. F., Kotchenb M. J. & Moorea M. R., Internal and external influences on pro-environmental behavior: Participation in a green electricity program, *Journal of Environmental Psychology*, Vol. 23, No. 3, 2003, pp. 237-246.

Curtis F. A., Simpson-Housley P. & Drever S., Communications on energy Household energy conservation, *Energy Policy*, Vol. 12, No. 4, 1984, pp. 452-456.

Deflorian F. & Fedrizzi L., Adhesion characterization of protective organic coatings by electrochemical impedance spectroscopy, *Journal of adhesion science and technology*, Vol. 13, No. 5, 1999, pp. 629-645.

Del Mar Alonso-Almeida M., Environmental management in tourism: students' perceptions and managerial practice in restaurants from a gender perspective, *Journal of cleaner production*, Vol. 60, 2013, pp. 201-207.

Dolnicar S. & Grün B., Environmentally Friendly Behavior: Can Heterogeneity Among Individuals and Contexts/ Environments Be Harvested for Improved Sustainable Management? *Environment and behavior*, Vol. 41, No. 5, 2009, pp. 693-714.

Dolnicar S. & Leisch F., Selective marketing for environmentally sustainable tourism, *Tourism management*, Vol. 29, No. 4, 2008, pp. 672-680.

Dolnicar S., Identifying tourists with smaller environmental footprints, *Journal of sustainable tourism*, Vol. 18, No. 6, 2010, pp. 717-734.

Dono J., Webb J. & Richardson B., The relationship between environmental activism, pro-environmental behaviour and social identity, *Journal of Environmental Psychology*, Vol. 30, No. 2, 2010, pp. 178-186.

Dunlap R. E. & York R. , The Globalization of Environmental Concern and The Limits of The Postmaterialist Values Explanation: Evidence from Four Multinational Surveys, *Sociological quarterly*, Vol. 49, No. 3, 2008, pp. 529-563.

Eagles M. , Money and Votes in Canada: Campaign Spending and Parliamentary Election Outcomes, 1984 and 1988, *Canadian public policy*, Vol. 19, No. 4, 1993, pp. 432-449.

Ellen P. S. , Do we know what we need to know? Objective and subjective knowledge effects on pro-ecological behaviors, *Journal of Business Research*, Vol. 30, No. 1, 1994, pp. 43-52.

Erdogan M. , Akbunar S. & Asik U. O. et al. , The Effects of Demographic Variables on Students' Responsible Environmental Behaviors, *Procedia, social and behavioral sciences*, Vol. 46, 2012, pp. 3244-3248.

Fairweather J. R. , Maslin C. & Simmons D. G. , Environmental Values and Response to Ecolabels Among International Visitors to New Zealand, *Journal of sustainable tourism*, Vol. 13, No. 1, 2005, pp. 82-98.

Gagnon M. , Godin G. & Gagné C. et al. , An adaptation of the theory of interpersonal behaviour to the study of telemedicine adoption by physicians, *International journal of medical informatics*, Vol. 71, No. 2, 2003, pp. 103-115.

Gatersleben B. , Steg L. & Vlek C. , Measurement and Determinants of Environmentally Significant Consumer Behavior, *Environment and Behavior*, Vol. 34, No. 3, 2016, pp. 335-362.

Geng J. , Long R. & Chen H. et al. , Exploring the motivation-behavior gap in urban residents' green travel behavior: A theoretical and empirical study, *Resources, conservation and recycling*, Vol. 125, 2017, pp. 282-292.

Granovetter M. S. , Social Networks | | The Strength of Weak Ties, 1977, pp. 347-367.

Grendstad G. & Wollebaek D. , Greener Still?: An Empirical Examination of Eckersley's Ecocentric Approach, *Environment and behavior*, Vol. 30,

No. 5, 1998, pp. 653-675.

Grob A., A structural model of environmental attitudes and behaviour, *Journal of environmental psychology*, Vol. 15, No. 3, 1995, pp. 209-220.

Grunert S. C. & Juhl H. J., Values, environmental attitudes, and buying of organic foods, *Journal of economic psychology*, Vol. 16, No. 1, 1995, pp. 39-62.

Guagnano G. A., Stern P. C. & Dietz T., Influences on Attitude-Behavior Relationships: A Natural Experiment with Curbside Recycling, *Environment and behavior*, Vol. 27, No. 5, 1995, pp. 699-718.

Han H., Kim W. & Lee S., Stimulating visitors' goal-directed behavior for environmentally responsible museums: Testing the role of moderator variables, *Journal of destination marketing & management*, Vol. 8, 2018, pp. 290-300.

Hartig T., Kaiser F. G. & Bowler P. A., Psychological restoration in nature as a positive motivation for ecological behaviour, *Environment and behavior*, Vol. 33, No. 4, 2001, pp. 590-607.

Hines J. & Hungerford H., Analysis and synthesisof research on responsible pro-environmental behavior: A meta-analysis, *The Journal of Environmental Education*, Vol. 25, No. 1, 1986, pp. 34-42.

Hines J. M., Hungerford H. R. & Tomera A. N., Analysis and Synthesis of Research on Responsible Environmental Behavior: A Meta-Analysis: *The Journal of Environmental Education*: Vol 18, No 2, 1987.

Hoch S. J. & Deighton J., Managing What Consumers Learn from Experience, *Journal of marketing*, Vol. 53, No. 2, 1989, p. 1.

Homer P. M., Kahle L. R. & Sarason I. G., A Structural Equation Test of the Value-Attitude-Behavior Hierarchy, *Journal of personality and social psychology*, Vol. 54, No. 4, 1988, pp. 638-646.

Hrubes D., Ajzen I. & Daigle J., Predicting Hunting Intentions and Behavior: An Application of the Theory of Planned Behavior, *Leisure Sciences*,

Vol. 23, No. 3, 2001, pp. 165-178.

Hu H., Zhang J. & Wang C. et al., What influences tourists' intention to participate in the Zero Litter Initiative in mountainous tourism areas: A case study of Huangshan National Park, China, *Science of The Total Environment*, Vol. 657, No. 5.20, 2019, pp. 1127-1137.

Hunter L. M., Hatch A. & Johnson A., Cross-National Gender Variation in Environmental Behaviors, *Social science quarterly*, Vol. 85, No. 3, 2004, pp. 677-694.

Imran S., Alam K. & Beaumont N., Environmental orientations and environmental behaviour: Perceptions of protected area tourism stakeholders, *Tourism management*, Vol. 40, 2014, pp. 290-299.

Juneman & Rufaedah A., Influence of Five Types of Ecological Attachments on General Pro-environmental Behavior, *Procedia, social and behavioral sciences*, Vol. 85, 2013, pp. 535-543.

Juvan E. & Dolnicar S., Drivers of pro-environmental tourist behaviours are not universal, *Journal of cleaner production*, Vol. 166, 2017, pp. 879-890.

Kaiser F. G. & Wilson M., Goal-directed conservation behavior: the specific composition of a general performance, *Personality and individual differences*, Vol. 36, No. 7, 2004, pp. 1531-1544.

Kaiser F. G., W? lfing S. & Fuhrer U., ENVIRONMENTAL ATTITUDE AND ECOLOGICAL BEHAVIOUR, *Journal of environmental psychology*, Vol. 19, No. 1, 1999, pp. 1-19.

Kalantari K., Fami H. S. & Asadi A. et al., Investigating Factors Affecting Environmental Behavior of Urban Residents: A Case Study in Tehran City-Iran, *American journal of environmental sciences*, Vol. 3, No. 2, 2007, pp. 67-74.

Kelly S. Bricker D. L. K., Level of Specialization and Place Attachment: An Exploratory Study of Whitewater Recreationists, *Leisure sciences*, Vol. 22, No. 4, 2000, pp. 233-257.

Kiatkawsin K. & Han H. , Young travelers' intention to behave pro-environmentally: Merging the value-belief-norm theory and the expectancy theory, *Tourism management*, Vol. 59, 2017, pp. 76-88.

Kil N. , Holland S. M. & Stein T. V. , Structural relationships between environmental attitudes, recreation motivations, and environmentally responsible behaviors, *Journal of outdoor recreation and tourism*, Vol. 7-8, 2014, pp. 16-25.

Kim A. K. & Weiler B. , Visitors' attitudes towards responsible fossil collecting behaviour: An environmental attitude - based segmentation approach, *Tourism management*, Vol. 36, 2013, pp. 602-612.

Kim A. K. , Airey D. & Szivas E. , The Multiple Assessment of Interpretation Effectiveness: Promoting Visitors' Environmental Attitudes and Behavior, *Journal of travel research*, Vol. 50, No. 3, 2011, pp. 321-334.

Kim H. , Borges M. C. & Chon J. , Impacts of environmental values on tourism motivation: The case of FICA, Brazil, *Tourism management*, Vol. 27, No. 5, 2006, pp. 957-967.

Klineberg S. L. , McKeever M. & Rothenbach B. , Demographic Predictors of Environmental Concern: It Does Make a Difference How It's Measured, *Social science quarterly*, Vol. 79, No. 4, 1998, pp. 734-753.

Klockner C. A. & Blobaum A. , A comprehensive action determination model: Toward a broader understanding of ecological behaviour using the example of travel mode choice, *Journal of environmental psychology*, Vol. 30, No. 4, 2010, pp. 574-586.

Kollmuss A. & Agyeman J. , Mind the Gap: Why Do People Act Environmentally and What Are the Barriers to Pro-Environmental Behavior? *Environmental Education Research*, Vol. 8, No. 3, 2002, pp. 239-260.

Kovács J. , Pántya J. & Medvés D. et al. , Justifying environmentally significant behavior choices: An American-Hungarian cross-cultural comparison, *Journal of environmental psychology*, Vol. 37, 2014, pp. 31-39.

Kyle G. T. , Mowen A. J. & Tarrant M. , Linking place preferences with place meaning: An examination of the relationship between place motivation and place attachment, *Journal of Environmental Psychology*, Vol. 24, No. 4, 2004, pp. 439-454.

Kyle G. , Graefe A. & Manning R. , Testing the Dimensionality of Place Attachment in Recreational Settings, *Environment and behavior*, Vol. 37, No. 2, 2005, pp. 153-177.

Lee K. , The role of media exposure, social exposure and biospheric value orientation in the environmental attitude-intention-behavior model in adolescents, *Journal of environmental psychology*, Vol. 31, No. 4, 2011, pp. 301-308.

Lee T. H. , An Ecotourism Behavioural Model of National Forest Recreation Areas in Taiwan, *International Forestry Review*, Vol. 9, No. 3, 2007, pp. 771-785.

Li H. & Lee K. C. , An Interpersonal Relationship Framework for Virtual Community Participation Psychology: From Covert to Overt Process, *Social science computer review*, Vol. 31, No. 6, 2013, pp. 703-724.

Li Q. & Wu M. , Rationality or morality? A comparative study of pro-environmental intentions of local and nonlocal visitors in nature-based destinations, *Journal of destination marketing & management*, Vol. 11, 2019, pp. 130-139.

Lind H. B. , Nordfj? rn T. & J? rgensen S. H. et al. , The value-belief-norm theory, personal norms and sustainable travel mode choice in urban areas, *Journal of environmental psychology*, Vol. 44, 2015, pp. 119-125.

Liu J. , Qu H. & Huang D. et al. , The role of social capital in encouraging residents' pro-environmental behaviors in community-based ecotourism, *Tourism Management*, Vol. 41, No. apr. , 2014, pp. 190-201.

Liu J. , Wu J. S. & Che T. , Understanding perceived environment quality in affecting tourists' environmentally responsible behaviours: A broken windows theory perspective, *Tourism management perspectives*, Vol. 31, 2019, pp. 236-244.

Lubell M. , Vedlitz A. & Zahran S. et al. , Collective Action, Environmental Activism, and Air Quality Policy, *Political research quarterly*, Vol. 59, No. 1, 2006, pp. 149-160.

Luo Y. & Deng J. , The New Environmental Paradigm and Nature-Based Tourism Motivation, *Journal of Travel Research*, Vol. 46, No. 4, 2007, pp. 392-402.

Mckenzie-Mohr D. & Smith W. , Fostering Sustainable Behavior, *International Journal of Sustainability in Higher Education*, Vol. 4, No. 2, 2011, pp. 543-554.

McMillan E. E. , Wright T. & Beazley K. , Impact of a University-Level Environmental Studies Class on Students' Values, *The Journal of environmental education*, Vol. 35, No. 3, 2004, pp. 19-27.

Meijers M. & Stapel D. A. , Me tomorrow, the others later: How perspective fit increases sustainable behavior, *Journal of Environmental Psychology*, Vol. 31, No. 1, 2011, pp. 14-20.

Meyer A. , Does education increase pro-environmental behavior? Evidence from Europe, *Ecological economics*, Vol. 116, 2015, pp. 108-121.

Mihalic T. , Sustainable-responsible tourism discourse – Towards 'responsustable' tourism, *Journal of cleaner production*, Vol. 111, 2016, pp. 461-470.

Monroe M. C. , Two Avenues for Encouraging Conservation Behaviors, *Human ecology review*, Vol. 10, No. 2, 2003, pp. 113-125.

Moody G. D. & Siponen M. , Using the theory of interpersonal behavior to explain non-work-related personal use of the Internet at work, *Information & management*, Vol. 50, No. 6, 2013, pp. 322-335.

Morone P. & Taylor R. , Knowledge diffusion dynamics and network properties of face-to-face interactions, *Journal of evolutionary economics*,

Vol. 14, No. 3, 2004, pp. 327-351.

Pearce D., Auditing the Earth: The Value of the World´s Ecosystem Services and Natural Capital, *Environment : science and policy for sustainable development*, Vol. 40, No. 2, 1998, pp. 23-28.

Ramkissoon H., Weiler B. & Smith L. D. G., Place attachment and pro-environmental behaviour in national parks: the development of a conceptual framework, *Journal of sustainable tourism*, Vol. 20, No. 2, 2012, pp. 257-276.

Reich J. W. & Robertson J. L., Reactance and Norm Appeal in Anti-Littering Messages, *Journal of applied social psychology*, Vol. 9, No. 1, 1979, pp. 91-101.

Robinson J., Triandis´ theory of interpersonal behaviour in understanding software piracy behaviour in the South African context. , 2010.

Roggenbuck J. W., Measuring Place Attachment: Some Preliminary Results, , 1989.

Roth C. E., Curriculum Overview for Developing Environmentally Literate Citizens, *conservation education*, 1968.

Santos I. R., Friedrich A. C. & Wallner-Kersanach M. et al., Influence of socio-economic characteristics of beach users on litter generation, *Ocean & coastal management*, Vol. 48, No. 9, 2005, pp. 742-752.

Sardianou E., Estimating energy conservation patterns of Greek households, *Energy policy*, Vol. 35, No. 7, 2007, pp. 3778-3791.

Scannell L. & Gifford R., The relations between natural and civic place attachment and pro-environmental behavior, *Journal of environmental psychology*, Vol. 30, No. 3, 2010, pp. 289-297.

Schahn J. & Holzer E., Studies of Individual Environmental Concern: The Role of Knowledge, Gender, and Background Variables, *Environment and behavior*, Vol. 22, No. 6, 1990, pp. 767-786.

Schwartz S. H., Normative influence on altruism, Advances in Experimental Social Psychology, Vol. 10, 1977, pp. 222-275.

Sia A. P. , Hungerford H. R. & Tomera A. N. , Selected Predictors of Responsible Environmental Behavior: An Analysis, *The Journal of Environmental Education*, Vol. 17, No. 2, 1986, pp. 31-40.

Sivek D. J. & Hungerford H. , Predictors of Responsible Behavior in Members of Three Wisconsin Conservation Organizations. , *Journal of Environmental Education*, Vol. 21, No. 2, 1990, pp. 35-40.

Smith S. , Tourism in contemporary society: An introductory text, *Annals of Tourism Research*, Vol. 17, No. 2, 1990, pp. 325-326.

Smith-Sebasto N. J. & D'Costa A. , Designing a Likert-Type Scale to Predict Environmentally Responsible Behavior in Undergraduate Students: A Multistep Process, *The Journal of environmental education*, Vol. 27, No. 1, 1995, pp. 14-20.

Steel B. S. , Thinking Globally and Acting Locally?: Environmental Attitudes, Behaviour and Activism, *Journal of environmental management*, Vol. 47, No. 1, 1996, pp. 27-36.

Steg L. & Vlek C. , Encouraging pro-environmental behaviour: An integrative review and research agenda, *Journal of environmental psychology*, Vol. 29, No. 3, 2009, pp. 309-317.

Steg L. , Bolderdijk J. W. & Keizer K. et al. , An Integrated Framework for Encouraging Pro-environmental Behaviour: The role of values, situational factors and goals, *Journal of environmental psychology*, Vol. 38, 2014, pp. 104-115.

Stern & Paul C. , Toward a Coherent Theory of Environmentally Significant Behavior. , *Journal of Social Issues*, 2000.

Stern D. I. , Limits to substitution and irreversibility in production and consumption: A neoclassical interpretation of ecological economics, *Ecological economics*, Vol. 21, No. 3, 1997, pp. 197-215.

Stern P. C. & Dietz T. , The Value Basis of Environmental Concern,

Journal of social issues, Vol. 50, No. 3, 1994, pp. 65-84.

Stern P. C., Dietz T. & Abel T. et al., A Value-Belief-Norm Theory of Support for Social Movements: The Case of Environmentalism, *Human ecology review*, Vol. 6, No. 2, 1999, pp. 81-97.

Stern P. C., Dietz T. & Kalof L., Value Orientations, Gender, and Environmental Concern, *Environment and behavior*, Vol. 25, No. 5, 1993, pp. 322-348.

Stern P. C., New Environmental Theories: Toward a Coherent Theory of Environmentally Significant Behavior, *Journal of Social Issues*, Vol. 56, No. 3, 2010.

Strogatz S. H., Exploring complex networks, *Nature*, Vol. 410, No. 6825, 2001, pp. 268-276.

Su L., Huang S. S. & Pearce J., How does destination social responsibility contribute to environmentally responsible behaviour? A destination resident perspective, *Journal of Business Research*, Vol. 86, No. 5, 2018, pp. 179-189.

Swami V., Chamorro-Premuzic T. & Snelgar R. et al., Personality, individual differences, and demographic antecedents of self-reported household waste management behaviours, *Journal of Environmental Psychology*, Vol. 31, No. 1, 2011, pp. 21-26.

Taylor S. & Todd P., Decomposition and crossover effects in the theory of planned behavior: A study of consumer adoption intentions, *International journal of research in marketing*, Vol. 12, No. 2, 1995, pp. 137-155.

Thompson S. C. G. & Barton M. A., Ecocentric and anthropocentric attitudes toward the environment. *Journal of Environmental Psychology*, Vol. 14, No. 2, 1994, pp. 149-157.

Triandis H. C., Values, attitudes, and interpersonal behavior, *Nebraska Symposium on Motivation*, Vol. 27, 1980, p. 195.

Uysal M., Jurowski C. & Noe F. P. et al., Environmental attitude by trip and visitor characteristics: US Virgin Islands National Park, *Tourism Management*, Vol. 15, No. 4, 2015, pp. 284-294.

Vaske J. J. & Kobrin K. C., Place Attachment and Environmentally Responsible Behavior, *The Journal of Environmental Education*, Vol. 32, No. 4, 2001, pp. 16-21.

Vringer K., Aalbers T. & Blok K., Household energy requirement and value patterns, *Energy policy*, Vol. 35, No. 1, 2007, pp. 553-566.

Wearing S., Ecotourism and Environmental Sustainability: Principles and Practices, *Tourism Management*, Vol. 32, No. 1, 2011, pp. 196-197.

Wester M. & Eklund B., My Husband Usually Makes Those Decisions: Gender, Behavior, and Attitudes Toward the Marine Environment, *Environmental management*, Vol. 48, No. 1, 2011, pp. 70-80.

Wheeller B., Hart T. & Whysall P., Application of the Delphi technique: A reply to Green, Hunter and Moore, *Tourism Management*, Vol. 11, No. 2, 1990, pp. 121-122.

Xu F. & Fox D., Modelling attitudes to nature, tourism and sustainable development in national parks: A survey of visitors in China and the UK, *Tourism management*, Vol. 45, 2014, pp. 142-158.

Yao L., Long R. & Li Q., Empirical study on relationship between informatisation and development of tourism in China, *International Journal of Services Technology & Management*, Vol. 18, No. 1-2, 2012, pp. 33-45.

Zhang Y., Zhang H. & Zhang J. et al., Predicting residents' pro-environmental behaviors at tourist sites: The role of awareness of disaster's consequences, values, and place attachment, *Journal of environmental psychology*, Vol. 40, 2014, pp. 131-146.

Zsóka á., Szerényi Z. M. & Széchy A. et al., Greening due to environmental education? Environmental knowledge, attitudes, consumer behavior and everyday pro-environmental activities of Hungarian high school and university students, *Journal of cleaner production*, Vol. 48, 2013, pp. 126-138.

附 录 1

游客环保行为预调研问卷

尊敬的游客朋友：

您好！

欢迎您参加本次问卷调查。本次问卷调查的目的是了解游客在游览过程中的环境保护行为，请您仔细阅读问卷问题，按照您的真实感受和情况选择相应的答案。您的回答对我们有很重要的意义。问卷结果仅用于学术研究，相关信息严格保密，请您放心填写。

再次对您的支持和配合予以诚挚的谢意！

您正在游览或者最近两个月游览过景区是_____

1. 您的性别：_____

A 男　　　　　　　　B 女

2. 您的年龄：_____

A 18 岁及以下　　　　B 19-30 岁

C 31-45 岁　　　　　D 46-55 岁

E 55 岁以上

3. 您的最高学历：_____

A 初中及以下　　　　B 高中或中专

C 大专　　　　　　　D 本科

E 研究生及以上

4. 您的职业：_____

A 工人　　　　　　　B 农民

C 专业技术人员（教师、医生、会计等）

D 学生　　　　　　　　E 企业管理人

F 企业普通员工　　　　G 机关事业单位任职人员

H 商业、服务业工作人员　I 私营业主

J 其他人员

5. 您的年均收入：_____

A 1万以下　　　　　　B 1万-3万

C 3万-5万　　　　　　D 5万-10万

E 10万-20万　　　　　F 20万以上

6. 相对本景区而言，您是：_____

A 本地居民　　　　　　B 省内游客

C 省外游客　　　　　　D 外国游客

7. 您是第几次来本景区_____

A 1次　　　　　　　　B 2次

C 3次　　　　　　　　D 4次以上

8. 您旅游时最常采用的方式是（多选）：_____

A 旅行社组团　　　　　B 旅行社自由行

C 自助背包　　　　　　D 自驾

F 骑行或步行

9. 您游览的目的是为了（多选题）_____

A 游览观光　　　　　　B 购物

C 锻炼身体　　　　　　D 科学研究

E 探亲访友　　　　　　F 暂时摆脱生活工作压力

G 休闲度假　　　　　　H 烧香拜佛

I 商务会议旅游　　　　J 故地重游，缅怀过去

K 享受当地的美食和特色产品

10. 请根据您的实际做法，选择最符合的题项（打√）。

序号	题项	从没做过	偶尔做到	半数做到	大多做到	每次做到
10-1	旅游时不随意丢弃垃圾，如塑料袋、饮料罐等	1	2	3	4	5
10-2	在景区不攀折花草、攀爬树木或捕捉、喂食小动物	1	2	3	4	5
10-3	不在景区的树木、岩石或建筑物上涂写刻画	1	2	3	4	5
10-4	只购买够用的旅游纪念品和食品	1	2	3	4	5
10-5	景区购买旅游纪念品和食品时要求简单包装	1	2	3	4	5
10-6	选择旅游目的地地产的食物	1	2	3	4	5
10-7	劝导他人不要乱丢垃圾	1	2	3	4	5
10-8	劝导他人不要攀爬树木或喂食小动物等	1	2	3	4	5
10-9	检举旅游中发现自然环境破坏事件	1	2	3	4	5
10-10	捐款进行环境保护	1	2	3	4	5
10-11	参加环境保护知识的宣传活动	1	2	3	4	5
10-12	加入环保志愿者队伍	1	2	3	4	5
10-13	公开表达支持环保的言论、主动向其他游客说明环保的重要性	1	2	3	4	5

11. 请根据您愿意做到以下行为的程度，选择适当的选项（打√）。

序号	题项	非常不同意	不同意	不确定	同意	非常同意
11-1	旅游时我愿意将垃圾放到垃圾桶，并进行垃圾分类	1	2	3	4	5
11-2	我愿意遵守景区的规章制度	1	2	3	4	5
11-3	我愿意选择旅游目的地地产的食物	1	2	3	4	5
11-4	我愿意劝导他人遵守景区的规章制度	1	2	3	4	5

12. 请选择下列内容对您的重要程度（打√）。

序号	题项	非常不重要	不重要	不确定	重要	非常重要
12-1	个人权力	1	2	3	4	5
12-2	个人财富	1	2	3	4	5
12-3	个人社会地位	1	2	3	4	5
12-4	具有影响力	1	2	3	4	5
12-5	社会正义	1	2	3	4	5
12-6	他人利益	1	2	3	4	5
12-7	社会公平	1	2	3	4	5
12-8	保护环境	1	2	3	4	5
12-9	防止污染	1	2	3	4	5
12-10	尊重地球	1	2	3	4	5
12-11	与自然界和谐相处	1	2	3	4	5

13. 您知道下面语句所描述的相关知识吗？请根据您的实际情况选择最符合的项（打√）。

序号	题项	非常不了解	不了解	不确定	了解	非常了解
13-1	白色污染是指大量废弃的塑料及泡沫制品	1	2	3	4	5
13-2	垃圾分类是指垃圾可分为可回收垃圾和不可回收垃圾	1	2	3	4	5
13-3	大气中的臭氧层可吸收紫外线，保护人类生存	1	2	3	4	5
13-4	景区内的生态资源是有限的	1	2	3	4	5
13-5	景区生态资源脆弱，易被破坏	1	2	3	4	5
13-6	景区生态环境每日能容纳的旅游人数有限	1	2	3	4	5
13-7	旅游业过度发展对环境产生负面影响	1	2	3	4	5
13-8	旅游消费垃圾是造成景区环境问题的主要原因	1	2	3	4	5
13-9	旅游交通污染是造成景区环境问题的主要原因	1	2	3	4	5
13-10	旅游资源不合理开发是造成景区环境破坏的主要原因	1	2	3	4	5

14. 您是否同意下面的叙述？请根据您的真实想法选择最符合的项（打√）。

序号	题项	非常不同意	不同意	不确定	同意	非常同意
14-1	旅行中游客应担负起保护环境的责任	1	2	3	4	5
14-2	我愿意为了环保牺牲个人利益	1	2	3	4	5
14-3	作为社会的一员，我们有责任保护身边的环境	1	2	3	4	5
14-4	我经常关注环境问题	1	2	3	4	5
14-5	我非常担忧旅游所带来的环境问题	1	2	3	4	5
14-6	我对我所生活的城市的环境问题感到忧心	1	2	3	4	5
14-7	我经常关注新闻媒体关于环境问题的报道或者环保新闻	1	2	3	4	5

15. 您是否同意下面的叙述？请根据您的真实想法选择最符合的项（打√）。

序号	题项	非常不同意	不同意	不确定	同意	非常同意
15-1	我常常会去同事或朋友介绍的景区旅游	1	2	3	4	5
15-2	在日常消费中，我喜欢与周围人保持一致	1	2	3	4	5
15-3	如果我周围的很多熟人都参与环保活动的话，我才会参与	1	2	3	4	5
15-4	如果同行的旅游者积极保护景区环境，我也会这么做	1	2	3	4	5
15-5	大多数朋友和同事都认为应当参与旅游环保	1	2	3	4	5
15-6	大多数家人和亲戚都认为应当参与旅游环保	1	2	3	4	5
15-7	经常接受来自网络社区成员的旅游环保建议	1	2	3	4	5
15-8	在景区随手扔垃圾等不环保的行为让我感觉不舒服	1	2	3	4	5
15-9	在景区环保符合我的原则	1	2	3	4	5

续表

序号	题项	非常不同意	不同意	不确定	同意	非常同意
15-10	我不能接受在景区随手扔垃圾等不环保的行为	1	2	3	4	5
15-11	如果我喜欢的明星喜欢旅游环保，我也会去做	1	2	3	4	5
15-12	如果政府官员带头进行旅游环保，我也会去践行	1	2	3	4	5
15-13	如果权威人士呼吁旅游环保，我愿意去做	1	2	3	4	5
15-14	如果电视节目不停地播放旅游环保广告，我会去做	1	2	3	4	5

16. 请对您根据实际情况作出评价，并勾选出您认为最恰当的选项（打√）。

序号	题项	非常不同意	不同意	不确定	同意	非常同意
16-1	相比本景区，我没有发现其他度假区能更好地满足我的需求	1	2	3	4	5
16-2	本景区提供的配套设施是其他度假区难以比拟的	1	2	3	4	5
16-3	相比其他度假区，我更喜欢待在本景区游览	1	2	3	4	5
16-4	本景区旅游体闲最为享受	1	2	3	4	5
16-5	我非常认同本景区所塑造的旅游形象	1	2	3	4	5
16-6	来本景区旅游是我生活的一部分	1	2	3	4	5
16-7	来本景区旅游能给我的生活增添意义	1	2	3	4	5
16-8	本景区对我来说充满了美好的回忆	1	2	3	4	5
16-9	我认为不论有钱没钱，生活都要节俭	1	2	3	4	5

续表

序号	题项	非常不同意	不同意	不确定	同意	非常同意
16-10	我认为应该物尽其用,除非物品无法使用,否则不应随意丢掉或搁置	1	2	3	4	5
16-11	我认为实用比流行更重要	1	2	3	4	5
16-12	我会在自己能承受的范围内花销	1	2	3	4	5
16-13	我很注重舒适性	1	2	3	4	5
16-14	我很注重方便性	1	2	3	4	5
16-15	我喜欢清洁舒适的环境	1	2	3	4	5
16-16	为了舒服我可以花更多的钱	1	2	3	4	5

17. 您同意以下说法吗?请根据您的实际情况,钩选出一个您认为最恰当的选项(打√)。

序号	题项	非常不同意	不同意	不确定	同意	非常同意
17-1	本景区环境质量状况良好	1	2	3	4	5
17-2	本景区人工修饰痕迹很少,可以展现大自然的原始生态美	1	2	3	4	5
17-3	本景区生态资源没有遭到破坏,自然平衡没有受到冲击	1	2	3	4	5
17-4	垃圾桶设置不方便时,我会随手扔垃圾	1	2	3	4	5
17-5	垃圾分类很方便时,我会把垃圾分类	1	2	3	4	5
17-6	如果设置障碍性设施,我就不会攀折花草树木或捕捉、喂食小动物	1	2	3	4	5
17-7	如果设置警示标识标志,我就不会在景区乱涂乱画	1	2	3	4	5
17-8	如果可以方便地购买环保袋,我会选择它	1	2	3	4	5
17-9	如果可以方便地买到旅游地当地产的食品,我会选择它	1	2	3	4	5

续表

序号	题项	非常不同意	不同意	不确定	同意	非常同意
17-10	为了避免上旅游黑名单，我不得不采取一些环保措施	1	2	3	4	5
17-11	为了避免景区的罚款，我不得不采取一些环保措施	1	2	3	4	5
17-12	政府的强制性规定，对促进游客环保的效果会更好	1	2	3	4	5
17-13	政府的鼓励性规定，对促进游客环保的效果会更好	1	2	3	4	5
17-14	如果开展"环保卫士"等类似活动，我愿意尽一份力	1	2	3	4	5
17-15	如果实行垃圾兑换门票制度，我会主动捡拾垃圾，并进行分类	1	2	3	4	5
17-16	旅游环保行为宣传教育是十分必要的	1	2	3	4	5
17-17	知道如何进行环保，对我是否采取环保行为很重要	1	2	3	4	5
17-18	好的宣传活动，会促使我保护景区环境	1	2	3	4	5
17-19	导游员环境讲解及景区环境保护标识牌会影响我保护景区环境	1	2	3	4	5
17-20	街头横幅、（电子）广告牌信息影响我，使我更愿意保护景区环境	1	2	3	4	5
17-21	电视信息影响我，使我更愿意保护景区环境	1	2	3	4	5
17-22	广播信息影响我，使我更愿意保护景区环境	1	2	3	4	5
17-23	报纸信息影响我，使我更愿意保护景区环境	1	2	3	4	5
17-24	杂志信息影响我，使我更愿意保护景区环境	1	2	3	4	5
17-25	网站信息影响我，使我更愿意保护景区环境	1	2	3	4	5
17-26	微信信息影响我，使我更愿意保护景区环境	1	2	3	4	5
17-27	微博信息影响我，使我更愿意保护景区环境	1	2	3	4	5
17-28	QQ空间信息影响我，使我更愿意保护景区环境	1	2	3	4	5

附 录 2

游客环保行为正式调研问卷

尊敬的游客朋友：

您好！

欢迎您参加本次问卷调查。本次问卷调查的目的是了解游客在游览过程中的环境保护行为，请您仔细阅读问卷问题，按照您的真实感受和情况选择相应的答案。您的回答对我们有很重要的意义。问卷结果仅用于学术研究，相关信息严格保密，请您放心填写。

中国矿业大学

您正在游览或者最近两个月游览过景区是＿＿＿＿＿＿

1. 您的性别：＿＿＿＿

A 男　　　　　　　　　B 女

2. 您的年龄：＿＿＿＿

A 18 岁及以下　　　　　B 19-30 岁

C 31-45 岁　　　　　　D 46-55 岁

E 55 岁以上

3. 您的最高学历：＿＿＿＿

A 初中及以下　　　　　B 高中或中专

C 大专　　　　　　　　D 本科

E 研究生及以上

4. 您的职业：＿＿＿＿

A 工人　　　　　　　　B 农民

C 专业技术人员（教师、医生、会计等）

D 学生　　　　　　　　E 企业管理人

F 企业普通员工　　　　G 机关事业单位任职人员

H 商业、服务业工作人员　I 私营业主

J 其他人员

5. 您的年均收入：_____

A 1万以下　　　　　　B 1万-3万

C 3万-5万　　　　　　D 5万-10万

E 10万-20万　　　　　F 20万以上

6. 相对本景区而言，您是：_____

A 本地居民　　　　　　B 省内游客

C 省外游客　　　　　　D 外国游客

7. 您是第几次来本景区_____

A 1次　　　　　　　　B 2次

C 3次　　　　　　　　D 4次以上

8. 您旅游时最常采用的方式是（多选）：_____

A 旅行社组团　　　　　B 旅行社自由行

C 自助背包　　　　　　D 自驾

F 骑行或步行

9. 您游览的目的是为了（多选题）_____

A 游览观光　　　　　　B 购物

C 锻炼身体　　　　　　D 科学研究

E 探亲访友　　　　　　F 暂时摆脱生活工作压力

G 休闲度假　　　　　　H 烧香拜佛

I 商务会议旅游　　　　J 故地重游，缅怀过去

K 享受当地的美食和特色产品

10. 请根据您的实际做法，选择最符合的题项（打√）。

序号	题项	从没做过	偶尔做到	半数做到	大多做到	每次做到
10-1	旅游时不随意丢弃垃圾，如塑料袋、饮料罐等	1	2	3	4	5
10-2	在景区不攀折花草、攀爬树木或捕捉、喂食小动物	1	2	3	4	5
10-3	不在景区的树木、岩石或建筑物上涂写刻画	1	2	3	4	5
10-4	只购买够用的旅游纪念品和食品	1	2	3	4	5
10-5	景区购买旅游纪念品和食品时要求简单包装	1	2	3	4	5
10-6	选择旅游目的地地产的食物	1	2	3	4	5
10-7	劝导他人不要乱丢垃圾	1	2	3	4	5
10-8	劝导他人不要攀爬树木或喂食小动物等	1	2	3	4	5
10-9	检举旅游中发现自然环境破坏事件	1	2	3	4	5
10-10	捐款进行环境保护	1	2	3	4	5
10-11	参加环境保护知识的宣传活动	1	2	3	4	5
10-12	加入环保志愿者队伍	1	2	3	4	5
10-13	公开表达支持环保的言论、主动向其他游客说明环保的重要性	1	2	3	4	5

11. 请根据您愿意做到以下行为的程度，选择适当的选项（打√）。

序号	题项	非常不同意	不同意	不确定	同意	非常同意
11-1	旅游时我愿意将垃圾放到垃圾桶，并进行垃圾分类	1	2	3	4	5
11-2	我愿意遵守景区的规章制度	1	2	3	4	5
11-3	我愿意选择旅游目的地地产的食物	1	2	3	4	5
11-4	我愿意劝导他人遵守景区的规章制度	1	2	3	4	5

12. 请选择下列内容对您的重要程度（打√）。

序号	题项	非常不重要	不重要	不确定	重要	非常重要
12-1	个人权力	1	2	3	4	5
12-2	个人财富	1	2	3	4	5
12-3	个人社会地位	1	2	3	4	5
12-4	具有影响力	1	2	3	4	5
12-5	社会正义	1	2	3	4	5
12-6	他人利益	1	2	3	4	5
12-7	社会公平	1	2	3	4	5
12-8	保护环境	1	2	3	4	5
12-9	防止污染	1	2	3	4	5
12-10	尊重地球	1	2	3	4	5
12-11	与自然界和谐相处	1	2	3	4	5

13. 您知道下面语句所描述的相关知识吗？请根据您的实际情况选择最符合的项（打√）。

序号	题项	非常不了解	不了解	不确定	了解	非常了解
13-1	白色污染是指大量废弃的塑料及泡沫制品	1	2	3	4	5
13-2	垃圾分类是指垃圾可分为可回收垃圾和不可回收垃圾	1	2	3	4	5
13-3	大气中的臭氧层可吸收紫外线，保护人类生存	1	2	3	4	5
13-4	景区内的生态资源是有限的	1	2	3	4	5
13-5	景区生态资源脆弱，易被破坏	1	2	3	4	5
13-6	景区生态环境每日能容纳的旅游人数有限	1	2	3	4	5
13-7	旅游业过度发展对环境产生负面影响	1	2	3	4	5

14. 您是否同意下面的叙述？请根据您的真实想法选择最符合的项（打√）。

序号	题项	非常不同意	不同意	不确定	同意	非常同意
14-1	旅行中游客应担负起保护环境的责任	1	2	3	4	5
14-2	我愿意为了环保牺牲个人利益	1	2	3	4	5
14-3	作为社会的一员，我们有责任保护身边的环境	1	2	3	4	5
14-4	我经常关注环境问题	1	2	3	4	5
14-5	我非常担忧旅游所带来的环境问题	1	2	3	4	5
14-6	我经常关注新闻媒体关于环境问题的报道或者环保新闻	1	2	3	4	5
14-7	那些对我重要的人认为我应该采取行动保护景区的环境	1	2	3	4	5
14-8	那些对我重要的人都会希望我采取行动保护景区的环境	1	2	3	4	5
14-9	如果我采取行动保护景区环境，那些对我重要的人会高兴	1	2	3	4	5

15. 您是否同意下面的叙述？请根据您的真实想法选择最符合的项（打✓）。

序号	题项	非常不同意	不同意	不确定	同意	非常同意
15-1	我常常会去同事或朋友介绍的景区旅游	1	2	3	4	5
15-2	如果我周围的很多熟人都参与环保活动的话，我才会参与	1	2	3	4	5
15-3	如果同行的旅游者积极保护景区环境，我也会这么做	1	2	3	4	5
15-4	大多数朋友和同事都认为应当参与旅游环保	1	2	3	4	5
15-5	大多数家人和亲戚都认为应当参与旅游环保	1	2	3	4	5
15-6	经常接受来自网络社区成员的旅游环保建议	1	2	3	4	5
15-7	在景区随手扔垃圾等不环保的行为让我感觉不舒服	1	2	3	4	5
15-8	在景区环保符合我的原则	1	2	3	4	5
15-9	我不能接受在景区随手扔垃圾等不环保的行为	1	2	3	4	5
15-10	如果我喜欢的明星喜欢旅游环保，我也会去做	1	2	3	4	5
15-11	如果政府官员带头进行旅游环保，我也会去践行	1	2	3	4	5

续表

序号	题项	非常不同意	不同意	不确定	同意	非常同意
15-12	如果权威人士呼吁旅游环保，我愿意去做	1	2	3	4	5
15-13	如果电视节目不停地播放旅游环保广告，我会去做	1	2	3	4	5

16. 请对您根据实际情况作出评价，并钩选出您认为最恰当的选项（打√）。

序号	题项	非常不同意	不同意	不确定	同意	非常同意
16-1	相比本景区，我没有发现其他度假区能更好地满足我的需求	1	2	3	4	5
16-2	本景区提供的配套设施是其他度假区难以比拟的	1	2	3	4	5
16-3	相比其他度假区，我更喜欢待在本景区游览	1	2	3	4	5
16-4	本景区旅游体闲最为享受	1	2	3	4	5
16-5	我非常认同本景区所塑造的旅游形象	1	2	3	4	5
16-6	来本景区旅游是我生活的一部分	1	2	3	4	5
16-7	来本景区旅游能给我的生活增添意义	1	2	3	4	5
16-8	本景区对我来说充满了美好的回忆	1	2	3	4	5
16-9	我认为不论有钱没钱，生活都要节俭	1	2	3	4	5
16-10	我认为应该物尽其用，除非物品无法使用，否则不应随意丢掉或搁置	1	2	3	4	5
16-11	我认为实用比流行更重要	1	2	3	4	5
16-12	我会在自己能承受的范围内花销	1	2	3	4	5
16-13	我很注重舒适性	1	2	3	4	5
16-14	我很注重方便性	1	2	3	4	5
16-15	我喜欢清洁舒适的环境	1	2	3	4	5
16-16	为了舒服我可以花更多的钱	1	2	3	4	5

17. 您同意以下说法吗？请根据您的实际情况，钩选出一个您认为最恰当的选项（打√）。

序号	题项	非常不同意	不同意	不确定	同意	非常同意
17-1	本景区环境质量状况良好	1	2	3	4	5
17-2	本景区人工修饰痕迹很少，可以展现大自然的原始生态美	1	2	3	4	5
17-3	本景区生态资源没有遭到破坏，自然平衡没有受到冲击	1	2	3	4	5
17-4	垃圾分类很方便时，我会把垃圾分类	1	2	3	4	5
17-5	如果设置障碍性设施，我就不会攀折花草树木或捕捉、喂食小动物	1	2	3	4	5
17-6	如果设置警示标识标志，我就不会在景区乱涂乱画	1	2	3	4	5
17-7	如果可以方便地购买环保袋，我会选择它	1	2	3	4	5
17-8	如果可以方便地买到旅游地当地产的食品，我会选择它	1	2	3	4	5
17-9	为了避免上旅游黑名单，我不得不采取一些环保措施	1	2	3	4	5
17-10	为了避免景区的罚款，我不得不采取一些环保措施	1	2	3	4	5
17-11	政府的强制性规定，对促进游客环保的效果会更好	1	2	3	4	5
17-12	政府的鼓励性规定，对促进游客环保的效果会更好	1	2	3	4	5
17-13	如果开展"环保卫士"等类似活动，我愿意尽一份力	1	2	3	4	5
17-14	如果实行垃圾兑换门票制度，我会主动捡拾垃圾，并进行分类	1	2	3	4	5
17-15	旅游环保行为宣传教育是十分必要的	1	2	3	4	5
17-16	知道如何进行环保，对我是否采取环保行为很重要	1	2	3	4	5
17-17	好的宣传活动，会促使我保护景区环境	1	2	3	4	5
17-18	导游员环境讲解及景区环境保护标识牌会影响我保护景区环境	1	2	3	4	5
17-19	街头横幅、（电子）广告牌信息影响我，使我更愿意保护景区环境	1	2	3	4	5
17-20	电视信息影响我，使我更愿意保护景区环境	1	2	3	4	5
17-21	广播信息影响我，使我更愿意保护景区环境	1	2	3	4	5

续表

序号	题项	非常不同意	不同意	不确定	同意	非常同意
17-22	报纸信息影响我,使我更愿意保护景区环境	1	2	3	4	5
17-23	杂志信息影响我,使我更愿意保护景区环境	1	2	3	4	5
17-24	网站信息影响我,使我更愿意保护景区环境	1	2	3	4	5
17-25	微信信息影响我,使我更愿意保护景区环境	1	2	3	4	5
17-26	微博信息影响我,使我更愿意保护景区环境	1	2	3	4	5
17-27	QQ空间信息影响我,使我更愿意保护景区环境	1	2	3	4	5

附 录 3

游客环保行为仿真代码（示例）

accept_node = 0；%接受节点
send_node = 0；%发送节点
c = 0；%选择实施的行为类
epsilon = 0.05；%关系联结密度变化值
delta = 0.05；%意愿变化值
time_T = 200000；%仿真时步
V = zeros（500, 1）；%节点平均行为矩阵
V_sum = zeros（time_T, 1）；　%网络环保行为平均值

lambda = [0.045, 0.065, 0.017, 0.013, 0.4, 0.037, 0.031]；%不同情境变量的干预系数
xl = [- 0.365, - 0.306, 0.172, 0.262, - 0.161, 0.211, 0.165]；% α、β、γ、ξ、κ、μ、ν

di = 1；%舒适需求
ei = 1；%节俭习惯
fi = 1；%便利条件
gi = 1；%景区环境质量
hi = 1；%惩罚性政策
ki = 1；%鼓励性政策
li = 1；%信息干预

check = zeros（500，7）； %用于检测节点是否被干预过（分七类情景）
load（'mat \ \ A. mat'）; %读取网络的邻接矩阵
load（'mat \ \ B15. mat'）; %读取行为矩阵（1、5分布）
load（'mat \ \ W. mat'）; %读取权值（0~1）
load（'mat \ \ W13. mat'）; %读取权值（0.1~0.3）
load（'mat \ \ W79. mat'）; %读取权值（0.7~0.9）
load（'mat \ \ beta. mat'）; %读取吸收系数矩阵（0~0.2）
load（'mat \ \ ai. mat'）; %读取 ai 矩阵

load（'mat \ \ zi'）; %读取发送意愿强度矩阵
load（'mat \ \ zj'）; %读取需求意愿强度矩阵

t = 0； %仿真时步计数器
while t < time_T
　　accept_node = ceil（500 * rand）; %随机选择接受点
　　c = ceil（8 * rand）; %随机选择行为类
　　neighbour = find（A（accept_node, :）> 0）; %筛选出接受点的所有邻居
　　neigh_base = find（B（neighbour, c）> B（accept_node, c））; %筛选出满足"行为差条件"的邻居
　　if（isempty（neigh_base））; continue; %若不存在满足"行为差条件"的邻居，则重新选择接受点
　　else
　　　　neigh_num = length（neigh_base）;
　　　　neigh_base_new = neighbour（neigh_base）; %规化下标

　%　　%随机 选择发送节点
　%　　　　send_node = neigh_base_new（ceil（neigh_num *

rand））；

% %密度优先 选择发送节点
% temp = 1；
% temp_w = W（neigh_base_new（temp），accept_node）；
% for i = 2：neigh_num %选出权值最大的邻居节点
%   if（W（neigh_base_new（i），accept_node）> temp_w）
%   temp_w = W（neigh_base_new（i），accept_node）；
%   temp = i；
%   end
% end
% send_node = neigh_base_new（temp）；

% %加入情境因素的影响
% %舒适需求
 di = 5；
 if（check（accept_node，1）= = 0） %检查接受节点是否被干预过
  check（accept_node，1）= 1；
  theta = rand； %theta 随机 0~1
  B（accept_node，c）= B（accept_node，c）+ xl（1）* di + lambda（1）* ai（accept_node）* di + theta；
  if（B（accept_node，c）> 5）
   B（accept_node，c）= 5；
  end
 end
 if（check（send_node，1）= = 0） %检查发送节点是

否被干预过

```
            check (send_node, 1) = 1;
            theta = rand;    %theta 随机 0~1
            B (send_node, c) = B (send_node, c) + xl (1)
* di + lambda (1) * ai (send_node) * di + theta;
            if ( B (send_node, c) > 5 )
                B (send_node, c) = 5;
            end
        end
```